Palais des Manufactures Nationales.
(Esplanade des Invalides.)

Palais des Lettres, Sciences et Arts.
(Champ-de-Mars.)

Palais du Génie civil.
(Champ-de-Mars.)

Palais ... ttements.

Pont Alexandre III.
Vue d'ensemble.

Passerelle sur la Seine.

Palais des Forêts, Chasse, Pêche et Cueillettes.
(Champ-de-Mars.)

Palais du Costume.
(Champ-de-Mars.)

Palais de l'Électricité et Château d'Eau.
(Champ-de-Mars.)

... rerie et de la Céramique.
... ade des Invalides.)

Théâtre des Bonshommes Guillaume.
(Rue de Paris.)

Panorama du Tour du Monde.
(Champ-de-Mars.)

Palais de verre.
(Champ-de-Mars.)

Le Vieux Paris.
Vue d'ensemble.

Le Vieux Paris.
Porte Saint-Jacques.

Palais du Mobilier.
(Esplanade des Invalides.)

Village suisse.
Vue d'ensemble.

Village suisse.
Porte avenue de La Motte-Piquet.

Village suisse.
Tours du Béroc.
Porte avenue Suffren.

Paris en 1400.
Entrée principale avenue de Suffren.

Palais de la Hongrie.
(Rue des Nations.)

Palais de la Grande-Bretagne.
(Rue des Nations.)

Palais de la Belgique.
(Rue des Nations.)

Pavillon de la Norvège.
(Rue des Nations.)

Palais de l'Allemagne.
(Rue des Nations.)

Pavillon de la Finlande.
(Rue des Nations.)

Pavillon du Pérou.
(Rue des Nations.)

Restaurant Roumain.
(Rue des Nations.)

Pavillon des Armées britanniques.
(Rive gauche de la Seine.)

Pavillon de la Suède.
(Rue des Nations.)

Pavillon du Portugal.
(Rue des Nations.)

Pavillon de la Suisse.
(Champ-de-Mars.)

Pavillon de la Chine.
(Trocadéro.)

Pavillon du Japon.
(Trocadéro.)

Théâtre de l'Indo-Chine.
(Trocadéro.)

Les Indes françaises.
(Trocadéro.)

L'Algérie.
Vue d'ensemble. (Trocadéro.)

Pavillon de la Côte d'Ivoire.
(Trocadéro.)

Exposition du Dahomey.
(Trocadéro.)

La Tunisie.
Vue d'ensemble. (Trocadéro.)

L'exposition algérienne.
(Trocadéro.)

Porte monumentale de la Chine.
(Trocadéro.)

Panorama des Voyages animés.
(Berge de la Seine, rive droite.)

L'Andalousie au temps des Maures.
(Trocadéro.)

Palais de la Perse.
(Rue des Nations.)

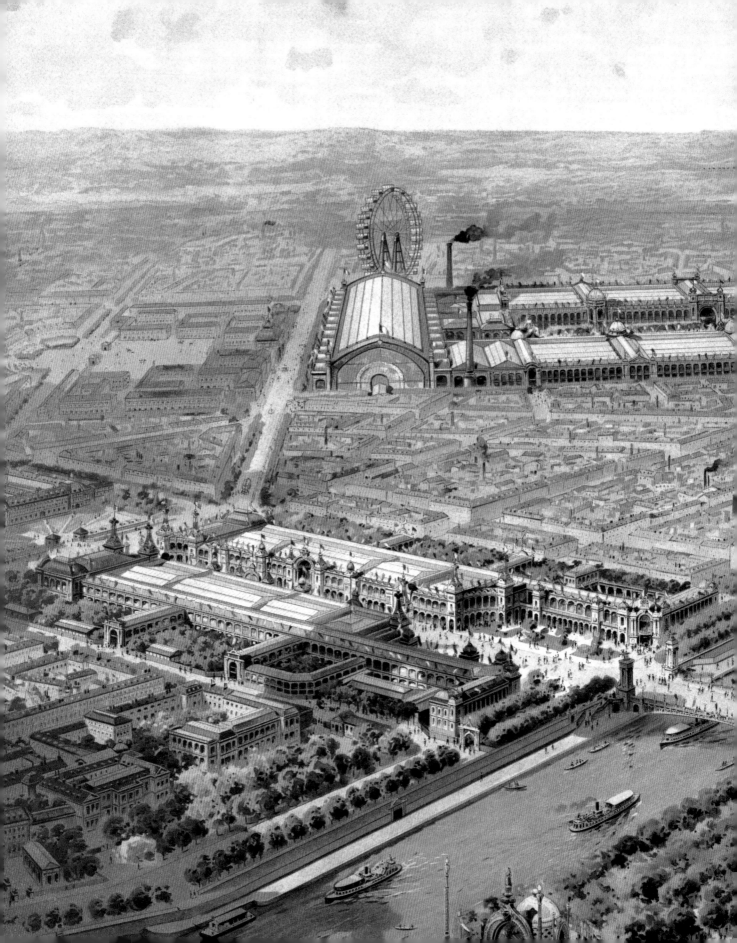

EXPOSITION UNIVERSELLE DE 1900
PLAN D'ENSEMBLE

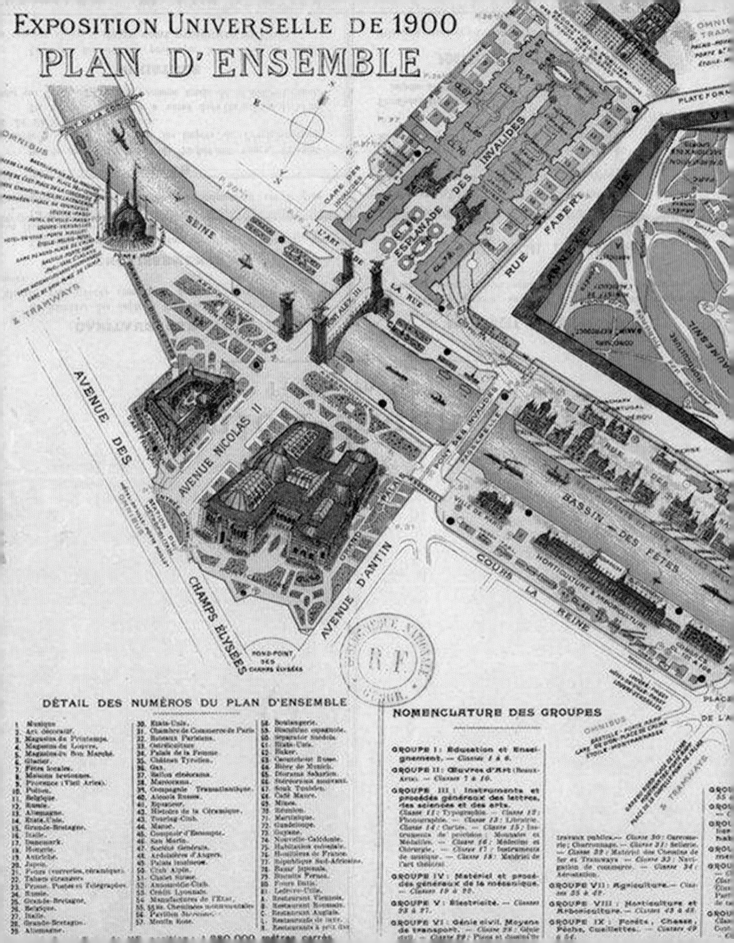

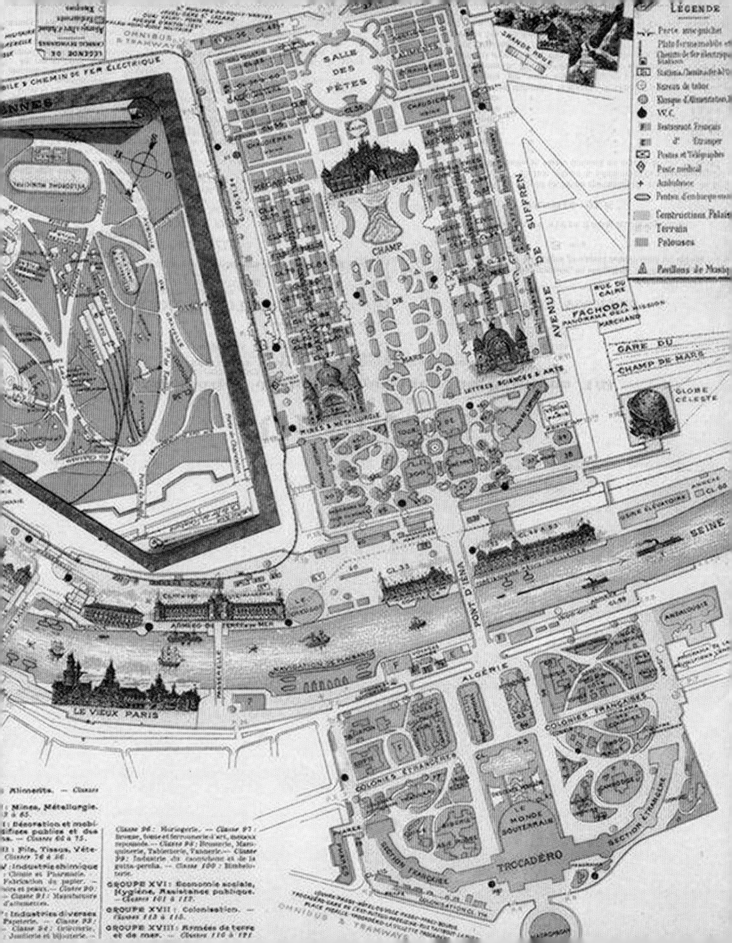

Paris 8 Novembre 1896.

R. Binet

Première de couverture
Esplanade des Invalides, diapositive colorisée (détail), 8,2 x 10 cm, 1900.
Brooklyn Museum, collection Goodyear.

Édition
Anne-Laure Brisac-Chraïbi, assistée de Jennifer Dugué

Coordination
Matthieu Flory

Traduction de l'arabe et annotation du texte d'Ahmad Zaki
Randa Sabry

Traduction de l'allemand du texte de Sabine Mangold-Will
Marianne Dautrey

Iconographie
Anne-Laure Brisac-Chraïbi, Hélène Morlier, Alice Sidoli

Révision
Lorraine Ouvrieu

Conception graphique, maquette et mise en page
Didier Gatepaille

ISBN 978-2-1-9155-4272-1

L'Univers à Paris 1900

Un lettré égyptien
à l'Exposition universelle de 1900

Ahmad Zaki

Sous la direction
de Mercedes Volait

Traduction de l'arabe et annotation du texte d'Ahmad Zaki
par Randa Sabry

Avec des textes de Sabine Mangold-Will, Randa Sabry,
Alice Thomine-Berrada, Mercedes Volait

Notices d'Alice Thomine-Berrada

Prix 2014 de la traduction du Salon du livre et de la revue d'art
Festival de l'histoire de l'art à Fontainebleau

NORMA
ÉDITIONS

PAIX

LIBERTÉ FRATERNITÉ

22 SEPTEMBRE 1900

Sommaire

Ahmad Zaki
Une vie à la croisée de plusieurs mondes

Mercedes Volait

Une culture plurielle

Parfois connu comme Zeki Pacha dans les sources européennes, Ahmad Zaki fait partie de ces personnalités oubliées du premier XXᵉ siècle égyptien qui se sont dépensées sans compter pour la renaissance des lettres arabes et la protection du patrimoine culturel de l'Égypte, et que l'on redécouvre aujourd'hui à la faveur d'une relecture de l'histoire récente du pays.

Celui que ses contemporains nommaient le « cheikh de l'arabité » [*chaykh al-uruba*] à la fin de sa vie[1] était un homme de culture et de sang mêlés. Né à Alexandrie en 1867, il était par son père d'origine marocaine, de lignage chérifien (remontant au Prophète) et d'ancrage palestinien (la famille avait émigré à Jaffa avant de s'établir à Rosette) ; les sources disent sa mère kurde ou égyptienne[2]. Il était « maghrébin d'origine, palestinien de culture, égyptien d'enracinement », résume son biographe[3]. Polyglotte accompli, il savait le français ainsi que l'italien, parlait passablement l'anglais et lisait avec aisance l'espagnol, qu'il avait commencé à apprendre assez jeune, attiré qu'il était par la « synthèse historique des civilisations arabes et européenne » que l'Andalousie lui semblait incarner[4].

Sa nécrologie livre le portrait d'un homme à l'« esprit vif et éclairé, génie incomparable, […] homme de lettres versé dans l'orientalisme et l'occidentalisme, merveilleusement doué dans les sciences arabes, écrivain de talent, éloquent orateur, cœur généreux, aimable et bon, caractère énergique[5] ». Ses aptitudes étaient assurément variées, tout comme les fonctions qu'il occupa successivement dans les institutions égyptiennes, jusqu'au secrétariat du Conseil des ministres. Un temps répétiteur d'arabe pour les pensionnaires de l'Institut français d'archéologie orientale, il fit œuvre de lexicographe, et avait été pressenti peu avant sa disparition en 1934 pour présider l'Académie de langue arabe du Caire, récemment fondée. Il occupa également quelques années la chaire de civilisation musulmane de la jeune Université égyptienne créée en 1907 sous le patronage de plusieurs membres de la famille khédiviale[6].

Ses convictions portent l'empreinte d'une culture plurielle. Il est à l'origine de la formation, en 1922, de la Société de la ligue orientale [*Gamaiyya al-rabita al-charqiyya*], groupement dédié à promouvoir « la diffusion de la connaissance, de la littérature et de l'art orientaux, ainsi qu'à consolider les liens de la connaissance et de la solidarité entre les nations orientales, sans considération de race ou de religion », et joua un rôle actif dans la vie de cette société jusqu'à sa dissolution en 1932[7]. On lui connaît également un engagement maçonnique assez précoce (à partir de 1895 au sein du Grand Orient d'Albanie), mené jusqu'à un niveau élevé, qui s'accorde bien avec ses idées réformistes comme avec la liberté de ton dont il usa dans ses écrits[8].

Portrait d'Ahmad Zaki, photographie argentique. Coll. part.

Mosquée d'Ahmad Zaki construite en 1353 H. (1934), dans le quartier de Gizeh au Caire, entrée de la salle de prière.

Mosquée d'Ahmad Zaki, inscription himyarite du Iᵉʳ siècle avant notre ère, provenant du palais Ghumdan, résidence des rois de Saba.

Mosquée d'Ahmad Zaki, calligraphie affrontée du nom d'Ahmad Zaki, portant la date de 1350 H. (1931).

Un écrivain prolixe

Ahmad Zaki est l'auteur de textes appartenant à des genres très divers : récits de ses voyages en Europe, notes historiques, textes programmatiques, éditions critiques de manuscrits médiévaux, traductions. C'est en tant que délégué égyptien au IXᵉ Congrès international des orientalistes qu'il découvre l'Europe en 1892. Il y séjourne à nouveau en 1894 (Congrès de Genève), 1902 (Congrès de Hambourg) et 1912 (Congrès d'Athènes). Son premier voyage européen, occasion d'un long périple, quasi spirituel, à travers la péninsule Ibérique, est un moment fondateur de son itinéraire intellectuel, qui lui fait découvrir non pas tant l'Espagne contemporaine (pour laquelle il paraît avoir eu assez peu de goût et d'intérêt) que les splendeurs d'al-Andalus. Si son exaltation du passé de l'Espagne musulmane rappelle le romantisme européen, l'usage paradigmatique qu'il fait du paradis andalou distingue son propos de celui des auteurs européens. Tandis que ceux-ci rendent exotiques l'Alhambra et ses personnages historiques, Zaki, comme d'autres voyageurs arabes après lui, fait d'al-Andalus un symbole du présent, celui d'un temps à faire advenir[9].

Hormis ses lettres d'Europe, dont celles narrant sa découverte de l'Exposition universelle de 1900, Zaki a rédigé plusieurs études sur la contribution arabe, et en particulier égyptienne, au progrès civilisationnel. Dans son *Étude sur la contribution des Arabes à l'invention de l'écriture en relief spécialement destinée à l'usage des aveugles* (Le Caire, 1911), il développe l'idée selon laquelle le braille serait une invention égyptienne. Ultérieurement contrée[10], sa théorie incarne un « cosmocentrisme[11] » courant en Égypte, qui consiste à trouver une origine égyptienne à toutes choses ou pratiques modernes (l'aviation, la découverte de l'Amérique ou la maladie du sommeil en l'occurrence pour Ahmad Zaki). Aux yeux des Égyptiens, leur pays, on le sait, est la « mère du monde » [umm al-dunya]. Il peut paraître paradoxal qu'un des meilleurs porte-parole de cette forme de chauvinisme ait été un Égyptien d'adoption, mais le phénomène correspond à une modalité classique de légitimation des identités marginales. « Ce n'est pas l'identité qui crée la différence mais bien l'inverse », note l'anthropologue Jean-Loup Amselle ; c'est la conscience de la différence qui amène à construire l'identité[12].

Ahmad Zaki est encore l'auteur d'éditions de manuscrits classiques, dont *Le Livre des idoles* [Kitab al-Asnam], très rare texte du IXᵉ siècle sur le paganisme arabe préislamique dont il établit l'édition en 1914 à partir d'une retranscription du XIIᵉ siècle. Il livre de nombreuses traductions

Mosquée d'Ahmad Zaki, plaque explicative relative au remploi himyarite inséré dans la façade de la mosquée : « Sous cette plaque se trouve une pierre inscrite, vestige du palais Ghumdan construit par les rois sabéens à Sanaa, selon un dessin merveilleux mais disparu de la surface de la Terre, gravée en graphie himyarite. C'est un don de l'imam Yahia, roi du Yémen, à son ami bâtisseur de cette mosquée et cheikh de l'arabité, Ahmad Zaki pacha, à l'occasion de sa visite à Sanaa en l'an 1345/1926. »

entre 1886 et 1897, dont *L'Histoire des peuples de l'Orient* de Gaston Maspero, puis, après une décennie d'interruption, une nouvelle série de textes : *De la Terre à la Lune* de Jules Verne (1876), ou *Le Dernier Jour d'un condamné* de Victor Hugo (1829). Car le métier premier d'Ahmad Zaki, qui était juriste de formation, est en effet la traduction, non plus au sens du *turguman* [le fameux drogman des voyageurs européens] du XIXe siècle, mais bien du moderne *mutargim* [traducteur]. Il a exercé cette fonction d'abord au *Journal officiel du gouvernement égyptien*, où il entre en 1888, puis auprès du Conseil des ministres dont il devient premier secrétaire en 1911. C'est pour des raisons de surdité qu'il aurait été amené à prendre sa retraite en 1921[13], ce qui suggère qu'il y faisait surtout de l'interprétariat.

Un bibliophile

Si son gagne-pain est la traduction orale, sa passion est la chose écrite. Son goût des manuscrits et des livres rares se serait manifesté dès 1883, alors qu'il n'est encore qu'un tout jeune étudiant. Sa bibliophilie l'amène de fil en aiguille à l'acquisition de bibliothèques entières, celles de notables tels que Gabriel el-Magala (en 1914), Ali pacha Ibrahim, ou Hasan pacha Husni, mais aussi à la reproduction photographique de textes rares, et à l'achat d'*unica* dès qu'il en a les moyens. L'une de ses trouvailles majeures est précisément le texte complet du *Kitab al-Asnam*, qu'il annonce avoir acquis à prix d'or en 1912[14]. Il profite de ses voyages, dès le périple espagnol, pour quêter les feuillets précieux. Ses recherches le mènent en 1904 à Istanbul, dont les ressources l'impressionnent. Il y retourne en 1909 et, accompagné d'un certain Hasan Helmy pacha, visite de nombreuses bibliothèques fondées en *waqf* [bien de mainmorte], dont il déplore le désordre des rayonnages, le catalogage erratique et un gardiennage inefficace, puisque leurs marques d'appartenance sont identifiables sur bien des manuscrits conservés dans les bibliothèques parisiennes[15]. Une autorisation exceptionnelle lui permet de pénétrer dans la bibliothèque sultanienne de Topkapi et d'y passer quatre mois à photographier des manuscrits arabes, dont il entreprend de publier des fac-similés[16].

En 1913, Ahmad Zaki constitue en *waqf* sa propre bibliothèque, qui compte déjà quelque 12 000 volumes et 800 manuscrits précieux, avec l'idée d'en ouvrir l'accès au public par son installation dans l'un des monuments historiques du Caire, le mausolée d'al-Ghuri[17]. L'édifice

Mosquée d'Ahmad Zaki, fenêtre à l'angle sud-est de la mosquée portant l'inscription: « Mosquée Ahmad Zaki pacha, mosquée de l'arabité et joyau des mosquées, et son propriétaire a fait sienne la devise: "Égyptiens avant toute chose." »

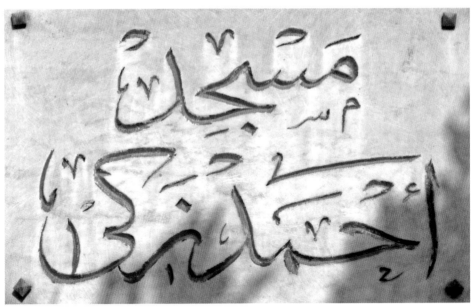

Mosquée d'Ahmad Zaki, arcature du mausolée.

Mosquée d'Ahmad Zaki, plaque portant le nom de l'édifice à l'entrée de la salle de prière.

accueille l'ensemble en 1920, avant que l'essentiel des ouvrages ne rejoigne la Bibliothèque nationale du Caire, où Zaki avait eu une aile à disposition à partir de 1914 comme cabinet privé de lecture. C'est dans les rayonnages du mausolée, reste peut-être de la bibliothèque Zaki, que le jeune Naguib Mahfouz devait dénicher, en 1948, une version anglaise d'*À la recherche du temps perdu*, qui lui fut lecture inoubliable[18]. À la mort d'Ahmad Zaki, *al-khazana al-zakiyya*, ainsi qu'il nommait sa bibliothèque en usant d'une expression maghrébine (et non du terme égyptien, *maktaba*), était riche de 18 700 volumes reliés et de 1 843 manuscrits qui, après avoir connu différents hébergements, sont aujourd'hui déposés à la Bibliothèque nationale du Caire[19] et mériteraient qu'on consacre une étude approfondie à leurs *realia* et *marginalia*.

Le rénovateur de l'art musulman

L'art et l'architecture ont également sollicité l'attention d'Ahmad Zaki. Le 18 janvier 1913, il prononce à la Société khédiviale de législation et d'économie politique du Caire[20] une conférence sur « Le passé et l'avenir de l'art musulman : mémoire sur la genèse et la floraison de l'art musulman et sur les moyens propres à le faire revivre en Égypte[21] », où il passe en revue les moyens requis pour que les villes égyptiennes présentent « un aspect oriental bien caractérisé ». L'essai intervient peu de temps après son *Mémoire sur les moyens propres à déterminer en Égypte une renaissance des Lettres arabes*[22] (où il propose d'encourager l'édition de manuscrits anciens collationnés dans les bibliothèques d'Europe et d'Istanbul) et s'insère dans une série de propositions pratiques afin de « régénérer » la culture arabe (par la simplification du casier typographique de l'Imprimerie nationale de Bulaq afin de faciliter la lecture, ou encore par l'introduction de la ponctuation dans les textes imprimés)[23].

Le mémoire sur l'art musulman débute par des généralités sur sa genèse et son rayonnement en Europe même et jusqu'en Chine. Zaki reprend là à son compte la thèse développée par le conservateur du Louvre Gaston Migeon sur les origines islamiques de bien des éléments de l'art européen. Les spécialistes n'accordaient déjà qu'un crédit limité à ces supputations, mais Zaki indique, avec une belle conscience de soi, qu'il ne pouvait manquer d'y souscrire, car « en tant "qu'Arabe", il était naturellement "fier de [son] pays et de [sa] race", et par là même incité à porter une attention particulière au rayonnement en Europe de l'art musulman[24] ». C'est cette absolue sincérité qui fait l'un des grands attraits des écrits de Zaki. La suite du texte est dévolue à examiner les causes du déclin égyptien de l'art musulman. Ahmad Zaki distingue des causes internes, telles que

les guerres civiles et le schisme religieux qui ont marqué les premiers siècles de l'hégire, mais s'appesantit sur les causes externes, « les invasions étrangères qui ont toujours arrêté l'épanouissement du génie artistique dans la vallée du Nil », car « partout et de tout temps, les peuples vaincus furent pillés et ruinés par les vainqueurs », écrit-il. Et il poursuit : « L'invasion des Croisés […] fut le premier coup porté à l'art musulman, qu'anéantit plus tard la conquête ottomane [de 1517][25]. » Pour Zaki, en effet, l'occupation ottomane de l'Égypte ouvre une phase de complet déclin du pays. C'est à contrecœur qu'il l'écrit :

« Laissant de côté, et pour un instant, les sentiments de sincère sympathie dont nous sommes animé à l'égard de la noble race ottomane, nous ne pouvons nous soustraire au devoir de vérité historique et celle-ci veut que cette conquête fut la cause initiale de la disparition radicale des arts, car en privant l'Égypte de son indépendance politique et de son expansion coloniale, elle eut pour résultat de l'appauvrir au point de vue économique, intellectuel et artistique[26]. »

S'ensuit un tableau détaillé du pillage systématique que les « hordes » turques (plus loin qualifiées de « brutes ») infligèrent aux richesses patrimoniales égyptiennes en 1517. La source principale du propos n'est pas la littérature européenne communément dépréciative du « Turc » depuis le XVIIIe siècle, mais le récit d'un chroniqueur égyptien, Ibn Iyas (1448-1524), qui a été le témoin des événements[27]. Le coup fatal porté à l'art en Égypte aurait été l'enlèvement de tous les artisans de valeur, conduits de force à Istanbul – 1 800 personnes au total, d'après Ibn Iyas. L'expédition napoléonienne reçoit comparativement une attention plus faible :

« L'Égypte continua à péricliter et à descendre dans l'abîme où elle était fatalement entraînée, jusqu'au jour où elle eut à subir le choc de l'expédition française, qui emporta à son tour les quelques trésors bibliographiques et artistiques qu'avaient négligés les Turcs[28]. »

Le propos se clôt par des propositions pour faire revivre en Égypte l'art musulman. Car « s'il est vrai que notre pays est essentiellement cosmopolite, cela ne doit pas, à notre sens, lui enlever le pittoresque de sa physionomie originale et ses villes ne feraient que gagner à présenter un aspect oriental bien caractérisé[29] ». Zaki distingue deux moyens possibles : la rue et l'école. Autrement dit, l'art urbain et l'éducation artistique. Pour obtenir une esthétique « bien caractérisée », il en appelle aux méthodes radicales utilisées par le préfet Haussmann pour embellir Paris, qui se justifient d'autant plus en Égypte qu'elles y ont eu des précédents par le passé. Et de rappeler, au risque « de [se] voir accuser de rechercher par monomanie en tout et pour tout des précurseurs arabes », les interventions de l'émir Yachbak al-Dawadari qui, en 1477, avait fait élargir des rues

Mosquée d'Ahmad Zaki, façade sud-est.

Mosquée d'Ahmad Zaki, inscription de fondation : « Cette mosquée a été construite par le cheikh de l'arabité Ahmad Zaki pacha, 1353 » (1934).

Double page suivante.
Mosquée d'Ahmad Zaki, angle sud-est.

du Caire, en dépit des protestations soulevées, ou encore le badigeonnage complet de la ville ordonné en 1512 par le fils du sultan Qaytbay. Il propose d'instaurer une commission *ad hoc* chargée d'instruire et d'orienter les autorisations de bâtir ainsi que les projets publics d'aménagement, tels que nouvelles voies, squares, un quai-promenade sur le Nil, le dégagement des abords des monuments, etc. Il fallait, enfin, soutenir l'École des beaux-arts qui venait d'être créée au Caire (13 mai 1908) à l'initiative du prince Yusuf Kamal car la régénérescence devait venir d'artistes, et non de simples artisans. Cette opinion l'oppose à d'autres défenseurs de l'art islamique égyptien – et notamment à l'architecte en chef du Comité de conservation des monuments de l'art arabe, le Hongrois Max Herz (1856-1919) –, qui pensaient quant à eux « qu'une école des arts appliqués à l'industrie serait plus utile pour accompagner le mouvement qu'une école des beaux-arts, puisque c'est à des maîtres-artisans comme Giuseppe Parvis (1831-1909) que l'art arabe devait d'avoir "survécu"[30] ». C'est donc une pensée originale que défend Zaki au sein de ceux qui voulaient ressusciter les splendeurs de l'art islamique.

L'amateur d'art passe lui-même à l'acte architectural en concevant la mosquée funéraire qu'il fait ériger sur un terrain attenant à son domicile de Gizeh, en bordure du Nil. L'occasion lui permet de mettre en pratique ses idées sur la régénérescence des arts de l'islam.

« Dans ce but il visita les plus beaux monuments archéologiques et, de ce mélange, il forma un ensemble harmonieux auquel il ajouta des modifications inspirées de son goût parfait et de son talent artistique. Il se choisit pour armoiries la plume, l'encrier et le livre et les orna d'un verset du Coran[31]. »

Le monument, qui porte toujours son nom (*masjid* Ahmad Zaki) et abrite sa sépulture ainsi que celle de son épouse, est en effet un extraordinaire collage d'éléments architecturaux, de motifs et de décors faisant écho à divers registres de l'art islamique égyptien. Les parois de l'édifice arborent des textes aux accents patriotiques (« L'Égypte aux Égyptiens ») et portent maintes mentions de son commanditaire. Une pierre épigraphiée d'époque antéislamique est incorporée dans la maçonnerie de la mosquée. La plaque qui la surmonte indique qu'il s'agit d'une inscription himyarite (Ier siècle avant notre ère), provenant de la résidence des rois de Saba, le palais Ghumdan, qui fut offerte à Ahmad Zaki par l'imam Yahia, le roi du Yémen, lors du séjour que le savant fit à Sanaa en 1926. Le précieux fragment inscrit l'arabisme de Zaki dans une très large perspective spatio-temporelle.

On peut se plaire à imaginer que la visite de l'Exposition universelle de 1900, gigantesque rassemblement d'architectures issues de tous horizons et périodes afin de mettre en scène la grandeur et la diversité des styles historiques, ne fut peut-être pas pour rien dans cette ultime tentative d'Ahmad Zaki de donner vie et forme matérielle au génie arabe.

L'EXPOSITION DE PARIS 1900

L'Exposition universelle de 1900
Histoire, politique et architecture

Alice Thomine-Berrada

Conçues comme un lieu de rencontre, d'échange et d'émulation entre les nations, vitrines des progrès technologiques, artistiques et sociaux issus de la révolution industrielle, les Expositions universelles apparurent au XIXᵉ siècle. Reprenant de façon élargie le principe des expositions dédiées aux produits agricoles et industriels qui se tenaient à Paris depuis 1798, la première eut lieu à Londres en 1851 dans un édifice audacieux, le Crystal Palace. La France joua par la suite un rôle moteur dans l'organisation de ces événements éphémères puisque, entre 1850 et 1900, Paris en accueillit cinq d'entre elles. Réponse à l'initiative anglaise, l'Exposition de 1855 s'organisa sur les Champs-Élysées autour d'un édifice monumental, le palais de l'Industrie ; celle de 1867 dut répondre à l'ampleur croissante de la manifestation en se développant également sur le Champ de Mars. Occasion de témoigner de la vitalité du pays après la défaite de Sedan, l'Exposition de 1878 annexa la colline du Trocadéro. Organisée pour célébrer le centenaire de la Révolution française, celle de 1889 et sa Tour Eiffel firent de l'innovation le symbole du progrès de l'humanité.

Dernière des Expositions universelles parisiennes, celle de 1900 fut par son nombre de visiteurs comme par son ampleur la plus importante de ces manifestations. Particulièrement complexe, l'histoire de son organisation témoigne des nouvelles inquiétudes qu'elle véhicule. Les organisateurs, au premier rang desquels se trouvait le commissaire général, Alfred Picard, ingénieur polytechnicien, conseiller d'État et rapporteur général de l'Exposition de 1889, furent tout autant portés par la foi dans le progrès que bridés par une certaine angoisse et un sentiment de nostalgie face à la ville moderne. Les Expositions universelles contribuèrent en effet vivement à ce sentiment général d'inquiétude, caractéristique de cette époque qui vit apparaître les premières associations de sauvegarde du patrimoine dans la capitale : Paris est à la fin du siècle l'héritier d'un grand nombre de structures, pavillons, palais ou attractions, provenant des précédentes Expositions qui, conçues à l'origine pour un divertissement éphémère et non pour une organisation urbaine pérenne, s'inséraient mal dans la ville. Cela explique la prudence qui guida ses organisateurs et les embûches qu'ils durent surmonter. Pour cette

Luigi Loir, couverture de *L'Exposition de Paris (1900)* avec la collaboration d'écrivains spéciaux et des meilleurs artistes. Paris, Imprimerie générale Lahure, 1900.

Camille Piton, *Vue du Grand Palais des Champs-Élysées depuis le pont Alexandre-III*, aquarelle, 1900. Paris, BNF.

raison, les enjeux symboliques avaient profondément évolué depuis les Expositions précédentes : rejetant le principe de constructions éphémères destinées à concrétiser un exploit ou une performance, les organisateurs privilégièrent des aménagements pensés pour embellir durablement la capitale. Du fait de l'importante dimension urbaine de ces objectifs, la première étape fut l'ouverture d'un concours d'idées en 1894 destiné à éclairer l'administration sur le plan de l'Exposition. Celui-ci permit l'année suivante l'établissement d'un plan général qui dut beaucoup à Alfred Picard mais aussi aux architectes Eugène Hénard, un des grands théoriciens de la ville, et Joseph Bouvard, directeur du service d'architecture de la Ville de Paris. Ce plan suscita une très vive opposition de la part de l'opposition gouvernementale, frileuse par rapport au coût du projet et à sa dimension parisienne, mais son adoption concrétisa finalement le choix du principe d'une perspective conduisant des Invalides aux Champs-Élysées et de la destruction du palais de l'Industrie. Il servit de base au concours ouvert en 1896 pour la construction des deux principaux édifices destinés à le remplacer, le Petit et le Grand Palais, organisés de part et d'autre de la voie monumentale conduisant aux Invalides.

La nostalgie entourant cette manifestation, dont l'expression la plus populaire fut sans doute le « Vieux Paris » d'Albert Robida, était du reste manifeste dès le départ puisque le thème général adopté fut le « Bilan d'un siècle ». Il n'est donc pas étonnant qu'à côté de l'extravagance architecturale de certains pavillons et de quelques flamboyantes réalisations Art nouveau, les principales réalisations de l'Exposition furent empreintes du regret du passé : l'écriture architecturale des Grand et Petit Palais constitue un hommage à l'Ancien Régime et au classicisme français. Même l'immense halle du Grand Palais était une vision nostalgique du XIXe siècle dont toute l'évolution architecturale avait été guidée par l'idée de libération de l'espace puisque cette disposition et ces matériaux étaient presque devenus obsolètes à l'époque de l'électricité et du béton armé. À l'intérieur, le Grand Palais présentait symboliquement de nombreuses œuvres illustrant l'évolution de l'art français depuis un siècle, tandis que l'exposition du Petit Palais était consacrée aux arts décoratifs français depuis ses origines jusqu'au XVIIIe siècle, suggérant les origines de l'excellence nationale dans ce domaine.

L'exaltation du passé avait en effet pour corollaire l'exaspération des identités nationales. Envisagées à l'origine comme un lieu idéal d'échange international, les Expositions universelles se teintèrent avec la montée des nationalismes de la seconde moitié du XIXe siècle d'une importante dimension identitaire. En 1900, une dizaine d'années avant que ces questions ne conduisent au conflit armé de la Première Guerre mondiale, cette dimension était excessivement présente. Le projet ne fut-il pas adopté dans l'urgence en 1892 pour supplanter l'Allemagne qui envisageait de fêter le nouveau siècle par une exposition berlinoise ? Tandis que l'urbanisme de l'Exposition manifestait ouvertement des alliances politiques (le nouveau pont dédié à Alexandre III est conçu comme un immense cadeau diplomatique fait à la Russie pour renforcer l'alliance franco-russe), l'exaltation des modes de vie et des traditions locales dans les pavillons nationaux prit lors de l'Exposition de 1900 bien plus de poids que l'enthousiasme en faveur des progrès techniques. Et c'est cet étrange équilibre qui fascina Zaki, dont l'émerveillement est autant suscité par la découverte de traditions locales inconnues que celle de la modernité industrielle.

Les grandes dates de l'Exposition universelle de 1900

13 juillet 1892 : décret établissant à Paris une Exposition universelle en 1900

9 août 1894 : concours d'idées pour l'ensemble de l'Exposition (108 concurrents)

27 juin 1895 : pétition des artistes contre la destruction du palais de l'Industrie

22 avril 1896 : concours pour le Grand et le Petit Palais (59 concurrents)

7 octobre 1896 : pose de la première pierre du pont Alexandre-III

15 octobre 1896 : début des travaux des Grand et Petit Palais

14 avril 1900 : inauguration de l'Exposition universelle

19 juillet 1900 : inauguration de la première ligne de métro

22-23 septembre 1900 : Banquet des maires de France

12 novembre 1900 : clôture de l'Exposition universelle

7 mars 1901 : ouverture du Petit Palais devenu musée de la Ville de Paris

Quelques chiffres de l'Exposition universelle de 1900

La comparaison entre les chiffres donnés par Zaki et les chiffres provenant des publications officielles de l'époque révèle la relative justesse des chiffres donnés par notre visiteur égyptien : Zaki détenait apparemment des informations solides qu'il a parfois déformées mais sans exagération.

	Chiffres donnés par Ahmad Zaki	Chiffres donnés par Alfred Picard
Nombre de morts pendant l'effondrement de la passerelle du Globe céleste	12	9
Nombre moyen de visiteurs journaliers	200 000	174 866
Nombre total de visiteurs	40 à 45 millions	50 860 801
Coût du Grand Palais en francs	24 millions [Zaki a pu rassembler les coûts des Petit et Grand Palais, 24 206 291 francs selon les chiffres de Picard]	18 365 488
Coût du Petit Palais en francs	12 millions	5 840 803
Coût général de l'Exposition	100 millions [Zaki a ici sous-évalué les revenus finaux provenant des bons ainsi que des concessions et enchères]	126 318 168

Indications bibliographiques

Jean-Pierre Babelon, Myriam Bacha et Béatrice de Andia (dir.), *Les Expositions universelles à Paris de 1855 à 1937*, Paris, Action artistique de la Ville de Paris, 2005.
Paul Gers, *En 1900*, Corbeil, E. Crété, 1901.
Pascal Ory, *Les Expositions universelles de Paris : panorama raisonné*, Paris, Ramsay, 1982.
Alfred Picard, *Exposition universelle internationale de 1900 à Paris. Rapport général administratif et technique*, Paris, Imprimerie nationale, 1902-1903, 8 vol.
Gilles Plum, *Le Petit Palais : chef-d'œuvre de Paris 1900*, Paris, Nicolas Chaudun, 2005.
Gilles Plum, *Le Grand Palais : un palais national populaire : architecture et décors*, Paris, Centre des monuments nationaux, 2008.

L'Univers à Paris 1900
ou le témoignage d'un humaniste

Randa Sabry

Les voyageurs égyptiens en Europe au XIXᵉ siècle

L'Univers à Paris est un texte qui ne peut manquer d'étonner. On y cherche un compte rendu, on y découvre un ton, une allure, une écriture aisée, personnelle et habile à envelopper son lecteur dans un espace de familiarité, voire de connivence. Qualités qui valent à son auteur une place un peu particulière parmi ses contemporains.

Comme beaucoup de lettrés de la Renaissance arabe, Ahmad Zaki est un homme de double culture dont l'attachement tout humaniste à la langue arabe et à son patrimoine littéraire s'accompagne d'une bonne connaissance de plusieurs langues européennes, le français et l'italien plus particulièrement. Philologue, traducteur, membre de plusieurs sociétés savantes (Institut d'Égypte, Société royale de géographie, Société royale d'Asie à Londres…), il est aussi l'incarnation d'un type inattendu (et peut-être paradoxal aux yeux de ceux pour qui le lien entre tourisme et « européanité » est exclusif) : le *touriste égyptien* parcourant divers pays d'Europe à la fin du XIXᵉ siècle. Titre qu'il mérite mieux que d'autres grandes figures de la nahda.

Depuis Rifaa al-Tahtawi, le premier en date à s'embarquer pour le pays des Francs [*bilad al-Ifring*], les motivations d'un grand nombre de voyageurs égyptiens amenés à visiter l'Europe, ou plutôt à y résider, dès 1826 (date du premier envoi de boursiers en Italie puis en France), relèvent le plus souvent de la mission : bourse d'études, enseignement, participation à un congrès orientaliste. Anouar Louca, qui eut le mérite dès 1970 de présenter une vue d'ensemble de leurs récits, retient aussi comme motivation l'exil volontaire ou forcé. Dans la deuxième partie de son ouvrage, consacrée aux journalistes libéraux, il accorde une place de choix à deux figures de bannis très célèbres : Muhammad Abduh que son admiration pour le remuant Jamal al-din al-Afghani n'empêche pas de devenir par la suite le chef de file d'un réformisme plus apaisé, et Yaqub Sannu, alias « Abu Naddara » (l'homme aux lunettes) qui, se posant d'abord en

Ahmad Zaki, *L'Univers à Paris*, page de couverture, 1900. Paris, BNF.

Ahmad Zaki dans son bureau, photographie argentique.

victime du despotisme khédivial, sut endosser, jusqu'au cabotinage, le rôle de l'Oriental, chantre de « la généreuse France », à qui plus d'une nation doit « son réveil, son indépendance et sa civilisation[1] ».

L'exemple le plus fameux de ces voyageurs en mission reste Tahtawi, chargé d'encadrer comme imam la quarantaine d'étudiants égyptiens envoyés par Muhammad Ali pour se former aux sciences modernes et qui, seul de cette délégation, passera à la postérité grâce à sa relation, *Takhlis al-ibriz fi talkhis Bariz* [*De l'or raffiné pour un Paris en abrégé*][2] publiée au Caire en 1834. Si le titre s'y conforme à l'esthétique traditionnelle de la paronomase, le contenu, lui, ouvre le lecteur au monde de la modernité à travers les observations de l'auteur sur les mœurs françaises et le programme rigoureux de ses lectures et de ses cours. Autre voyage d'études encore : celui qu'entreprend Ali Mubarak, élève de l'École militaire de Metz entre 1844 et 1849, expérience dont il tirera une somme encyclopédique romancée, bourrée de tous les sujets de réflexion nés de son contact avec la culture française. Cet énorme roman didactique intitulé *Alam al-din*, du nom de l'un de ses protagonistes, se compose de 125 chapitres ou entretiens réunissant trois voyageurs, le héros accompagné de son fils, l'adolescent Burhan al-din, et d'un linguiste anglais, passionné de culture arabe. Au cours d'un itinéraire qui va d'Alexandrie à Fontainebleau (avec un séjour prolongé à Paris et dans ses environs), le trio ne cesse de discuter de sujets hétéroclites inspirés de tout ce qui s'offre, chemin faisant : la mer et ses merveilles, l'histoire de Marseille, les activités industrielles du port, l'enseignement des langues, la poste, les femmes, le théâtre, le caractère des Français, le bal et la danse, l'alcool, les croyances religieuses… On retiendra que l'un des moments clés du quatrième tome est la conférence sur la langue et la littérature arabes donnée par Alam al-din devant la Société des orientalistes.

Inversement, d'autres partiront pour enseigner la langue arabe, tel le cheikh Ayyad al-Tantawi, engagé comme professeur en 1840 à Saint-Pétersbourg où il mourra vingt ans plus tard après avoir rédigé une passionnante relation, *Tuhfat al-adhkiya bi akhbar bilad Rusya* [*Don précieux aux astucieux : chroniques de Russie*], ou encore Hasan Tawfiq al-Adl, l'un des plus brillants diplômés de Dar al-Ulum (Maison des sciences), que son enthousiasme pour les nouvelles méthodes de pédagogie entraîne à parcourir l'Allemagne et la Suisse, dans le prolongement des activités d'enseignant qu'il exerce à Berlin[3].

Parmi les voyageurs partis dans un but spécifique, il faudrait mentionner ceux qui participèrent aux Congrès des orientalistes, tel celui de Stockholm en 1889 auquel furent conviés Amin Fikri, Mahmud Umar al-Baguri et Hamza Fathallah. Tous trois, accompagnés d'Abdallah Fikri, qui leur servit d'interprète, profitèrent de l'occasion pour visiter à l'aller plusieurs villes d'Italie et de Suisse, avant de s'attarder trois semaines à Paris pour déambuler à leur aise à travers l'Exposition universelle. Il y a là indéniablement les indices d'un comportement touristique, comme le remarque Anouar Louca[4], même si les récits rédigés ultérieurement par les trois congressistes ne reflètent que faiblement un art de voyager pour l'agrément et nous laissent sur notre faim quant à leurs sentiments personnels à l'égard des sites visités, l'encyclopédisme ou les considérations générales prenant souvent le pas sur l'expression de la subjectivité.

Quant à cet être singulier que fut le prince Muhammad Ali, frère du khédive Abbas Hilmi II, il renvoie plutôt l'image d'un découvreur d'espaces nouveaux, dédaigneux de décrire après d'autres le spectacle des capitales célèbres, tenté qu'il est par la vocation de *globe-trotter*. C'est ainsi que, présent à l'Exposition universelle de Paris en 1900, il préfère passer ce séjour sous silence pour nous rapporter le périple qui le conduit, immédiatement après, sur les routes de la Bosnie-Herzégovine. Durant les premières années du XXe siècle, sa passion des lointains lui fera parcourir le Japon, les États-Unis, l'Amérique latine et l'Afrique du Sud, incognito et toujours accompagné de son secrétaire à qui il dicte la majeure partie de ses journaux de bord.

Ahmad Zaki pacha, lui, voyage en homme de culture qui jouit du plaisir de visiter des villes offrant mille objets divers à sa curiosité – plaisir qui s'accommode fort bien d'une discipline : remplir des fiches sur tous les sujets imaginables et rédiger chaque soir ses impressions encore à chaud.

Charles Bazin, *Edme-François Jomard, ingénieur-géographe et archéologue français, parmi les élèves de la Mission scolaire égyptienne à Paris*, lithographie (graveur : Villain), 1831. Paris, BNF.

Ahmad Zaki, esprit éclectique et touriste éclairé

Contrairement à Muhammad al-Muwaylihi qui nous fait part de ses réflexions sur l'Exposition universelle de 1900 à travers un document-fiction mettant en scène trois touristes égyptiens[5], c'est directement et avec la plus grande aisance que Zaki assume sa condition de touriste, tout comme son frère aîné, Mahmud bey Rachad, président du Tribunal d'Égypte, chez qui on retrouve la même attitude dans la relation d'un de ses voyages effectués à l'orée du xxᵉ siècle, *Al-Siyaha ila al-Russia* [*Voyage touristique en Russie*] ainsi que dans ses *Marsiliyat* (ou *Lettres de Marseille*).

Désigné par le khédive Abbas Hilmi II pour se rendre à Londres en tant que représentant de l'Égypte au Congrès des orientalistes de 1892, Ahmad Zaki se met à rédiger, dès les préparatifs, un récit – *Le Départ pour le Congrès*[6] – qui déborde très largement cette visée initiale puisque, sur près de 400 pages, le lecteur se trouve entraîné à sa suite dans un Grand Tour d'une durée de six mois à travers l'Italie, la France, l'Angleterre, le pays de Galles, l'Espagne, le Portugal et Monaco. Le programme que se fixe d'emblée l'auteur, et qu'il accomplit grâce aux services de l'agence Cook, est digne d'un touriste des plus consciencieux : visiter à chaque étape monuments historiques, musées, palais, églises, cimetières, marchés…

Mais peu à peu, son attention s'étend aussi aux promenades et surtout aux bibliothèques dont on notera que la visite (particulièrement celle de leurs sections réservées aux textes arabes) fut pour nombre de voyageurs de la Renaissance arabe une finalité en soi[7]. Bientôt les divers aspects ethnographiques des pays visités se taillent une place de plus en plus étendue dans son récit : moyens de transports, loisirs, habitudes commerciales, urbanistiques, culinaires, langagières, comme s'il rêvait de nous transmettre la vision la plus totale d'une culture telle qu'il a pu l'appréhender. Le tout parsemé d'anecdotes plaisantes, de parallèles avec tels usages égyptiens et de comparaisons entre caractères des différents peuples. C'est ainsi que sa préférence ira aux Espagnols dont il découvre, malgré l'obstacle linguistique (sa grammaire espagnole étudiée à Paris ne lui étant d'aucun secours une fois débarqué à Irun), qu'ils sont le peuple le plus hospitalier, le plus porté à venir en aide aux étrangers, le plus chevaleresque, bref le plus digne de l'héritage moral des Arabes de jadis, héritage hélas trop souvent oublié par les descendants directs de ces derniers, déplore-t-il[8].

Le Phare d'Alexandrie du 15 novembre 1893, en saluant la parution de cette somme « de détails de mœurs et d'observations d'un si haut intérêt », l'avait recommandée avec force éloges « à toute personne éprise d'art, de science et de littérature[9] ».

La formule s'appliquerait tout aussi bien à *L'Univers à Paris* (*Al-Dunya fi Baris*), son deuxième récit de voyage où il rapporte avec minutie, en laissant parler son goût personnel et non l'esprit de catalogue, tout ce qui l'a frappé lors de ses visites répétées à l'Exposition universelle de Paris, du 18 avril au 12 juillet 1900.

L'ouvrage est à l'image de la vivacité d'esprit, de la vaste culture et des curiosités multiples de l'auteur. Il annonce ainsi l'éclectisme de son œuvre à venir, formée d'une masse d'essais, d'articles, de plaquettes, de conférences portant sur des sujets d'une variété étonnante : les « Secrets de la traduction », les « Merveilles des profondeurs marines », « Les labyrinthes souterrains au temps des Fatimides », la nécessité d'introduire les signes de ponctuation dans la typographie arabe, l'origine des toponymes arabes, la formation des onomatopées ; une étude érudite sur une « Description arabe du Fayoum au VIIe siècle de l'hégire », avoisinant le récit d'une expérience pionnière : « Le Caire-Alexandrie en automobile ».

Éclectisme donc, mais où se dessinent pourtant deux orientations majeures : le goût du patrimoine et la passion de la modernité.

Un témoignage rare

On a pu noter ces dernières années un regain d'intérêt pour les Expositions universelles, les documents qui leur sont relatifs (guides, affiches, cartes postales, plans, photographies) ou encore leurs vestiges architecturaux tels qu'ils ont survécu dans d'autres environnements[10]. Mais rares sont les récits de première main qui nous renseignent sur les réactions au jour le jour des visiteurs français et étrangers plongés au cœur de ces foires démesurées.

On peut évoquer, il est vrai, Jean Lorrain (*Mes Expositions universelles 1889-1900*), l'album de photographies de Zola, des passages du *Journal* des Goncourt. Une étude récente de l'historien koweitien Fahd Nayef al-Dabbus, *Les Voyageurs arabes et leurs impressions lors des Expositions universelles de 1851 à 1900*, parue au Koweït en 2009, recense une douzaine d'écrivains visiteurs pour celle de 1900. Il cite notamment les Libanais Sélim Makarios, Nessim Khallat, Yaqub Sarruf, Édouard Elias – journalistes pour la plupart – et, parmi les Égyptiens, Ali Abul Futuh, Yaqub Sannu, Labib al-Batanuni, Muwaylihi et Ahmad Zaki, ces deux derniers ayant en commun d'avoir dédié un livre entier à cette gigantesque manifestation. Mais l'esprit qui s'en dégage est différent[11].

Polémique, polyphonique, *Trois Égyptiens à Paris* de Muwaylihi poursuit un questionnement dérangeant sur l'Exposition comme complexe de représentations et de mythes modernes à décrypter, entre autres dans leur relation au colonialisme, alors que le tour d'horizon proposé par Ahmad Zaki, récréatif, fourmillant de petits détails qu'il fait revivre sous nos yeux, est au croisement d'une littérature personnelle et d'une ambition référentielle : traduire l'Exposition même dans son extraordinaire profusion.

Ce souci des détails ne l'empêche nullement de capter l'Exposition dans son essence comme espace d'un voyeurisme hypertrophié, où tout devient exposition et appelle le regard. Et dans le même sillage, cette fixation du regard qu'est le cliché photographique. Ainsi dans ce passage particulièrement emblématique relatif au trottoir roulant :

« Dans certains tournants, je me retrouvais à la hauteur du premier étage des immeubles et c'est alors que je plaignais les habitants constamment exposés aux regards de tous, gens de l'élite et du commun, proches et étrangers, accourus de tous les coins de la terre. À l'évidence, ils ne peuvent ni fermer les fenêtres – à moins d'étouffer –, ni les laisser ouvertes – car ce serait se donner en spectacle aux autres et aux appareils photographiques. En effet ceux qui en possèdent parviennent très facilement à saisir à la dérobée leurs gestes et habitudes quotidiennes, et cela à leur insu. Oui, les habitants de ces étages peuvent, de leur place, voir leurs habits, leur mode de vie, leurs conversations, devenir un pôle d'attraction pour les gens du monde entier, qui défilent devant eux comme les soldats devant les souverains aux jours de grandes parades. Inversement, ils pourraient aussi prendre une photo de ces photographes au moment où, absorbés par leur activité au point d'en oublier le trottoir roulant, ils chancellent et s'affalent, empêtrés dans leur appareil. Mais il leur faudrait être à l'affût de cet instant précis de culbute et de chute, et comme il y a fort peu de

chance que cela arrive, beaucoup d'habitants du premier étage ont préféré déménager, comptant réintégrer leur domicile à la fin de l'Exposition[12]. »

Où l'on apprend par la même occasion le sort paradoxal de certains Parisiens forcés à devenir voyageurs à leur tour pour fuir... les hordes de voyageurs-voyeurs envahissant leur capitale !

Avec un sens très aigu du renouvellement des perspectives, le texte joue d'une part sur les grandes descriptions d'ensemble qui accompagnent les vues panoramiques – le livre d'Ahmad Zaki est l'un des rares récits en langue arabe qui soient illustrés de photographies –, d'autre part sur les points phares de l'Exposition auxquels sont accordées tour à tour des rubriques substantielles, avec l'aménagement çà et là d'échappées divertissantes, telle cette exposition canine plutôt inattendue, vu la triste réputation faite au chien dans la culture musulmane.

Bien qu'éminemment conscient de l'impossibilité d'un compte rendu exhaustif, Ahmad Zaki nous présente de ses déambulations un bilan somme toute considérable, qu'il s'agisse des monuments auxquels il s'arrête en priorité – la Porte monumentale, le pavillon de l'Égypte, le Grand et le Petit Palais, le pont Alexandre-III – ou de la quinzaine d'édifices qu'il a pu visiter en parcourant la Rue des Nations. Ou encore des moyens de locomotion qu'il a expérimentés comme tous les autres badauds (le trottoir roulant et le train électrique), sans compter de nombreux passages dédiés aux « prodiges de la mécanique » et aux inventions tout à fait fascinantes pour les foules d'alors, telle cette machine à cirer les chaussures, courtoise au point d'afficher un « Merci, monsieur ! » au client, une fois l'opération terminée.

Cependant, malgré l'intérêt que représente cette richesse référentielle, l'œuvre vaut plus encore sans doute par cette dimension irremplaçable : qu'elle porte l'empreinte de la vision et de la voix très personnelles d'Ahmad Zaki.

Une vision « égyptienne, arabe et orientale »

Dans la postface de *L'Univers à Paris*, on peut lire : « Dans chaque ligne que j'ai tracée, dans chaque pensée que m'a inspirée ma fantaisie, ma vision a été égyptienne, arabe et orientale[13]. »

Il y a là, de la part de l'auteur, l'expression d'une fierté, voire d'une supériorité non dissimulée, par rapport à certains voyageurs qu'il soupçonne d'avoir cédé à la tentation de traduire des guides français. Il fait probablement allusion à Amin Fikri, tenté, dans son *Guide vers l'Europe et ses beautés à l'intention des esprits éclairés*, par une écriture encyclopédique où l'on devine un calque de documents français[14]. Traducteur de profession, Zaki ne désire transmettre, dans son récit, que ses réactions et tient à proclamer son indépendance vis-à-vis des autoreprésentations que se forge la culture occidentale jusque dans ses guides apparemment les plus « objectifs ». Se documenter : fort bien, mais

plus essentiel est, selon notre auteur, de savoir se constituer un regard et un discours à soi, inspirés de sa propre culture.

Quant à nous, nous ne pouvons que lui savoir gré de cette conscience aiguë qui lui fait deviner que son témoignage ne vaut qu'à proportion de cette capacité, précisément, à suivre sa « fantaisie » et à laisser parler sa sensibilité. Comme il était prévisible, celle-ci le conduit à des choix immédiatement repérables. Ainsi de la place qu'il réserve au pavillon de l'Égypte, à son inauguration, à son architecture, à ses décors intérieurs et aux spectacles qu'on y propose. Fort compréhensible aussi l'admiration marquée devant la charrue à vapeur conçue par son compatriote, Boghos Nubar, ou au pavillon de l'Allemagne, lorsqu'il découvre les éditions critiques des grands textes du patrimoine arabe.

Mais c'est en fait à chaque pas, et dans d'innombrables détails, que cette sensibilité trouve à se manifester, le texte fourmillant, à tout propos, d'allusions à l'Égypte ancienne et contemporaine, de parallèles entre Orient et Occident, de proverbes populaires, de références arabes (ouvrages célèbres, hommes illustres, maximes, vers, bribes de citations coraniques…).

Trait remarquable : aucune pesanteur idéologique ne vient encombrer le texte. Car alors même que l'Égypte subit l'occupation britannique depuis 1882, que les débats sur le colonialisme tournent à la polémique dans les cercles de l'intelligentsia, Ahmad Zaki précise que, en sa « qualité de touriste », il s'interdira dans son récit toute « considération de religion ou de politique » (le 24ᵉ jour : lundi 21 mai). Son intention déclarée est de livrer ses réactions à vif, d'enthousiasme ou d'irritation, en réservant toutefois la préférence aux instants les plus gratifiants que lui a procurés l'Exposition. Des cuisantes déceptions, il ne sera pas fait mention, ajoute-t-il. D'où, probablement, le silence observé à propos de la Rue du Caire, dont l'exotisme tapageur ne manquait pas de révulser les visiteurs égyptiens (Muwaylihi notamment) tout en faisant les délices des badauds parisiens.

De tout cela résulte un texte qui respire naturel et largeur de vue, un texte où le lecteur actuel, de quelque horizon qu'il soit, peut se sentir en agréable compagnie. Celle d'un bon vivant, spirituel, esthète malgré les lacunes de sa culture picturale, gourmet à ses heures, féru d'étymologies et de rapports interlinguistiques et, par-dessus tout, excellent guide. Les adresses au lecteur qui parsèment le récit et que justifiait à l'origine sa présentation sous forme de lettres se révèlent d'une stratégie très efficace encore aujourd'hui, en créant l'illusion d'un parcours guidé où l'on est convié à partager les réactions du voyageur.

Un reportage à la tonalité littéraire

Anouar Louca avait déjà noté que l'originalité de *L'Univers à Paris*, du point de vue stylistique, tenait à la dissimulation de son projet didactique sous un genre d'écriture tout nouveau dans les lettres arabes : le reportage littéraire. Un reportage en forme de kaléidoscope où l'auteur se montre tour à tour « romantique, exalté, sérieux, badin, exubérant, facétieux[15] ».

S'ouvrant sur un journal de bord qui raconte les péripéties du voyage depuis le départ d'Alexandrie, le 13 avril 1900, jusqu'à l'arrivée à Paris et les premières impressions ressenties à l'Exposition (éblouissement comme devant une cité enchantée des *Mille et Une Nuits*, mais aussi irritation devant l'inachèvement des travaux), le livre abandonne progressivement la narration au quotidien pour adopter un ordre obéissant à la logique spatiale et thématique.

Le texte mime donc, dans une deuxième étape, le rythme de la déambulation, en traçant des parcours flâneurs : balade du Grand au Petit Palais puis au pont Alexandre-III, petit tour sur le trottoir roulant et enfin promenade prolongée Rue des Nations, avec une excursion vers les colonies britanniques. Dans cette partie, si la dominante est bien descriptive, le discours personnel d'Ahmad Zaki, ses commentaires louangeurs ou critiques, les rapprochements curieux qui lui viennent à l'esprit, les anecdotes qu'il insère (telle l'irruption du cortège de noces s'égayant sur le trottoir roulant), tout contribue à entretenir un indéniable plaisir de lecture.

Vient en troisième lieu un compte rendu sur le gigantisme de l'Exposition rédigé tout exprès pour répondre à la curiosité de ses correspondants. Truffé de chiffres tirés de notes très documentées, ce dossier demeure cependant pittoresque par sa bigarrure et continue à porter l'empreinte de son auteur. Il reflète aussi avec humour la folie des chiffres suscitée par les Expositions et dont tous les visiteurs subissaient la contagion.

Enfin, signe révélateur, l'ouvrage consacre un grand chapitre à la puissance la plus prestigieuse du moment, à travers le pavillon de l'Allemagne et ses productions dans divers secteurs. Avec beaucoup de clairvoyance, Ahmad Zaki décèle dans cet espace tous les indices d'un désir de suprématie qui s'expose de façon *colossale*.

Puis à l'issue de ce long développement jalonné de chiffres, nous voilà dans le chapitre consacré au Banquet des maires, où le ton se fait goguenard pour associer, dans le même coup de griffe malicieux, maires d'Égypte et de France, avant que l'auteur n'opère un nouveau changement de cap dans la conclusion, en adressant à ses compatriotes et, par-delà, aux « Orientaux », une pressante invite à entrer dans la modernité.

En effet, l'une des leçons que tire Ahmad Zaki de cette Exposition universelle où, sous une apparence festive, tous les pays sont engagés dans une concurrence acharnée, c'est que « toute nation qui ne participe pas à cette avancée dans la course aux idées quitte le chemin de la vie civilisée et n'est plus vouée qu'à la déchéance et à la ruine[16] ». D'où l'urgence pour l'Orient

Jean-Baptiste Isabey, *Le Grand Escalier du musée*, aquarelle, 86 x 66 cm, 1817. Paris, musée du Louvre.

de scruter les progrès de la civilisation occidentale et de s'inventer un nouveau langage – étape première pour que s'amorce une nouvelle ère de régénération.

Ce contexte premier, on l'aura constaté, est bien éloigné de nous (quoique…). Cependant les qualités intrinsèques de *L'Univers à Paris*, ce style qu'a su inventer l'auteur et qui continue à nous parler, devraient lui assurer, on peut l'espérer, une réception favorable auprès de futurs lecteurs, aux curiosités les plus diverses.

Note sur la traduction

Notre traduction reprend dans son intégralité le récit publié en 1900 par Ahmad Zaki, *Al-Dunya fi Baris*, paru d'abord en « tranches » ou lettres envoyées chaque semaine à une revue de vulgarisation comme il en florissait alors en Égypte, *Tabib al-Aila, Le Médecin de la famille*. Nous nous appuyons ici à la fois sur la première édition de Dar al-Maarif, que l'on trouve en ligne[17], et sur celle établie dernièrement et annotée par Ahmad al-Hawwari[18].

À propos de l'intitulé français, *L'Univers à Paris 1900*, nous rappellerons qu'il a été choisi par l'auteur lui-même, qui le place tout au haut de la page de titre de son ouvrage, option bilingue déjà adoptée par le Libanais Farès al-Chidyaq dans son autobiographie romancée éditée en 1855 à Paris et dont le titre arabe *Al-Saq ala al-saq [La Jambe sur la jambe]* est accompagné d'une traduction libre proposée par l'auteur, *Les Aventures de Fariac, relation de ses voyages avec ses observations critiques sur les Arabes et les autres peuples.*

Sans cette décision émanant de l'auteur, un traducteur aurait peut-être été tenté par une variante comme : *Le Monde à Paris*, « al-dunya » renvoyant en arabe à la fois aux gens et à l'espace qui les englobe, à la population de la Terre entière, à l'atmosphère générale qui règne dans un lieu, aux biens terrestres, à l'ici-bas. Mais sans doute Zaki voulait-il attirer l'attention, dès le seuil, sur le lien entre son livre et l'Exposition *universelle*.

Le paratexte de l'ouvrage, où l'on notera l'absence de toute action de grâce rendue à Dieu et au Prophète, offre tous les signes d'une modernité assumée : une épigraphe accrocheuse se présentant comme la version littéraire du slogan « L'Exposition comme si vous y étiez », une table analytique valorisant les thèmes traités pour mettre en appétit le lecteur, une table des illustrations ainsi que des notes infrapaginales, procédés novateurs à l'époque. Ahmad Zaki y avait ajouté un *Avertissement au lecteur* où il vantait les vertus de la ponctuation, proposant d'en acclimater les signes à la typographie arabe pour être en phase avec ce qui se pratique dans les langues européennes et rompre avec les phrases-labyrinthes qui prévalent dans la plupart des manuscrits et obligent le lecteur à relire plusieurs fois sans parvenir toujours à percevoir les nuances du texte. Ces éléments périphériques, malgré leur très grand intérêt, n'ont pas pu être retenus dans cet ouvrage, à l'exception de l'épigraphe et des notes.

Autre composant qui disparaît de la traduction, mais par la force des choses, pour ainsi dire : les bribes en caractères latins qui parsèment l'original, contribuant à un effet d'hybridité linguistique et graphique que le texte français échoue à rendre. Tout récit de voyage tend plus ou moins, on le sait, à l'insertion d'emprunts pris à la langue des pays visités. Mais à la différence des voyages en Orient, où les termes arabes sont transcrits en caractères latins (leur visibilité étant due uniquement à l'italique), *L'Univers à Paris* fait un usage fréquent de parenthèses où noms de personnes ou de lieux, mots de la vie courante, devises et adresses sont reproduits dans leur orthographe d'origine, sans doute parce que l'auteur, polyglotte et féru de traduction, était conscient aussi que la plupart de ses lecteurs possédaient un niveau culturel leur permettant d'apprécier ces informations linguistiques. Toutes ces bribes hétérogènes ont été signalées dans notre texte par un astérisque.

Et à y regarder de plus près, on découvre que Zaki recourt en fait à divers procédés qui se retrouvent malheureusement nivelés par la traduction :

– Placer entre parenthèses et en caractères latins un terme étranger que l'on a fait précéder (ou plus rarement suivre) de son équivalent arabe (parfois un néologisme). L'auteur se livre dans ce cas à une opération de traduction qui manifeste ses compétences : ainsi pour *jettatore*, le Rapide, pourboire, ascenseur ; *typewriter*, sténographie, catalogue, faisans, gothique… ; mais aussi pour des lieux comme l'Institut de France, la place de la Concorde, la rue de la Gaîté, les Champs-Élysées, la Porte monumentale, les Expositions rétrospectives… ; ou des régimes politiques (le Directoire), voire des expressions idiomatiques (sabler le champagne) ou des devises (*Fluctuat nec mergitur*).

– Mettre côte à côte le terme étranger et sa transcription en arabe. C'est le cas des patronymes (Doumer, Anthony Pollok, Pasteur, Lavoisier…), des toponymes (Prague, Sydney, Melbourne, Lausanne, Vincennes, Audenarde…), ou encore des noms de journaux (*Le Petit Journal*) ou des noms de périodes ou événements historiques (la Commune).

– Combiner transcription en caractères arabes, puis latins, à une traduction (exemple offert par le Champ de Mars, l'esplanade des Invalides, la rue de la Manutention…).

Sans doute faudrait-il noter également un autre procédé qui relève, quoique plus discrètement, de l'effet de métissage linguistique : à savoir l'emploi de mots français (ou italiens) directement dans leur forme arabisée, avec la prononciation qu'on leur connaissait déjà à l'époque en Égypte (ainsi de : trottoir, *locanda, teatro*, sémaphore, dentelle, monsieur, baron, prince, vapeur, poste, tramway, télégraphe, etc.).

Un des traits reconnus de la prose d'Ahmad Zaki est son style souple, sans recherche rhétorique spectaculaire. Dans sa conclusion, il dénonce d'ailleurs avec virulence les habitudes scripturales qui prévalent encore chez ses contemporains, à savoir la propension à la prose rimée avec rythmes binaires et recherche de paronomases savantes. Ne cachant pas son irritation contre ce maniérisme qui a fait son temps, il appelle à la naissance d'un nouvel idéal stylistique soucieux non d'acrobatie rhétorique, mais de sens. Et pourtant, on le surprend à ne pas pratiquer toujours ce qu'il prêche et à céder, par jeu parodique, aux sirènes de la prose assonancée, notamment dans un passage comique du Banquet des maires, présentant ces derniers comme experts en bonnes tables – passage tout farci de jeux de langage et de sonorités, que nous avons tenté de mimer autant que possible selon les ressources de la langue d'accueil.

Enfin, n'ayant pas retrouvé certains documents traduits en arabe par Ahmad Zaki (un article de Flammarion sur la chaleur insolite du printemps 1900, la devise gravée aux pieds de la statue de la *Parisienne*, des vers inscrits sur une caricature de l'époque), nous les avons retraduits en français en suivant au plus près le texte de l'auteur, mais en devinant que, avec la meilleure volonté, notre version ne pourra coïncider parfaitement avec les originaux français.

Remerciements

Je voudrais exprimer ici mes remerciements à Mercedes Volait qui, en attirant mon attention sur *L'Univers à Paris*, au cours d'une conférence passionnante à l'université du Caire, est à l'origine de mon intérêt pour la personnalité si attachante d'Ahmad Zaki.

Je remercie également Rania Gouda qui m'a fait profiter des précieuses informations bibliographiques réunies par ses soins et cela dans le cadre du projet de recherche amorcé depuis trois ans par le département de Français de l'université du Caire sur les voyageurs égyptiens en Europe.

L'Univers

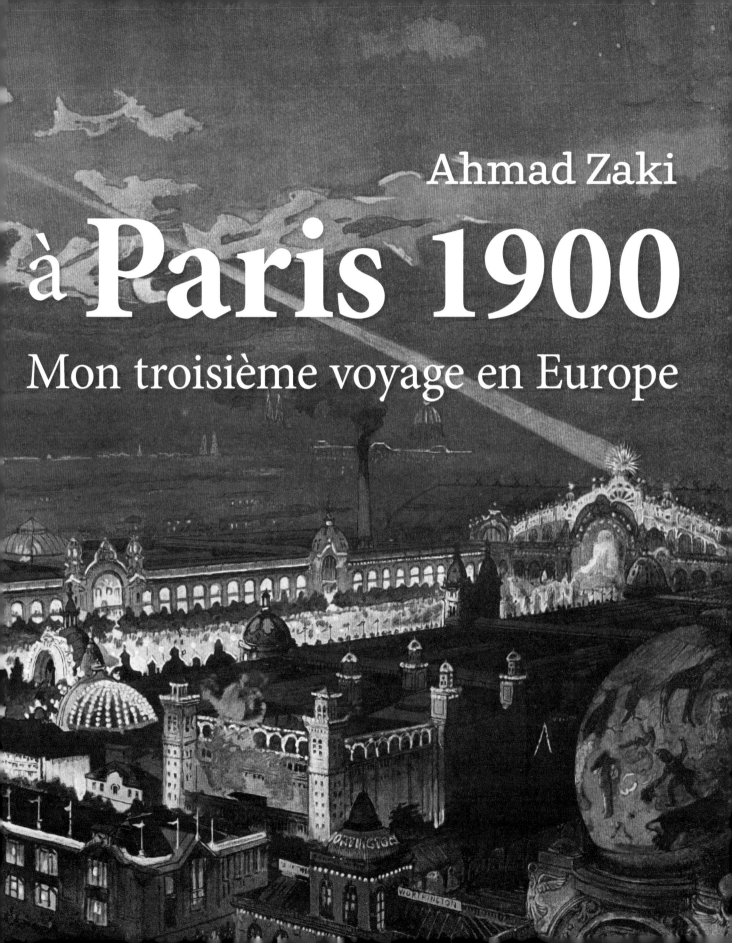

Ahmad Zaki

à **Paris 1900**

Mon troisième voyage en Europe

L'UNIVERS A PARIS
1900

الدُّنيا في باريس

أو

اتای محا لثالثة في اوروبا

وهی الرسائل التی کتبها

احمد زکی بك

سکرتیر ثانی مجلس النظار

علی معرض باریس العام

سنة ۱۹۰۰

مزیدانة بالصور والرسوم

اذا هالك استطلاع عنا لاوالدی دعینه فی ارق باریس معرض
فخذ بدا هــــدا الکتاب فهو یمثــل ماتود واتا ویعوّض
علی رؤیته

Si vous n'avez pu voir l'univers infini
Ou l'Exposition qui se tient à Paris,
Pour vous dédommager, consultez cet ouvrage,
Vous en saurez autant et même davantage.

Le 1ᵉʳ jour : vendredi 13 avril 1900
– Le moment est-il venu pour ma plume de se mettre en branle, de courir sur la surface des feuillets et de s'y égailler librement ?

– Je l'ignore, et un astrologue même n'en saurait pas davantage.

– Alors laisse-moi en paix, et tiens-toi à mes ordres ! Si le cœur t'en dit et que ta conscience t'y encourage, avance avec la bénédiction du ciel sur ces pages et poursuis ta course, à la grâce de Dieu, jusqu'à Paris. Mais avant d'en arriver à sa description, quel mal y a-t-il pour toi à déambuler un peu dans l'antichambre du voyage et à transmettre au lecteur mes sentiments ? Ce n'est peut-être pas d'un grand intérêt, mais que faire puisque tu n'as devant toi, pour seul objet à décrire, que le vent et l'eau (je ne saurais dire : que le ciel et la terre, aucune terre n'étant visible !) ?

Tandis que nous conversons ainsi, ma plume et moi, au sortir du port, voilà qu'en détournant la tête j'aperçois soudain trois oiseaux qui, se détachant d'un rocher, nous suivent à la trace : nous dans l'eau, eux dans les airs.

Les examinant avec attention, je constate que ce qui me distrait ainsi de moi-même et de ma plume est un trio de mouettes.

– Sais-tu ce que sont les mouettes ?

– ???

– Apprends que c'est un oiseau marin au cri affreux, à la chair affreuse, à l'aspect affreux (Dieu seul sait pourquoi !).

Je les voyais toutes les trois planer près du navire, sans aucun mouvement ascendant ni descendant : les ailes déployées, immobiles, elles semblaient comme suspendues à la voûte de l'azur par des fils, ah mais quels fils ! Tendus par les anges, et par conséquent invisibles et insoupçonnables. Dans une immobilité parfaite (et trompeuse), avec juste un mouvement de tête, très léger, elles avancent aussi vite que le navire. Comment diable un aussi petit oiseau peut-il rivaliser de vitesse avec un navire ? Deux de ces mouettes formaient un couple isolé, uni par des liens de complicité et de bonne entente. Quant à la troisième, je ne comprenais pas ce qui l'unissait aux deux autres : même famille ou droit de compagnonnage ? Était-ce une intruse ou une amie ? En tout cas, comme on sait, « les oiseaux qui se ressemblent volent ensemble[1] ».

Double page précédente.
Fêtes de nuit à l'Exposition (au premier plan, devant la Tour Eiffel, à droite du pont d'Iéna, le Grand Globe céleste et le palais des Forêts, chasse, pêche et cueillette ; à gauche, le palais de la Navigation marchande). *L'Exposition de Paris (1900) avec la collaboration d'écrivains spéciaux et des meilleurs artistes*, p. 364. Paris, Imprimerie générale Lahure, 1900.

Page de gauche.
Page de titre du livre original d'Ahmad Zaki : *L'Univers à Paris 1900 / Mon troisième séjour en Europe / Lettres écrites par / Ahmad Zaki pacha / Deuxième secrétaire du Conseil des ministres / Agrémentées de photographies et de dessins.*

Quand on arrive sur la place de la Concorde, on comprend tout de suite en voyant
la Porte Monumentale qu'elle ne peut donner
accès qu'à quelque chose d'immense.

La porte est très large pour qu'il puisse
entrer beaucoup de monde à la fois ; on est
même obligé de fermer la plupart des gui-

1

Georges Bergeret, *Journal
d'un nègre*, avec 79 aquarelles
originales de Henry Sommp, p. 1.
Paris, L. Carteret, 1901.

Je dis cela parce que cette mouette volait loin des deux autres, maintenant toujours entre elles la même distance, les guettant, l'œil à l'affût, chaque fois qu'elle les voyait plonger pour saisir quelque proie au fond de l'eau et revenir à la surface, leur mission accomplie. Elle tournoyait comme pour les espionner, les épier à la dérobée, profitant rarement de l'occasion lorsqu'un poisson se présentait. Pourquoi ? Je ne pouvais le deviner.

Quoi qu'il en soit, les mouettes poursuivaient toujours leurs jeux aériens. Étrange spectacle : les ailes déployées, l'œil écarquillé, à peine l'une d'elles penchait-elle d'un côté que son corps, immergé dans les flots, continuait ses circonvolutions ; puis une fois son envie assouvie, elle remontait vers les hauteurs, où elle oscillait de droite et de gauche, mais en respectant un parfait savoir-vivre à l'égard des mâts, c'est-à-dire en ne s'élevant jamais au-dessus d'eux.

Je restais ainsi à observer les mouettes qui paraissaient m'observer aussi de leur côté, jusqu'au moment où mon illusion finit par prendre le dessus : mon imagination les transforma à mes yeux en pigeons voyageurs venus m'apporter quelques missives. C'est ainsi que leur vue me divertit momentanément d'une angoisse intérieure oppressante qui m'obsédait. Ce sentiment de mélancolie, Dieu en est témoin, n'était pas dû à la nostalgie et à la séparation. N'en étant pas à mon premier voyage à l'étranger, j'étais à l'abri de ces maux. J'avais déjà quitté l'Égypte en 1892, puis en 1894 ; c'était donc ici la troisième fois.

Pour la nostalgie, les adieux, la mer, j'en ai dit quelques mots la première fois, lorsque j'envoyais d'Europe mes lettres connues sous le titre : *Le Départ pour le Congrès*[2]. Je n'éprouve donc guère le besoin de rejouer le même air aujourd'hui, beaucoup d'écrivains ayant, entretemps, repris la même rengaine y affûtant leur esprit pour nous offrir d'harmonieuses variations sur ce thème.

Le Tout-Puissant a imprimé en nous, créatures faibles et fortes, l'amour de soi et l'égoïsme. Voilà pourquoi, fidèle à la loi commune, j'ai entièrement consacré mon deuxième voyage à ma personne. Aujourd'hui, un devoir national et patriotique me dicte de servir, par ce troisième voyage, tous ceux qui parlent la langue arabe et c'est une chance qu'il coïncide avec l'Exposition universelle. Voici donc fixés les termes du contrat qui nous lie : une année pour moi, une année pour eux. Autrement dit : tantôt je me mettrai en frais et les fatiguerai en ma compagnie, tantôt je partirai, mais à la condition d'un repos assuré pour moi et pour eux.

Je m'interroge à présent sur les raisons de la mélancolie qui m'étreint. La cause en est peut-être que nous sommes aujourd'hui vendredi, pire encore : le 13 !

Ah, que s'éloigne de moi cette humeur doublement noire et arrière ! Toi aussi, double mauvais sort !

On regarde en effet, en Orient, le vendredi comme un jour néfaste : par conséquent on s'y refuse à presque toute activité, notamment le voyage. Qu'avais-je besoin de quitter Le Caire pour Alexandrie, en partance pour Marseille, de prendre le chemin de fer, puis d'embarquer sur un bâtiment sillonnant les mers, tout cela précisément un vendredi (Grand Dieu, la belle témérité !).

Beaucoup de mes proches ne m'ont-ils pas supplié de remettre mon voyage au samedi ou tout autre jour ? Quand ils ont appris que le navire, à la différence du train à vapeur, ne partait pas tous les jours et ne m'attendrait pas, ils m'en ont conseillé un autre. À quoi j'ai répondu que la compagnie des Messageries maritimes*, désireuse de contrecarrer les contrariétés et de faire fi des mauvais présages, avait choisi précisément le seul vendredi comme jour d'embarquement pour ses bateaux. Ils me conseillèrent alors de me rendre par un autre chemin à un port différent et d'embarquer avec une autre compagnie. Mais que vaut la prudence face au destin ? L'épée, hélas, avait déjà frappé[3] : j'avais réservé et payé mon billet.

Quant à l'influence néfaste du nombre 13 chez les Européens, elle n'est que trop connue. Je me bornerai à dire que leurs sages et leurs hommes de bien les plus éminents ne peuvent s'empêcher de la craindre et de s'en défier. Aussi les voit-on s'en prémunir par toutes sortes de précautions, alors imaginez ce qu'il en est du petit peuple et des gens ordinaires !

D'où m'est venue cette audace de m'aventurer sur ce rude vaisseau – sans y être forcé – alors que l'Orient et l'Occident s'accordent pour penser qu'un voyage entrepris dans pareilles circonstances est de mauvais augure ?

Tandis que je me noie dans la mer de ces pensées confuses et que le navire fend les flots de la Méditerranée, voici que des hymnes dans le ciel, des accents mélodieux dans les airs, des sanglots du fond des eaux, des palpitations sur les ailes du vent s'accordent pour me dire d'une même voix : « Tu n'es pas à blâmer aujourd'hui. Laisse le ciel en décider et sache que les présages fâcheux ne frappent que les superstitieux. » Éloignant donc de moi ces idées, j'abandonne les choses à leur cours naturel.

Le 2ᵉ jour : samedi 14 avril

Esprit serein sur une mer sereine. Corps et pensées en repos. Paysage magnifique qui vous dilate la poitrine. Telle est mon humeur en ce deuxième jour.

Je me suis réveillé à l'appel de la prière de l'aube, ou plutôt, pour vous dire le vrai : au chant du coq. Car je suis loin, bien loin maintenant, et des lieues me séparent de l'appel à la prière.

Quant au seigneur des poules[4], je le vois de mes yeux, tandis qu'il me lance en retour ses regards ! Monté sur le pont du navire, je ne trouvai que les marins et les matelots. Promenant mon regard dans toutes les directions, je n'apercevais que de l'eau à l'infini et, au-dessus de ma tête, des nuages succédant à des nuages : j'étais donc littéralement ombragé de grosses masses nébuleuses. Le soleil commençait à poindre, lançant ses rayons à l'horizon. Craignant le temps maussade, les gémissements du vent, la fulguration de l'éclair, les grondements du tonnerre, je battis en retraite, trop content de m'en tirer sans dommage, m'empêtrant dans les pans de mon habit et ne songeant qu'à échapper à ces alarmes.

Au moment où je descendais, je ne pus m'empêcher de jeter un coup d'œil comme pour m'assurer que j'étais à l'abri. Et voilà que les trois mouettes battaient de l'aile autour du bateau comme si elles avaient là quelque intérêt ou quelque ennemi. En rejoignant mon alcôve, je me disais : « Il me faut absolument porter plainte auprès de la compagnie maritime à Marseille en mon nom et pour le reste des voyageurs, en cas d'échec, je ferai appel à Paris, à l'Exposition, car aucun doute : ces intruses ont passé la nuit sur les mâts sans débourser un demi-billet ! » Je restai allongé dans mon lit jusqu'au moment où retentit l'appel :

« Allons, ô dormeurs, réveillez-vous ! »

Tout le monde se pressa vers la salle à manger et je me hâtai à leur suite, puis je montai sur le pont du vapeur en compagnie de quelques amis, étrangers ou de langue arabe, humer la brise matinale. Les mouettes se tenaient là comme pour nous réclamer l'héritage de leur père et ne prêtaient aucune attention aux regards furibonds et aux menaces que je leur lançais. C'est alors que le Justicier suprême nous dépêcha un nuage tout mouillé de bruine, voire de grosses gouttes d'eau. Ma tête y resta exposée, jusqu'au moment où un frémissement me secoua, et me voilà transformé en moineau tout trempé de pluie. Quant aux volatiles, comme protégés par un talisman, ils semblaient dire : « Grâce à Dieu, autour de nous et non sur nous ! »

Ce que voyant, je me tins coi et me dis *in petto* : « Laisse les créatures au bon gré du Créateur. »

*Les astérisques signalent les mots étrangers utilisés par Ahmad Zaki dans le texte original.

Le 3e jour : dimanche 15 avril

Vous m'écoutez ? Je vous confie un conseil tiré d'une expérience authentique : je l'ai reçu d'un cheikh derviche et j'ai pu en vérifier l'efficacité. Je fréquente en effet de temps à autre un derviche à la bonté duquel je crois et à qui je demande d'invoquer Dieu en ma faveur. Apprenant que je me rendais à l'Exposition universelle, il me dit : « Tu souffres du mal de mer, m'a-t-on rapporté. Qu'as-tu préparé pour t'en prémunir ? – Rien ne peut me guérir du vertige : j'ai essayé toutes les recettes qu'on m'a fournies, mais sans succès. – Si tu veux éviter d'avoir l'estomac retourné et d'être atteint de nausées, remets ton sort à Dieu et mange un peu de fèves cuites à l'huile le matin du départ. Mais il te faut y accorder la foi la plus entière, et gare, gare au doute, car tu t'en repentirais. »

Je fis, en mon cœur, bon accueil à ce conseil, m'y conformai et me servis de fèves copieusement. À mon arrivée à Alexandrie dans l'après-midi du vendredi dernier, un ami intime m'invita à déjeuner. Il y avait avec lui un cheikh, non de la secte des derviches, ou des *bahlouls*[5], mais un de ceux qui s'instituent cheikhs et se fourrent parmi les dévots à seule fin de se faire baiser les mains, d'obtenir assistance et de vivre dans l'aisance. Mon hôte, manifestant une générosité des plus affables, avait apporté un genre de poisson salé, réputé chez tous les Égyptiens[6], je dirais même : qui fait presque à lui seul leur réputation. Le soi-disant cheikh se mit à vanter avec force hyperboles les vertus de ce plat, si bien qu'il excita mon appétit. M'y attaquant donc en voyageur sur le départ et qui se munit de réserves, je dépassais, et de beaucoup, la mesure. Quant aux oignons, nous étions justement dans leur port[7] ! Et c'est ainsi que le moment critique se dissipa une fois la prière terminée. Je m'étais attaqué à ce plat, il me rendit la pareille et je fus donc forcé de me tenir à l'écart de ceux qui étaient venus me dire adieu. Ma plume note donc : « Après le plaisir, la douleur. »

Le 4e jour : lundi 16 avril

Les rayons du jour et les premières clartés, tombant du ciel et se disputant l'espace alentour, vinrent se poser sur la surface de l'eau. Le lever du soleil s'étendit sur tout le front de l'horizon et l'aurore fit sa percée au-dessus de la crête des montagnes, saluée par l'éclat louangeur de la lumière. Intimidées, les têtes des nuées rougissaient et ce qui restait des bataillons de la nuit persévérait si fort dans leur sacrifice qu'il s'épanchait de leurs plaies des flots de sang. C'est sur ces entrefaites que jaillit d'entre les replis des nuages un arc de feu.

Je regardai alors la lune. Surmontée d'une lueur blonde, elle avait les yeux pâlis par le chagrin et la face blême de désespoir. Entretemps l'incendie s'était propagé avec une ampleur croissante parmi les cornes des nuages, si bien que le cercle des horizons, ou plutôt tout le champ de bataille, s'était embrasé. Pendant que s'élevait ce feu sans fumée, l'arc se transformait en un disque tout de lumière, et la lune, battant en retraite, laissant par sa fuite le pouvoir absolu au maître du jour. Lorsque les armées des ténèbres eurent cédé la place aux étendards de la lumière, déployés de toutes parts, le lever de soleil s'acheva : des louanges unanimes fusèrent à la gloire du Tout-Puissant, les visages se tournèrent vers l'Éternel, le sourire aux lèvres, et les cœurs se réjouirent du retour de la vie.

Voilà un brin de poésie tournée en prose[8] ; inspirée par le spectacle du soleil levant, elle a été dictée par l'émotion et transcrite à même le livre de l'âme, puis, électrisant mes doigts, elle leur a fait tracer cette déclaration sur le papier pour rehausser le lustre de l'auteur auprès du public.

Par Imruu al-Qays et Mutanabbi[9], j'ai atteint là le summum de mes capacités ! Si cela peut plaire aussi à Hifni et Chawqi[10], j'en serai plus qu'enchanté.

Le 5e jour : mardi 17 avril

– Qui prétend qu'on peut se fier à la mer ? Et qui s'est laissé leurrer à ses apparences tranquilles ?

Que Dieu ait en Sa miséricorde l'auteur du *Souffle parfumé*[11]. Lorsqu'il abandonna l'Andalousie bien-aimée à destination de l'Égypte, voici ce que lui inspira cette mer :

> *La mer est un péril affreux,*
> *M'en passer me rendrait heureux.*

Bien plus : la mer n'est-elle pas aussi perfide que la fortune ? Quel jour heureux que celui où nous pourrons nous passer d'elle, de ses ouragans et de ses abîmes ! Si seulement les progrès de la civilisation pouvaient s'étendre au nord de l'Afrique, nous pourrions nous rendre, nous, nos enfants, ou nos descendants, par voie ferrée d'Alexandrie jusqu'à Salloum, et de là à Berga, Tripoli, Tunis, Alger, et après avoir fait halte à Tanger, franchir le détroit comme Tariq ibn Ziyad[12], pour fouler d'un pied sûr le sol de l'Europe !

J'ai avec la Méditerranée une histoire difficile, ou plutôt un vieux contentieux.

Le premier jour, à notre sortie du port, le vent, en signe de bon augure, nous applaudit joyeusement et la mer s'amusa à ses jeux pleins d'orgueil et de dédain. Dansant de droite et de gauche, notre navire se frayait au milieu un chemin. Une fois passé le moment du départ, l'univers replongea dans le calme plat, âmes et cœurs retrouvèrent leur sérénité. Il en fut de même les deuxième et troisième jours, mais le quatrième, que je salue mille fois, nous permit de voir près de nous, au petit matin, les rivages de l'Italie à notre droite et ceux de la Sicile à notre gauche. Des îlots successifs apparaissaient à découvert, séparés par d'énormes rochers que la puissance du volcan avait précipités dans les profondeurs des eaux où ils gardaient un pied, tandis que leur tête prenait l'air.

Quant à la mer, on n'aurait pu, même en rêve, l'imaginer aussi paisible. De ma vie je n'ai vu fontaine dans la cour d'un palais plus limpide et plus égale. Elle avait le poli d'un miroir ou, pour le dire plus justement, c'était plutôt l'artisan miroitier qui, à son image, avait tenté de polir son ouvrage.

Rien d'étonnant donc à ce que les passagers, sortant de leur trou, se soient amassés sur le pont du navire pour admirer cette limpidité éblouissante. Nous éprouvions un tel ravissement que certains se confiaient même entre eux qu'ainsi devait se dérouler un voyage entrepris un vendredi 13 ! Mais nous avions attiré sur nous le mauvais sort et donné raison à cette maxime poétique :

Sandy Hook, affiche des Messageries maritimes pour les lignes vers l'Égypte et la Palestine, représentant le paquebot *Paul Lecat* (1911). Paris, BNF.

> Quand on dit d'une chose : elle est vraiment parfaite
> On la voit aussitôt faiblir et disparaître[13].

Même s'il s'est trompé mille et une fois, le poète ici a vu juste. Oui, nous nous étions portés malheur au sein de cette béatitude, ou plutôt c'est l'Italie qui nous portait malheur, elle dont les habitants se sont si bien illustrés dans l'art de jeter des sorts qu'ils lui ont réservé un nom étrange : la *jettatura** et appellent *jettatore* qui s'y fait une réputation. Ce qui s'accorde avec ce hadith du prophète : « Prenez garde au mauvais œil car il jette l'homme au tombeau et le dromadaire au chaudron[14]. »

Et qu'est-ce qui empêche que le magnétisme de l'œil ne se propage des habitants au lieu lui-même et que son effet n'influe, de leur terre, sur notre mer et notre bateau ? Levé à l'aube, pour observer le crépuscule du matin à mon habitude, je découvris des masses successives de nuages accumulés qui, chaque fois que le soleil tentait de les transpercer, se serraient en rangs pressés et s'agglutinaient pour interdire toute issue à ce malheureux disque de lumière. C'est alors qu'une ultime missive du roi des vents à celui des océans donna le signal de la bataille.

Scrutant le fond de l'horizon, du côté ouest, je vis des jets d'eau voler dans les airs et des trombes se déverser du ciel. La brume se dissipa pour laisser fondre sur nous des cohortes de vents s'abattant d'en haut, et voilà que la mer, ouvrant sa gueule béante, les engloutit dans un soulèvement furieux, toute écumante et bouillonnante sous l'effet de l'ardente guerre qui se livrait en ses profondeurs. D'où pour nous l'impossibilité de rien voir sinon que notre bateau escaladait des montagnes pour tomber brusquement dans un abîme sans fond, secoué par les vagues et les vents comme si ces montagnes s'effondraient sur lui, parmi les cris des passagers qui imploraient Dieu de les prendre en pitié. Puis les bannières du vent ayant cédé sous l'assaut des vagues, le combat se déchaîna de plus belle, comme si l'on approchait de la catastrophe finale et du terme de notre vie ici-bas.

Malheureux navire et malheureux voyageurs ! On aurait dit une cage que les rafales s'amusent à ballotter et d'où les oiseaux ne peuvent s'échapper. Nous étions prisonniers d'un otage des flots et des vents. Les vagues s'élevaient à une hauteur inouïe et, se jetant sur le navire, le débordaient de toutes parts. Les vents le souffletaient, l'eau ruisselait de sa proue à sa poupe, si bien que, au milieu des flots, il n'était plus que flot lui-même.

Nous nous préparâmes dès lors à rencontrer notre Créateur et à lui rendre compte de nos actes. Un commerçant syrien de ma connaissance, résidant à Mansourah, alla même jusqu'à supplier les marins de le jeter par-dessus bord pour ne plus avoir à endurer le supplice – vraiment atroce – de la tempête, mais aucun n'y prêta la moindre attention, occupés qu'ils étaient à des préparatifs d'une autre importance.

Les laissant maîtres de mener leurs manœuvres à leur gré, nous descendîmes avec beaucoup de difficulté jusqu'à nos cabines dans le ventre du vaisseau, invoquant Dieu, le Clément, l'Omniscient. À peine avais-je respiré l'odeur qui se dégageait de l'intérieur que je fus pris de nausée, de vertige, de troubles intestinaux, et mes craintes se réalisèrent.

Nous restâmes ainsi entre la vie et la mort, jusqu'au coucher du soleil. C'est alors que les nuages se dissipèrent, que les vagues s'apaisèrent et que les côtes de la France firent leur apparition. L'espoir nous revint, puis la force et l'énergie ; nous oubliâmes aussitôt actes de dévotion et invocations, car les dangers du naufrage étaient passés.

Quel fieffé mécréant que l'homme[15] !

Le 6ᵉ jour : mercredi 18 avril

Dieu merci, tout s'est apaisé à bord du bateau, lequel est entré en toute tranquillité dans le port. Dès qu'avait point l'aube trompeuse, les lumières avaient confirmé la nouvelle que notre arche, comme celle de Noé perchée sur le mont Djoudi[16], avait trouvé son salut.

À peine arrivé à l'hôtel, j'ai demandé qu'on me prépare un bain et, une fois l'opération terminée, je me suis promené dans Marseille que j'avais quittée il n'y a pas longtemps. Comme dans toutes les villes maritimes et commerciales, la population y est formée d'un mélange très hétéroclite de nations et de peuples divers.

Mon premier soin et souci a été de me rendre dans un restaurant réputé pour sa bouillabaisse*, plat aussi populaire chez eux que la *molokheyya* chez nous ou la *kobeyba*[17] chez les Syriens. Mais pour être franc, il n'y a pas à comparer entre notre choix (ou celui de nos voisins) et la spécialité qui fait la célébrité de Marseille et de ses habitants, car ce mets est à la fois raffiné, délicieux, nourrissant, léger et facile à digérer. Il se compose de mouillettes trempées dans du bouillon de poisson et de diverses espèces de poissons cuisinés selon une recette que j'aurais aimé vous fournir, cher lecteur, afin de vous mettre l'eau à la bouche et d'exciter votre palais, mais je ne suis, hélas, guère expert en ce genre de description, toute mon habileté se bornant ici à l'art de déguster ce plat. Exemple que je vous offre à imiter, car il compte parmi les imitations fort louables.

Quant à la ville, son aspect, ses rues, ses habitations, etc., j'en ai rendu compte brièvement dans mon *Départ pour le Congrès*. Plusieurs de nos compatriotes qui prétendent avoir relaté ce qu'ils y ont trouvé et ce qui les a émus n'ont fait en réalité que traduire, à partir de guides* destinés aux étrangers ainsi que de chronologies, tout ce qu'il faut savoir à ce sujet et dont on peut s'informer chez soi sans voyage ni adieux. Or, « le déjà dit n'est d'aucun profit[18] ».

Selon moi, le mieux pour un voyageur arrivé dans cette ville au petit matin, c'est de la quitter après y avoir effectué un petit tour mais, à une condition : avoir tout tenté pour déguster une bouillabaisse. À cela près, je lui conseille d'économiser son pécule et son temps. Quant à moi, j'ai passé dans cette ville une journée et une nuit dans l'intention d'en repartir.

Le 7ᵉ jour : jeudi 19 avril

Quel que soit le sens de l'initiative imparti à un homme, quelles que soient sa détermination à aller de l'avant et son intelligence, il reste nécessairement sujet à l'indécision dans certaines circonstances – état d'esprit qui naît d'un trouble du corps ou de la pensée, double trouble qui m'a saisi lorsque j'ai voulu me rendre à Paris. En effet, le rapide* parti de Marseille à neuf heures du matin arrive dans la capitale à dix heures du soir. Il est suivi par un express qui, lui, part à dix heures pour arriver dans la Ville Lumière le lendemain à huit heures du matin, soit après une durée de vingt-deux heures passées dans le train. Et pourtant, après quelque hésitation et mûre réflexion, j'ai donné la préférence à l'express.

Hugo d'Alési, affiche de la compagnie des Chemins de fer Paris-Lyon-Méditerranée, lithographie, 106 x 76 cm, 1904. Paris, BNF.

— Et pourquoi donc ?

— Parce que je ressentais encore la fatigue de la traversée et ne voulais pas arriver à Paris doublement harassé, ni faire mon entrée dans la Ville Lumière sinon en plein jour. Et comme j'avais peur de manquer certaines vues magnifiques durant la nuit, j'ai décidé de diviser le parcours en étapes afin de ne pas cheminer dans les ténèbres au cours de mon présent périple en Europe. L'œil et l'esprit auront ainsi l'occasion de jouir des paysages sauvages s'élevant jusqu'au ciel et des champs verdoyants tapissant le sol.

Je vis à ma droite des montagnes envahies (comme à l'ordinaire) par l'homme, qui avait « creusé les rochers de vallons[19] », y ménageant des carrés qu'on aurait pu mesurer par empans, les uns labourés, les autres plantés en grande majorité d'arbres fruitiers d'une disposition harmonieuse : même hauteur et mêmes distances. S'il est vrai que la terre est ici nivelée, aplanie, creusée de sillons réguliers et parallèles, sa surface cependant est faite de gravier, de petits cailloux concassés mêlés au sable jaune et grossier constituant la croûte visible. Quant à ce qui se cache en dessous, il s'agit – et c'est encore plus désolant – de sédiments superposés de pierrailles et de rocs. Cela ne nous offre-t-il pas un spectacle diamétralement opposé à celui de l'heureuse vallée du Nil ? Car n'est-il pas vrai qu'on peut remonter l'embouchure du canal de Mahmudeyya[20] près d'Alexandrie ou du confluent du Nil et de la mer près de Rosette et Damiette jusqu'à la cataracte près d'Assouan sans rencontrer la moindre pierre à lancer contre un milan ou un corbeau ?

Dieu, que ce va-et-vient de la pensée est rapide ! Mais au fond, maintenant que la terre devant l'homme s'enroule comme un parchemin, que les montagnes reculent sous ses pas, que les forêts, aussitôt révélées, ne tardent pas à disparaître, comment s'étonner que le cœur vole d'un pays à l'autre, tournoyant dans les vallées de l'imagination, et que le voyageur s'interrompe pour comparer entre ici et là-bas ?

Le 8e jour : vendredi 20 avril

La plupart des Égyptiens et des Orientaux qui viennent en Europe se bornent à la visite des capitales et des grandes villes, et ignorent presque tout de la vie simple, naïve, ordinaire des campagnes. C'est pourquoi je les prie de suivre mon exemple, voire de le dépasser. J'ai trouvé dans ce chef-lieu, connu sous le nom de Villefranche*, détente pour le corps et apaisement pour l'esprit, surtout que ce qu'on y mange (comme c'est le cas dans toutes les campagnes) échappe aux traitements chimiques et aux règles de l'industrie. Le beurre y est donc du vrai beurre, le fromage du vrai fromage, le vin du vin, la viande y est fraîche et de même pour tous les autres produits. Et cela à l'inverse de ce qui se passe dans les villes où – sans mentir – on peut soutenir que les chimistes et autres savants de laboratoire jouent un rôle majeur dans l'élaboration du beurre, du fromage et du vin. Pour ce qui est des viandes, tout le monde connaît les tricheries auxquelles elles donnent lieu (et l'avant-garde de ce genre de progrès, Dieu soit loué, est déjà parvenue au Caire et à Alexandrie, n'est-il pas vrai ?). N'avez-vous pas entendu dire, cher lecteur, qu'ils ont réussi en Amérique à fabriquer des œufs qui ressemblent à la perfection à des œufs de poule ? Si vous l'ignoriez, sachez-le, et si vous en avez eu vent, je vous le confirme et vous autorise à le répéter.

Tôt levé, j'ai eu l'impression de me retrouver dans un chef-lieu de la campagne égyptienne : coco-ricos, effervescence du poulailler, meuglements des vaches, gazouillis des oiseaux dans les arbres ; quant au maître de la nature, il nous fit encore attendre. Oui, la vie des humains resta coite et paisible jusqu'à sept heures et demie. C'est alors que la multitude jaillissant de toutes les demeures s'est répandue partout, les pauvres hères en tête, hommes et femmes, hâtant le pas de bonne heure vers leur lieu de travail, en quête de leur gagne-pain. Ce qui a frappé mon regard et retenu mon attention, c'est que les plus misérables d'entre eux étaient chaussés de souliers entièrement faits de bois ou composés d'une semelle en bois. Vous les voyez donc (ou plutôt, vous les entendez) marcher comme dans un joyeux et bruyant cortège et, tout loqueteux qu'il soit, chacun s'avance, fier comme un roi, au milieu des résonances de ce tintamarre : portant la tête haute, content de lui, balançant les épaules, la mine joviale, assurée et confiante.

Et pourquoi n'en serait-il pas ainsi ?

Chacun d'eux n'a-t-il pas la conviction d'avoir sa part dans la direction de la France ? Bien plus, son imagination ne l'amène-t-elle pas à espérer que le destin le portera peut-être un jour au pouvoir, le faisant président de la République ? Et pourquoi pas, alors qu'il en voit, de ses yeux, la preuve tangible ? L'ex-président de la République, en effet, feu Félix Faure, ne s'est-il pas hissé à ce rang insigne, n'a-t-il pas occupé cette fonction éminente, lui qui, à ses débuts, n'était qu'un ouvrier dans la peausserie et la tannerie ? Prenez aussi monsieur Doumer*, l'actuel gouverneur général de la plus grande colonie française – l'Indochine – et naguère encore ministre des Finances. Quelques jours avant sa nomination, un huissier vient saisir ses meubles pour régler ce qu'il devait au fournisseur chargé de lui livrer son pain chaque matin. Un ami intime règle alors la dette pour une mainlevée de la saisie, ce qui lui vaut bientôt la Légion d'honneur (c'était un homme estimable et de grand mérite, mais dont personne ne se serait rappelé l'existence sans cette main secourable et ce beau geste). Une fois nommé ministre des Finances et sa femme ayant commandé une robe pour assister à une cérémonie officielle, la couturière la lui apporte, mais exige d'être payée sur-le-champ, faute de quoi elle repartirait avec sa marchandise. On raconte cette anecdote comme le meilleur témoignage jusqu'à ce jour de l'intégrité du personnage et de sa droiture.

Après cela, comment prétendre que l'histoire de la blanchisseuse soit une fable inventée de toutes pièces ? Si vous la connaissez, tant mieux, sinon demandez qu'on vous la conte ou n'y songez plus, ou attendez mon retour qui ne saurait tarder.

Je vous l'ai dit : je me suis réveillé tôt. Après avoir contemplé la scène mentionnée plus haut et désirant faire une promenade à pied dans les rues de la petite ville, j'ai prié l'hôtelière de faire porter mes bagages à la gare, dans la voiture de l'hôtel. Mais ne trouvant rien d'intéressant, j'ai pris la direction de la gare et suis monté dans l'express de huit heures du matin. À deux heures de l'après-midi, je suis descendu à Sens, ville célèbre jusqu'aux confins de l'horizon pour sa cathédrale. Laissant mes valises à la gare, je me suis précipité vers cet édifice qui m'est apparu somptueux, grandiose et de ce style gothique qui prévaut dans presque toutes les églises des contrées andalouses. Ce qu'il y a d'incroyable dans l'impiété qui s'est propagée en France, c'est que les révolutionnaires de la Commune* ou Communnards* [sic] pour se venger de la religion et des prêtres, s'en sont pris, à coups de barres et de pioches, aux statues de saints placées près du portail de la cathédrale, au pied de ses murs, et leur ont toutes coupé la tête. Voyez jusqu'où peuvent aller la bêtise et l'ignorance !

Autre preuve étonnante de cette impiété très répandue de nos jours en France, c'est que les hommes au gouvernement, de quelque opinion ou parti qu'ils soient, travaillent à combattre la religion et le clergé. Le conseil municipal d'une ville de province ayant décidé, pour répondre aux attentes des habitants, de construire une école administrée par des ecclésiastiques, soixante élèves vinrent s'y inscrire. Dès que le gouvernement eut vent de cette décision, il publia un décret visant

Boîtes à hosties, ivoire, XIIIe siècle.
Sens, trésor de la cathédrale
Saint-Étienne.

à l'annuler. Et pour ne pas en faire un obstacle à l'enseignement, ils créèrent une école publique et laïque qui ne fut fréquentée que par deux élèves !

Revenons à la cathédrale. J'ai vu dans son musée, parmi ses trésors, plusieurs objets d'une valeur inestimable. Une boîte en ivoire, de forme arrondie, taillée dans un seul bloc de défense d'éléphant, admirablement ciselée et portant de beaux vers arabes que je n'ai pu transcrire, mais je suis resté à lire la traduction française qu'en a faite [Silvestre] de Sacy[21]. C'est un ouvrage dû aux artisans de Bagdad et sans doute un croisé l'a-t-il rapporté avec lui d'Orient. J'ai vu aussi deux croix qui proviendraient, dit-on, de la couronne d'épines véritable. Au cours de mes voyages, j'ai déjà vu beaucoup de ces croix dans diverses églises et j'ai appris qu'il en existait davantage encore dans des villes que je n'ai pas eu, jusqu'à présent, l'occasion de visiter.

À ma sortie de la cathédrale, j'ai fait un tour dans la ville, puis escaladé une hauteur d'où elle apparaissait fort bien ordonnée et d'un aspect riant. L'heure du départ approchant, j'ai pris de la gare un train pour Paris, où je suis arrivé en fin de journée.

Le 9e jour : samedi 21 avril

Je me réveille aujourd'hui à Paris.

J'ai abondamment décrit Paris – et suffisamment, je crois – dans mes lettres du *Départ pour le Congrès*. Ceux qui le désirent peuvent s'y reporter et y trouveront de quoi les satisfaire et même au-delà. Je ne nie pas que la description de cette ville exige, oui, des volumes entiers qui mettent toute intelligence au défi de les assimiler. Mais, pour ma part, ayant payé mon tribut, je suis en droit d'abandonner ce sujet à un autre qui – espérons-le – le traitera largement, magistralement et utilement, donnant ainsi raison au proverbe : « Les premiers ont beaucoup laissé aux derniers. »

En contrepartie, je vous offre, cher lecteur, une nouvelle surprenante, voire choquante, voire horripilante. En toute charité, je vous avertis gracieusement afin que vous soyez éclairé : si vous êtes facilement dégoûté, mieux vaut pour vous survoler les lignes qui suivent et les ignorer, avec le

PLAN GÉNÉRAL DE L'EXPOSITION

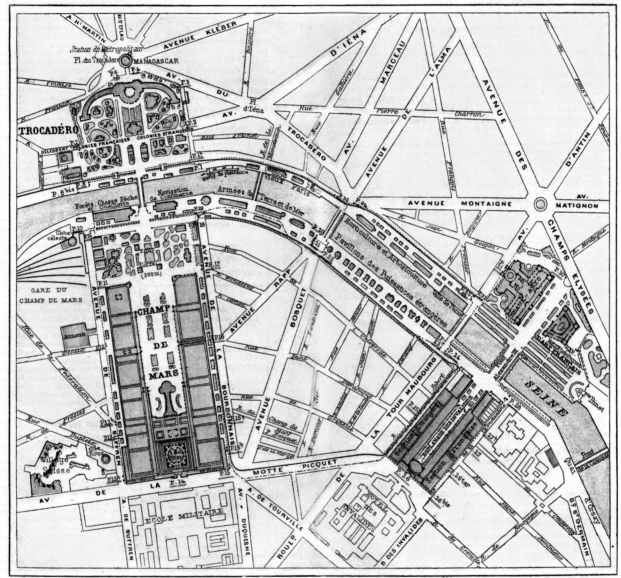

Imp. ERHARD Frères. Rue Denfert-Rochereau, 35

dédain propre aux nuées ou aux gens distingués. Vous pouvez aussi les effacer avec une éponge, déchirer cette feuille, la brûler, ou l'anéantir de quelque autre façon et me laisser me morfondre tout seul. Cela, bien entendu, contrevient au pacte moral qui nous lie, à savoir que vous me suivrez où que j'aille. Sauf qu'ici je vous libère de votre engagement, par compassion pour vous. Et prenez garde d'enfreindre mon conseil !

Je me suis rendu aujourd'hui dans un grand restaurant de la rue de l'Opéra (je laisse encore au lecteur une porte entrebâillée d'où il peut se sauver. Mais si, rebelle à mes avis, il veut absolument me suivre, je le considère comme tenu d'écouter mon histoire jusqu'au bout).

Guide illustré du Bon Marché, l'Exposition et Paris au xxe siècle, plan général de l'Exposition, p. 17. Paris, Brodard, 1900.

Louis-Eustache Audot, page de couverture de *La Cuisinière de la campagne et de la ville: contenant indication des jours maigres, table des mets selon l'ordre du service...*; recette des cuisses de grenouille à la poulette, p. 329-330. Paris, Vve Lebroc et Cie, 1900.

Plan du Champ de Mars. Supplément spécial du *Petit Journal*, 19 août 1900.

J'ai demandé la carte. À peine y avais-je lu le nom d'un certain plat qu'elle me tombe des mains sous l'effet du dégoût. Me ressaisissant, j'y jetai les yeux encore une fois. Nouveau sursaut d'aversion. Cherchant alors à ruser, je me dis que j'avais lu de travers. Je m'y repris à deux fois, y fatiguai ma vue et dus me convaincre définitivement que le plat cité dans la carte était préparé à partir de ce qu'on surnomme en arabe « le père, ou la mère, Hobayra », car il peut être du genre mâle ou femelle. Mais le lecteur ne comprend pas, je crois, ce sobriquet et me demande d'appeler la chose par son nom, en l'occurrence : *al-khanda* ou *al-oljum*. J'entends d'ici ce murmure : « Voilà bien une information qui ne fait que compliquer les choses en ne citant que le masculin. Allons, donnez-nous aussi le féminin pour équilibrer la balance ! » Soit ! le voilà : *al-qirra* ou *al-laaqa*.

(À suivre).

Le 9ᵉ jour : samedi 21 avril (suite)

Si un lecteur familier des langues européennes a l'obligeance de lire cette lettre ou de l'écouter, peut-être n'ayant pas saisi de quoi je parle, demandera-t-il à en connaître le nom français (*grenouille**), anglais (*frog**), italien (*rana**) ou espagnol (*rana**) : je viens de lui répondre. Il n'y a plus lieu de s'interroger désormais : chacun m'a compris tout comme le sens du menu.

Le Diable me suggéra alors, avec la complicité maligne de l'âme pécheresse, de tenter l'expérience. Mais mon naturel s'obstinait dans son refus et son aversion. Le débat s'échauffa donc entre les deux partis, or comme vous le savez « deux faibles l'emportent contre un fort[22] », *a fortiori* quand les deux alliés ligués ensemble possèdent la puissance de Satan, secondé par l'âme, et que leur faible adversaire est le naturel qui, bien que souvent vainqueur, se retrouve en la circonstance vaincu.

Bref, appelant le garçon, je lui commandai ce plat. Oui parfaitement, ce plat de grenouilles. Il m'apporta alors une assiette contenant une sorte de méli-mélo qui, à part sa couleur blanche, ressemblait à du crabe. Des os fins et menus, enveloppés d'une chair légère et arrondie, le tout formant une mixture ou une fricassée qui redoublait votre répugnance. Serrant les dents, fermant les paupières, je détournai le visage avec un tressaillement. Le Malin apparut alors pour me souffler : « Essaie cette fois-ci, après quoi tu auras le choix entre t'abstenir ou y revenir. » Mon âme, se faisant sa complice, vint de l'autre côté me glisser dans l'oreille : « Tu as déjà payé, pourquoi donc ne pas essayer car, comme tu le sais, c'est à l'épreuve qu'on reconnaît la grenouille ! » Ils ne lâchèrent prise que lorsque j'eus tourné graduellement le visage vers l'assiette. Les yeux fermés, je tendis la main et y pris un morceau en songeant à toutes sortes de mets appétissants. Puis je lançai ce morceau de grenouille dans mon palais et le mangeai lentement, l'esprit fixé sur ces spécialités succulentes dont j'avais lu les noms dans les livres, pour en venir finalement à déguster les grenouilles comme grenouilles et à achever, grâce à Dieu, tout le contenu du plat.

(Ici, un chapitre philosophique)… Les lecteurs ont l'habitude de me voir leur confier au fur et à mesure toutes mes pensées spontanément. Je leur avoue donc qu'en avalant chaque bouchée de mon assiettée de grenouilles, j'écrivais quelques mots, si bien que restauration et rédaction s'achevèrent ensemble.

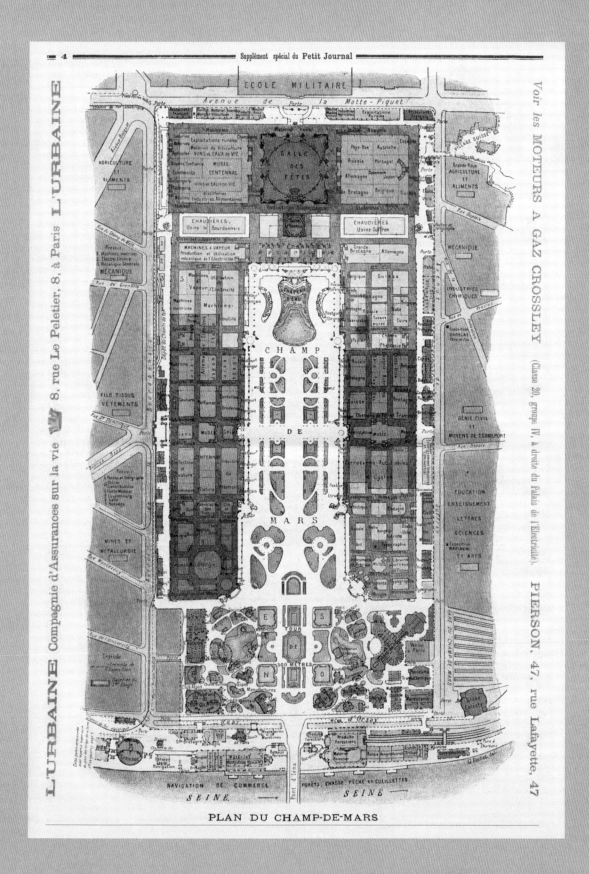

PLAN DU CHAMP-DE-MARS

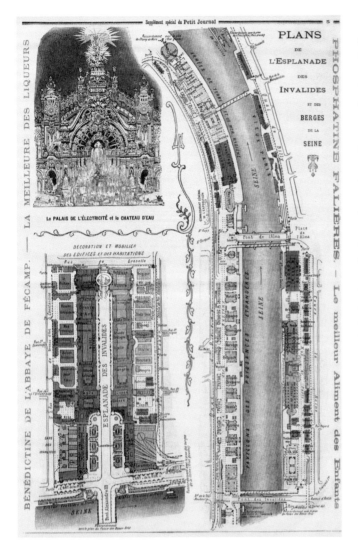

Plan de l'esplanade des Invalides. Supplément spécial du *Petit Journal*, 19 août 1900.

A Pictorial and Descriptive Guide to Paris and the Exhibition, page de couverture. Londres, Ward Lock & Co, 1900.

G. Barbesi, *Parigi. L'esposizione del 1900 a volo d'uccello*, page de couverture. Rome, Casa editrice italiana, 1900.

Et maintenant que ces aliments sont bien calés dans mon estomac et dans celui de ceux qui se sont risqués à lire ces lignes, voici les questions qui me sont venues :

– Au nom de quel motif rationnel ou religieux serait-il interdit de manger des grenouilles (alors que c'est une spécialité culinaire) ?

– Le bédouin ne prend-il pas plaisir à dévorer des sauterelles ?

– La tribu des Rifaa[23] – et une bonne partie de l'humanité – ne se nourrit-elle pas de serpents ?

– Les habitants de Rosette ne raffolent-ils pas de ce crustacé nommé *om el-kholoul*[24] ?

– Ceux d'Alexandrie ne vouent-ils pas une passion aux crevettes qui ressemblent beaucoup à de gros vers ?

– Ceux de Suez n'ont-ils pas un commerce prospère de crabes, les consommant, eux-mêmes et leurs proches, avant de tirer profit de leur vente ?

– Le paysan, en Haute-Égypte, n'imagine-t-il pas diverses ruses pour attraper des mulots ? Ne revient-il pas vers les siens, heureux de sa prise, pour préparer un festin auquel enfants, familiers, voisins seront conviés, en de véritables réjouissances pour le village ?

– Les Égyptiens en général ne sont-ils pas férus de *fesikh* (ou poisson cru à la saumure)[25], et parfois à la folie ?

– Certaines femmes d'Alexandrie et autres villes d'Égypte ne sont-elles pas à la recherche de petits chiots lorsqu'elles veulent avoir le corps bien en chair ? Ne savez-vous pas comme moi qu'elles rivalisent de raffinement dans la fabrication d'un genre de confiture bien connue d'elles, la *mefattaqa*, laquelle n'est réussie que si l'on y ajoute tel insecte, le plus noir, le plus infect, le plus affreux créé par Dieu[26] ?

– Tout le monde ne se vante-t-il pas de manger des poulets rôtis, tout en sachant bien le genre de nourriture qu'ils ont très probablement ingurgité ?

Alors pourquoi ne mangerait-on pas aussi des grenouilles ?

Quoi qu'il en soit, j'en ai mangé. Oui, parfaitement, et si vous voulez bien écouter mon conseil et que vous avez un jour le bonheur d'être à Paris, commandez-en un plat ou du moins de son bouillon (« Si tu n'as pas goûté à la mûre, ne rate pas son jus[27] »), après quoi vous pourrez dire, à bon droit, que vous avez goûté, à mon exemple, aux « plaisirs de la vie », comme on dit ici. Et cependant, mes scrupules me poussent à rappeler au lecteur ces vers d'Ibn al-Farid[28] :

Je t'ai donné conseil mais connais ton désir
D'y manquer ! À toi donc, la liberté d'agir.

Le 10e jour : dimanche 22 avril

« Ouvre un œil et ferme l'autre ! »

J'ai regardé de tous mes yeux dans la direction d'où partait ce murmure à peine audible et n'ai rien aperçu. Dès lors, n'y prêtant plus attention, j'ai poursuivi mon chemin.

« Ouvre un œil et ferme l'autre ! Obéis ! »

Cette fois-ci j'entendais clairement la voix et ressentais comme un coup de poing douloureux. Je me retourne mais, ne voyant rien, j'adresse à Dieu une gamme d'exorcismes divers, le priant de m'accorder Sa protection, et je continue, désireux de toucher au but que j'avais fixé à mon voyage.

« Ouvre un œil et ferme l'autre ! »

Une plainte effrayante et stridente me crève les oreilles, toutes sourdes qu'elles soient et, malgré ma placidité, je me sens tout secoué par un violent frisson. Pris de peur, je comprends qu'il faut désormais me soumettre et fermer les yeux.

Et me voilà transporté dans la ville de Cuivre ou telle autre cité des djinns décrite par l'auteur des *Mille et Une Nuits*, déambulant entre de grands palais somptueux, des arbres de taille majestueuse, tout en fleurs, des jets d'eau jaillissant avec exubérance, des curiosités insolites et prodigieuses, des statues, des embarcations sur les flots, des véhicules sur la terre, des créatures innombrables d'une diversité infinie, des fumées s'élevant au cœur du ciel, un air vibrant de clameurs déchaînées, des voix s'exprimant dans toutes les langues, un tumulte universel, une mêlée tumultueuse à croire que les âmes revivifiées, s'échappant de leurs tombeaux, se pressaient vers l'assemblée du Jugement dernier ou plutôt celle de l'Exposition tant attendue.

Voilà le rêve que j'ai fait en plein jour, en prenant aujourd'hui la direction de l'Exposition. Ayant à peine dépassé la place de la Concorde, j'ai vu les portes et les tours, les drapeaux et les étendards, j'ai visité pavillons et palais, observant merveilles et prodiges, l'âme réjouie et rassérénée, le cœur errant parmi les vallées de l'imagination.

Un mois avant mon départ du Caire, l'occasion s'était présentée à moi de lire *Les Mille et Une Nuits* et *L'Histoire de Sayf ibn dhi Yazan*[29], dans l'espoir de retrouver les auteurs de ces deux œuvres, de déterminer l'époque où ils avaient vécu, leur pays d'origine et d'autres informations détaillées relevant de l'édition critique. Je parvins à obtenir les renseignements voulus au terme d'une enquête dont je projette de publier les résultats ultérieurement. Ces préoccupations avaient laissé leur empreinte dans mon esprit tout obsédé encore de ces contes merveilleux, cause probable de ce rêve éveillé qu'on ne peut voir qu'à Paris, ville où songes et chimères deviennent réalité.

Mais la perfection n'appartenant qu'à Dieu, tout n'est pas encore absolument au point dans l'Exposition. Il lui faut encore un ou deux mois pour être vraiment la merveille de Paris, voire du monde et le prodige du siècle ou des siècles. Mieux vaut donc, pour le touriste égyptien, attendre en embuscade chez lui, et n'arriver à Paris qu'à la date que je viens d'indiquer afin de ne pas perdre son temps. Je me suis mis à parcourir l'Exposition, au milieu de palais d'une extraordinaire beauté, cernés de toutes parts d'échelles et de poutres, et couverts de poussière. Après avoir déambulé pendant plus d'une heure parmi des ravins, des sentiers en zigzags, montant et descendant, je suis enfin arrivé au pavillon de l'Égypte pour découvrir que, à l'instar des autres pavillons, il est encore loin d'être achevé. Mais les ouvriers à l'intérieur, comme partout dans l'Exposition, mettent la dernière énergie à terminer leur tâche au plus vite.

Quelle erreur, oui, quelle erreur d'inaugurer l'Exposition avant que tout ne soit prêt ! Il aurait fallu absolument en repousser la date d'ouverture, le temps nécessaire, alors que cette précipitation (qui mérite un blâme sévère dans les registres de l'Histoire) a fait perdre aux étrangers leur temps et leur argent. Il est vrai que certaines sections se présentent sous une forme achevée, mais il s'agit de lieux de divertissements dont les propriétaires se sont empressés de finir les travaux pour ne perdre aucune minute, ni voir leur échapper le moindre sou.

En raison de quoi, la Cour de cassation s'est prononcée en faveur d'un délai obligatoire et d'une révision jusqu'à réunion de toutes les conditions requises

AVANT DE PARTIR DE CHEZ MOI

Mon Budget — Mon Itinéraire — Mes Journées

Lorsqu'on a fixé le nombre de jours qu'on passera à Paris, il est sage d'arrêter immédiatement l'itinéraire, le programme de chaque journée (V. p. ci-contre) et la somme qu'on peut dépenser, c'est la seule manière de gagner du temps et de voir ce qu'il faut voir. Sans plan de visites et de courses, on risque de courir à droite et à gauche, d'arriver au jour de fermeture, ou trop tôt ou trop tard.

Le plan ci-dessous offre le modèle de deux journées. Chaque lecteur n'aura plus, pour la suite, qu'à suivre cette marche selon le temps et les ressources dont il dispose.

MON BUDGET

	FR.	C.
Je veux consacrer à mon voyage à Paris une somme de		
Prix du billet de chemin de fer (aller et retour)...		
Reste.......		
Je compte rester à Paris ......jours; j'aurai donc à dépenser par jour...		

MON ITINÉRAIRE

Départ le 1900
par le train de ....
Retour le 1900
par le train de ....
Principales stations ....
....
....

EMPLOI DE MES JOURNÉES

1ʳᵉ JOURNÉE.

Lever à .... h.
Sortie à .... h.

Matin. *Courses dans Paris.*
....
....
Musée du Louvre............ h.
Personnes à voir (noms et adresses).
....
....
Déjeuner à (nom du restaurant)...........

Après-midi. *Exposition.*
Visite de (indiquer la ou les sections).
....
....
Attractions à voir :
....
....
Dîner à (nom du restaurant) ....

Soirée. (Théâtre de) ....

Rentré à .... h.

2ᵉ JOURNÉE.

Lever à .... h.
Sortie à .... h.

Matin. *Exposition.*
Visite de ....
....
....
Déjeuner à ....

Après-midi. *Courses dans Paris.*
Mon itinéraire ....
....
Rendez-vous ....
....
Dîner à ....

Soirée. *Visite de l'Exposition.*
Champ de Mars...........................
Attractions à voir ....
....

Rentré à................... h.

Paris Exposition. Guide pratique du visiteur de Paris et de l'Exposition, 1900, p. 16. Paris, Hachette, 1900.

pour juger le procès, permettre au greffier de présenter tous les documents exigés et d'expliquer le cas en connaissance de cause. Elle s'est également prononcée pour un ajournement d'une semaine et a condamné l'Exposition aux frais légaux et autres dépens.

Le 11ᵉ jour : lundi 23 avril

C'est aujourd'hui la fête de *Chamm el-nesim*[30] ou du Printemps en Égypte, et cependant la chose n'a aucune résonance à Paris ni dans le reste des pays européens. Mais fidèle à ma qualité d'Égyptien et à mes goûts d'Oriental, je prie instamment mes lecteurs de m'accorder un moment de répit afin que je puisse partager leur joie comme je leur fais partager tous mes sentiments. Nous serons quittes.

Voilà pourquoi, en quête d'un lieu plein de verdure, je me suis rendu dans un petit village à une heure seulement de Paris, même si la distance est en fait plus longue que celle qui sépare Le Caire de Banha[31]. Pour le coût du ticket, il est négligeable si on le compare à ce qu'il nous faut débourser en Égypte. Aussi ai-je honte de dire qu'on paie ici quatre francs et demi, soit moins de dix-huit de nos piastres à quelques centimes près, pour un trajet aller-retour en deuxième classe. Ce village se nomme Triel[32] et, ma foi, il n'est pas de paysages plus ravissants, d'arbres plus magnifiques ; fleurs, montagnes, plaines forment ensemble une tapisserie de soie éclatante qu'on aurait parsemée de pièces d'or.

En Égypte, il nous est impossible de concevoir la beauté de cette nature sauvage car notre sol est plat, dépourvu de ces arbres, de ces forêts, de ces montagnes dont la bigarrure manifeste la main de la Providence divine dans toute sa perfection. Dès mon arrivée dans ce village, j'ai été séduit et, comme il me convenait parfaitement, j'ai résolu d'y séjourner pour me délasser du tumulte de Paris et de ses divertissements. Je m'en vais vous décrire les charmes de ce havre de paix et cela très bientôt.

Le 12ᵉ jour : mardi 24 avril

Je suis retourné à Paris qui me donne maintenant le cafard après toute la beauté que j'ai vue à la campagne. J'avais résolu de rendre visite à mes connaissances et amis, comme promis. Vu les dimensions énormes de la capitale, la journée s'est passée en deux ou trois trajets, ce qui m'a coûté en voitures ce que Dieu sait, Lui seul disposant de l'avant et de l'après, du proche et du lointain.

Le 13ᵉ jour : mercredi 25 avril

Certaines occupations m'ont forcé à passer cette journée à Paris. Avant mon départ d'Égypte, beaucoup d'amis m'avaient reproché de partir trop tôt dans la saison : ils craignaient pour moi le froid de l'Europe et ses rigueurs. Après mon embarquement à Alexandrie, le thermomètre était descendu le lendemain à 12°. Puis il continua à osciller entre 14 et 17° jusqu'à notre arrivée à Marseille et se stabilisa à 19°. Depuis que je suis à Paris, il fait entre 18 et 20°, c'est encore le cas aujourd'hui. Les gens sont très surpris de cette température anormalement douce pour l'Europe et craignent que cela n'ait de fâcheuses conséquences. C'est pourquoi ce fameux astronome qu'est M. Flammarion leur a adressé une réponse publiée dont je vous livre ici la conclusion afin que mes amis s'assurent que je ne suis pas mort de froid (ce qui me tue, ce serait plutôt la cherté de la vie et, surtout, que les préparatifs de l'Exposition ne soient toujours pas achevés). La voici d'après les grands journaux quotidiens :

Jusqu'à ce jour, la température est restée douce, modérée, sans retour de froid, phénomène surprenant pour les Européens. Interrogé sur cette chaleur estivale, tout à fait inhabituelle pour un mois d'avril, le professeur Flammarion, le plus illustre des climatologues, a donné l'explication suivante :

« L'équilibre est une nécessité de la nature. Indispensable aux êtres humains, il l'est aussi à l'ordre cosmique et à ses excès. Le mois de mars ayant été très rude, il fallait, par compensation, une douceur exceptionnelle en avril, afin que se maintienne l'équilibre naturel. Notons parmi les particularités de cette année et de la précédente, qu'il y a fait plus froid en janvier qu'en février et que le mois de mars y a été plus rigoureux que le mois de février. Aucun indice par ailleurs dans l'état actuel du temps ne permet de prévoir s'il fera froid ou chaud car les changements météorologiques dépendent des courants aériens que les climatologues ne peuvent conjecturer à l'avance. Tout ce qu'on peut dire, c'est qu'en 97, 98 et 99, la chaleur a été très forte et que, l'univers exigeant la présence d'un équilibre, il y aura nécessairement un refroidissement de la température en 1900 ou 1901. Quand exactement ? Nous ne pouvons le préciser, car c'est une inconnue que seul l'avenir nous découvrira. »

Quant à moi, je suis forcé de prendre congé à présent de mon lecteur pour m'en aller visiter quelques musées, bureaux d'administration, imprimeries et écoles. Inutile de me suivre ou, pour moi, de vous y entraîner, et à demain pour une nouvelle rencontre, s'il plaît à Dieu.

Le 14ᵉ jour : jeudi 26 avril

Le mouvement de la circulation à Paris – comme dans le reste des capitales et métropoles européennes – est d'ordinaire d'une densité qui vous laisse ahuri et désemparé. Alors imaginez ce qu'il en est pendant les journées de l'Exposition universelle ! À l'évidence, elles exigent de vous un surcroît de légèreté et une énergie forcenée. Ainsi, pour peu qu'un piéton veuille traverser d'un trottoir (ou *telettoir* comme on dit maintenant en Égypte[33]) à l'autre, il lui faut courir, s'élancer, sauter en toute hâte, mais avec une grande circonspection et en regardant avec une extrême attention autour de lui pour éviter d'être heurté par une de ces voitures aux modèles innombrables.

Gustave Fraipont, affiche de la compagnie des Chemins de fer de l'Ouest (ligne Argenteuil-Mantes *via* Triel), 1893. Paris, BNF.

Cependant, s'il choisit de « courir » à l'orientale, c'est-à-dire lentement, paresseusement, vaniteusement, pompeusement, gravement et entouré d'un grand tralala, mieux vaut pour lui, à mon avis, qu'il se repose et nous laisse en repos.

– Comment cela serait-il possible alors qu'il désire jouir du spectacle de la grandeur de Paris ou donner à Paris l'occasion de jouir du spectacle de sa grandeur à lui ?

– S'il y tient absolument, alors qu'il se déplace constamment en voiture, seule voie de salut, sans s'abaisser à côtoyer la foule.

Mais le Prophète nous enseignant que « donner son conseil est un acte de piété », je sens au fond de moi comme un mouvement de pendule qui me pousse à lui intimer une sérieuse mise en garde à ce piéton : s'il prend une voiture pour une seule distance, il aura à payer un franc et demi à condition de ne pas descendre. En revanche, s'il descend, puis remonte, il aura à débourser le tarif d'une heure soit deux francs tout rond, même si sa course n'a duré que cinq minutes. Sans compter la gratification ou le… *bakchich* (pourboire*) – chose sacrée à laquelle il faut penser avant même le montant dû légalement – , pourboire d'au moins une piastre (cinq sous) pour un trajet et de cinquante millièmes (dix sous) pour une heure. C'est là le tarif ordinaire, mais pendant la durée de l'Exposition, il augmente selon le caprice du cocher qui, dans cette occasion, est juge et partie, et gare si vous vous risquez à prendre une voiture sans vous être mis d'accord au préalable, car il abusera de la situation sans scrupules. Que notre ami prenne donc en considération ce qui lui en coûtera pour les seuls déplacements, quant aux autres dépenses (repas, boissons, logement, achats, frais indispensables, etc.), j'en parlerai une autre fois dès que je disposerai des informations nécessaires après d'amères expériences accumulées jour après jour. Je m'en remets à Dieu.

Le 15e jour : vendredi 27 avril
J'ai choisi de m'installer à la campagne, c'est pour moi un bonheur car je ne veux pas rester à me chagriner en barbouillant du papier. Je me prépare à passer un mois à Triel* : je descendrai à Paris à l'aube et m'en retournerai au crépuscule.

Le 16e jour : samedi 28 avril
Je suis allé à l'Exposition et trouve qu'on y attend avec un intérêt croissant l'achèvement des travaux. Je suis rentré après avoir noté nombre d'informations que je vous réserve pour bientôt. Qui vivra verra.

Le 17e jour : dimanche 29 avril
C'est aujourd'hui jour de repos chez les peuples de l'Europe occidentale. Je me suis donc rendu dans un coin tranquille au milieu des bois pour me promener et faire un peu d'exercice.
Puis cette nuit, j'ai dormi comme un bienheureux et me suis réveillé au chant d'un rossignol dans les arbres. Rien de plus beau ni de plus mélodieusement mélancolique (si vous ne me croyez pas, prêtez l'oreille avec moi).

Le 18e jour : lundi 30 avril
Les anciens ont bien raison : de la précipitation naît la désolation. Et quelle désolation, quelle calamité à vous fendre le cœur que la catastrophe qui s'est produite hier à l'Exposition ! La passerelle suspendue qui réunit l'Exposition au Globe – grande sculpture conçue pour imiter la voûte céleste avec les signes du zodiaque – s'est effondrée. Bien évidemment le télégraphe n'a cessé de vibrer, de sonner, de frissonner et de répandre le chagrin et la douleur dans toutes les demeures du pays.

Ce matin, la nouvelle de ce cruel accident retentissait dans tout le pays. Je me suis donc réveillé entre chants mélodieux et désarrois douloureux, gazouillements et gémissements, entre aurore qui point et horreur qui vous point. Comme je m'enquérais de la nouvelle, on me conta le désastre, et quel désastre ! Toute la nation s'insurgeait contre le gouvernement, les récriminations pleuvaient contre l'inauguration de l'Exposition avant l'achèvement des travaux bien que l'accident soit arrivé en dehors de l'enceinte et que les organisateurs n'y soient pour rien.

On rapporte qu'une foule très dense aurait afflué hier vers l'Exposition, la majorité ayant congé le dimanche. Une multitude turbulente comme une mer bouillonnante grouillait dans l'enceinte de l'Exposition. Il y avait là 230 160 personnes. D'autre part, une société financière avait édifié un globe céleste énorme où étaient représentés de façon grandiose les constellations et les signes du

Effondrement de la passerelle de l'avenue de Suffren qui reliait le Grand Globe céleste au reste de l'Exposition, le 29 avril 1900. *L'Illustration*, 5 mai 1900.

zodiaque. Mais comme il était situé à l'extérieur des limites, la société demande la permission de créer une passerelle aérienne à 7 m du sol et s'étendant sur une distance de 100 m, d'un poids atteignant 180 kg/m², afin que les visiteurs ne soient pas obligés de quitter l'Exposition pour voir le Globe, puis de revenir sur leurs pas et de payer un second billet d'entrée.

La passerelle fut installée mais le gouvernement refusa d'abord de donner son accord en raison d'un défaut de construction que les ingénieurs signalèrent à ladite société. On devrait ainsi remercier la Providence, car sans elle le danger aurait été bien plus grand et les pertes décuplées. En effet la foule s'étant pressée au-dessus dans une confusion extraordinaire, comme à son habitude, surtout à Paris et davantage encore à l'Exposition, lorsqu'il s'agit d'une nouveauté, le nombre des victimes piégées au-dessus et en dessous aurait pu s'élever alors à des milliers. Rendons grâce à Dieu pour Sa clémence envers Ses fidèles, dans Ses arrêts irrévocables.

À quatre heures et demi de l'après-midi, une clameur terrifiante éclate dans la foule, et au-dessus des têtes court la nouvelle que beaucoup venaient de perdre la vie et que les blessés étaient nombreux, ce que la version officielle confirma. La joie, soudain, le céda aux pleurs, à la tristesse, à la douleur. On se rua vers le lieu de l'accident en larmes, à la recherche de proches et d'amis. La passerelle prenait appui sur des échafaudages en bois qu'on avait retirés une fois l'ouvrage mis en place. Elle ne résista pas plus de quatre heures et s'écroula dans un fracas qui rappelait le grondement du tonnerre ou la détonation d'un canon. Les malheureux qui se promenaient en dessous furent écrasés par des blocs de pierre et de bois, des agrégats de câbles métalliques et de barres de fer. D'où cris et hurlements, cœurs éperdus de douleur, sauve-qui-peut

Coupure de presse relatant l'effondrement de la passerelle. *Le Monde illustré*, 5 mai 1900.

général, le mari abandonnant sa femme, la mère son enfant, le frère sa sœur, chacun voulant désespérément être secouru. C'est pourquoi la panique s'étendit sur un rayon considérable autour du lieu de l'accident, certains allant même jusqu'à croire qu'un incendie s'était déclaré dans l'Exposition et engloutissait tout ce qu'elle contenait.

Les pompiers et les employés, accourus pour dégager les personnes ensevelies sous les décombres, rencontrèrent d'incroyables obstacles. Des médecins étaient venus porter assistance aux blessés et aux agonisants. À chaque moment, on entendait gémissements, soupirs, geignements, sanglots, râles, auxquels répondaient, parmi l'assistance, des pleurs et des lamentations. Puis on fit venir tous les ouvriers travaillant dans les divers secteurs de l'Exposition pour leur confier la tâche d'enlever pendant la nuit les gravats et de trouver les autres corps, morts ou blessés. Ne m'interrogez pas sur le dévouement des secouristes : plongeant au cœur des pires dangers et s'exposant à une mort certaine pour délivrer des âmes et des fantômes, ils s'attirèrent un éloge unanime, comme c'est toujours le cas. Ordre fut donné que se taisent cette nuit-là, dans l'Exposition, les tambours et trompettes, en signe de deuil national.

Puis arrivèrent les représentants du parquet et de la justice pour ouvrir une enquête. Ce fut ensuite le tour du préfet qui, témoin du dévouement de certains ouvriers lors des secours, paya aux plus pauvres d'entre eux cent francs chacun et dressa la liste de ceux auxquels il demandait que fût décernée la Légion d'honneur. Le nombre des morts s'élevait à douze ; quant aux blessés, très nombreux, la plupart rentrèrent chez eux, les plus grièvement blessés furent transportés dans des hôpitaux par ordre du gouvernement, et cela après avoir reçu les soins d'urgence non loin du lieu de l'accident.

Voilà le résumé de ce que j'ai pu entendre des témoins de l'accident et de l'opération de secours. Espérons que cela ne se reproduira pas. Grâce soit rendue à Dieu qui, dimanche dernier, m'a fait préférer une promenade dans la nature et les bois. Mais si j'avais appris la chose, je me serais rendu sur les lieux et me serais posté à distance pour relater au lecteur ce que j'aurais vu et ressenti. Ou j'aurais prêché aux gens la prévoyance et la circonspection, mais sans doute ne m'auraient-ils pas écouté. Mon conseil leur aurait été inutile et moi, je me serais consolé avec ce dicton : « L'amoureux aux censeurs reste sourd. »

Le 19e jour : mardi 1er mai

Un autre accident est survenu à l'Exposition, similaire à celui d'hier mais heureusement d'une gravité moindre, bien qu'il ait été fatal à quatre ouvriers du bâtiment dont deux sont décédés, et deux en train d'agoniser.

Malheureusement aussi, un ouvrier égyptien s'est blessé en travaillant au pavillon de l'Égypte : on l'a transporté à l'hôpital dans un état préoccupant. Comme c'est aujourd'hui le Nouvel An de l'hégire[34] et une fête commune à tous les musulmans, j'ai voulu me joindre à mes coreligionnaires en ce jour de repos et d'exercice spirituel, surtout qu'il fait une chaleur insupportable que ne peuvent imaginer ceux qui jouissent de l'air frais du Caire. Que mes lecteurs, que je sais généreux, veuillent bien accepter cette double excuse.

Le 20ᵉ jour : mercredi 2 mai

Aujourd'hui au soir, la poste part de Paris pour Marseille et de là pour Alexandrie. À trois heures de l'après-midi me sont parvenus des lettres et des livres d'Égypte. J'y ai répondu après avoir passé la matinée entière à préparer cette correspondance en toute hâte. La chaleur demeure toujours aussi insupportable et va même croissant. Qu'en sera-t-il en août ? Dieu nous protège ! Amen.

Le 21ᵉ jour : jeudi 3 mai

La perfection n'appartient qu'à Dieu ! Cette Exposition universelle, ils l'ont inaugurée et y ont convié les nations et les peuples. Cependant quelle différence entre l'officiel et le réel ! Jusqu'à présent les choses ne sont pas encore achevées. Où qu'on aille, on rencontre des milliers d'ouvriers et d'artisans, tous très soucieux de parfaire leur ouvrage au mieux. Je conseille donc aux lecteurs qui peuvent accomplir ce pèlerinage profane et hétéroclite de patienter peu ou prou jusqu'à ce que l'Exposition se montre sous son jour le plus parfait.

Je l'ai parcourue à plusieurs reprises pour que son image d'ensemble se dessine dans mon esprit, mais échafaudages, planches de bois, nuages de poussière, passages obstrués, objets dissimulés à la vue par des draperies, tous ces obstacles m'en ont empêché. Après bien des fatigues et des tribulations, je m'en suis revenu bredouille, en me disant : « Demain est proche. »

Le 22ᵉ jour : vendredi 4 mai

Le lecteur me remerciera peut-être de la recherche que j'ai faite aujourd'hui pour rassembler quelques bribes de documentation sur l'histoire des Expositions en général. Elles serviront d'introduction aux informations détaillées que j'aimerais vous donner de cette Exposition universelle dont on ne verra pas l'équivalent, même dans cent ans, et qui est la meilleure conclusion au XIXᵉ siècle.

Au début de l'Histoire, après avoir passé de la vie sauvage et primitive aux principes de la civilisation et de la société, l'homme continua à progresser jusqu'à dominer la nature entière : il devint le maître du monde, agissant à sa guise, exploitant ses ressources visibles et occultes pour répondre à ses besoins renouvelés, continuels et infinis, si bien que cette faible créature réussit à faire de l'impossible la plus proche des possibilités. Que de choses avons-nous vues et entendues ! Enfantées par les nuits et les jours, ne défient-elles pas l'imagination ? Ma foi, je ne sais quand s'arrêtera ce progrès ni jusqu'où parviendra l'homme, lui qui a surpassé les dieux des Anciens pour l'invention, la découverte, la manifestation des miracles. Tout cela tient vraiment du prodige.

L'homme commença par le travail de la terre qui le força à l'industrie, puis il entra dans les aléas du commerce et simultanément progressa dans tous les domaines du savoir. Ses activités se diversifiant, tout comme ses besoins, il mit son ingéniosité à profit pour prendre son essor. C'est alors qu'entrèrent en jeu les grands marchés commerciaux qui furent et demeurent l'axe autour duquel se meut la roue de la société civilisée. Puis aux produits de l'industrie manuelle vinrent s'ajouter ceux de la pensée. Ainsi Hérodote, le père de l'Histoire, lisait-il son livre au peuple grec, rassemblé dans les marchés et occupé à vendre et à acheter. Le récit de ses voyages dans les pays d'Orient et d'Occident, ses anecdotes sur des peuples aux coutumes étranges, leur plurent tellement qu'ils lui payèrent une part de leurs gains et bientôt la lecture de l'Histoire dans les marchés lui rapporta une fortune considérable que lui envièrent les plus grands experts en échanges.

Voilà pour les peuples de l'Antiquité. Quant aux Arabes, ils avaient pour lieux de rassemblement majeurs Ukaz[35] dans l'ère préislamique et al-Mirbad[36] plus tard, deux marchés de première importance, où l'on pratiquait l'achat et la vente, la controverse et l'auto-éloge, la récitation des poèmes, les joutes d'éloquence et de virtuosité dans tous les domaines du savoir et de la pensée. Ils avaient établi à cette intention un système d'organisation admirable qu'il n'y a pas lieu de développer ici. Vous savez d'ailleurs, et je n'ai pas besoin de m'étendre là-dessus, que la plupart de ceux qui ont levé haut le flambeau de la nation arabe et ont posé les bases de sa gloire étaient des voyageurs et des commerçants.

Double page suivante.
Charles Crespin, *Fête de nuit au palais de l'Électricité* [au fond du Champ de Mars]. Supplément littéraire illustré au *Petit Parisien*, 6 mai 1900.

Pages 68 et 69.
Vue du Trocadéro depuis le pont d'Iéna ; au premier plan, le pavillon de l'Algérie ; au fond à gauche, la zone des colonies françaises ; au fond à droite, la zone des colonies étrangères. Paris, BNF.

Cet état de choses demeura inchangé chez les peuples de l'Orient ancien et moderne, jusqu'au moment où ce fut au tour de l'Europe et de ses habitants de dominer et de posséder les richesses, héritage qui leur est échu ou qu'ils ont accaparé, puis développé jusqu'aux proportions qu'on lui voit aujourd'hui.

Il semble que la première Exposition qu'on pourrait vraiment qualifier d'« industrielle » se soit tenue à Prague*, capitale de la Bohême, en 1791. Elle se solda par des bénéfices substantiels à la fois pour les organisateurs et les participants, ce qui excita l'envie des Parisiens qui mirent sur pied en 1798, au temps du Directoire*, une exposition dont ils célébrèrent l'inauguration avec faste. Les exposants travaillant dans le commerce, l'industrie, les sciences étaient au nombre de 110. La nation goûta aux plaisirs des Expositions et en découvrit les bienfaits. Elle s'y rua comme font les affamés sur une gamelle, réaction habituelle des Français devant tout ce qui tient à la fois de la nouveauté et du luxe.

Mais de toutes les nations d'Europe, ce furent les Anglais qui l'emportèrent, s'arrogeant le premier rang dans ce domaine. S'inspirant de la théorie des autres, ils les distancèrent de loin dans la mise en pratique et la récolte des fruits matériels et moraux qui en résultèrent. C'est en 1851 qu'ils organisèrent la première Exposition universelle à laquelle participèrent tous les pays et construisirent à cet effet un vaste et célèbre édifice qu'on nomme le Crystal Palace, d'une superficie de 73 150 m² – annexes comprises. Les Anglais démontrèrent au monde entier les avantages de ces rencontres entre savants, hommes d'affaires et animateurs de spectacles, lesquelles, en renforçant les liens entre nations et en encourageant l'émulation entre individus, contribuent au progrès de la société et de l'humanité.

Aucune nation européenne ne se risqua à imiter l'Angleterre dans cet exploit, de peur que le trophée de la victoire n'aille aux étrangers, au détriment des natifs du pays. Le succès du Crystal Palace avait été aussi évident que le soleil en plein jour : 6 millions de visiteurs et des gains s'élevant à 211 530 livres égyptiennes pour la société organisatrice.

Quand les Anglais eurent constaté l'inertie totale où se tenaient l'Europe et ses habitants, ils mirent sur pied une deuxième Exposition universelle à Dublin, capitale de l'Irlande. Ce fut, là encore, un franc succès qui poussa les autres pays à suivre leur exemple. Mais c'est à l'Amérique que revient la première place dans cette course : l'Exposition de New York eut un grand retentissement chez ses rivaux timorés. La vieille Europe, soudain consciente de sa léthargie, prit l'initiative d'une Exposition universelle qui se tint à Munich, capitale de la Bavière. Puis ce fut la France qui secoua sa torpeur pour se jeter dans cette formidable mêlée. D'où l'Exposition universelle de 1855, où une société commerciale entreprit la construction du fameux palais de l'Industrie sur le Champ de Mars (en d'autres termes : la place du dieu de la Guerre), palais d'une superficie de 32 000 m² alors que celle de l'Exposition entière couvrait 168 000 m². Mais les bénéfices de la société furent loin d'égaler

Le Trocadéro

Édifié à l'occasion de l'Exposition universelle de 1878, le palais du Trocadéro était destiné à pallier l'étroitesse du Champ de Mars où se cantonnait la précédente Exposition universelle parisienne (1867). Conçu de façon à s'insérer dans la perspective de l'École militaire, il devait être le symbole de l'ampleur toujours plus grande de cette manifestation et de son extension sur la rive droite. Le programme du concours ouvert en 1876 pour la construction du bâtiment comporte une salle de spectacle populaire et deux espaces d'exposition. Sa réalisation fut sans surprise confiée à Jules Bourdais (1835-1915) et surtout à Gabriel Davioud (1823-1881), célèbre pour avoir réalisé les salles des théâtres du Châtelet et son projet de vaste salle de concert, l'Orphéon. L'architecture imaginée par Bourdais et Davioud était profondément éclectique. Elle mêlait couleurs et matériaux comme les styles : la façade principale en brique rappelait la sobriété des églises médiévales d'Italie, les minarets qui l'entourent apportaient une touche orientale alors que les arcades des deux galeries en pierre dédiées aux Expositions évoquaient la Renaissance. Bien que mal aimé, l'édifice fut conservé et utilisé à partir de 1879 pour accueillir le musée de Sculpture comparée imaginé par Viollet-le-Duc. En 1900, le Trocadéro se trouvait au cœur de l'organisation urbaine de l'Exposition universelle. C'est peut-être le côté orientalisant de son architecture qui incita les organisateurs à disposer dans ses jardins les pavillons des colonies des principaux pays européens qui avaient déjà leur propre pavillon Rue des Nations. Par la suite, à l'occasion de l'Exposition de 1937, le bâtiment de Davioud et Bourdais fut caché derrière de nouvelles façades répondant à l'esthétique monumentale néoclassique des années 1930.

Le Petit Journal

SUPPLÉMENT ILLUSTRÉ

Ouverture de l'Exposition par le Président de la République

EXPOSITION UNIVERSELLE DE 1900

SALLE DES FÊTES

ceux de sa sœur londonienne et ce palais devint une charge pour elle jusqu'au jour où l'État français, touché par cette situation, en fit l'acquisition pour des expositions annuelles. Les choses restèrent inchangées jusqu'à sa destruction, il y a quelques années. On le remplaça alors par deux superbes palais dont je vous parlerai bientôt en détail et qu'on appelle le Grand et le Petit Palais.

Puis Londres organisa une autre Exposition universelle en 1862 dans le palais de Kensington*, transformé depuis en un beau musée que j'ai décrit dans mes lettres du *Départ pour le Congrès*. Après quoi vint le tour de Paris en 1867 avec une Exposition d'une superficie de 687 000 m². Les Anglais, attentifs à devancer les autres en matière d'inventivité, imaginèrent de créer à partir de 1871 une série d'exposition annuelles, consacrée chacune à un thème particulier ou à un secteur d'activité et de production. Mais le bilan de l'opération – leur préoccupation première – ne donna pas le résultat escompté. Ils estimèrent donc préférable quatre ans plus tard de renoncer à cette série et de répondre à l'invitation que leur adressaient les autres Expositions au lieu d'en organiser chez eux, nouveau système qui se révéla beaucoup plus rentable.

En 1873, ce fut Vienne, capitale de l'Autriche, qui mit sur pied une Exposition universelle où le secteur de l'éducation et de l'enseignement se taillait la part du lion. Puis l'Amérique, réintégrant la bataille, organisa une Exposition à Philadelphie en 1876. Ce fut ensuite le tour de la France en 1878, et il resta de cette manifestation le beau palais du Trocadéro dont j'ai donné une description rapide dans mon *Départ pour le Congrès*. Le nombre des visiteurs se monta alors à 16 millions de personnes et, malgré ce franc succès, le gouvernement et la Ville de Paris eurent à essuyer des pertes qu'on estime à 37 millions de francs.

Ce courant se propagea à l'Australie et, en 1879, deux Expositions universelles se tinrent l'une à Sydney*, l'autre à Melbourne*. Après quoi le reflux se fit à nouveau en direction de l'Europe avec une Exposition à Amsterdam en Hollande (en 1883), à Anvers en Belgique (en 1885), puis à Barcelone et à Bruxelles en 1888. Quand vint l'année 1889, Paris organisa une grande Exposition dont les gens parlent encore jusqu'à présent et dont le monument le plus imposant, dans la capitale française, est la Tour Eiffel qui continue à dominer la ville et l'Exposition actuelle.

Ce fut ensuite le tour de la Russie qui organisa à Moscou, en 1891, une exposition franco-russe, puis il y eut le Grand Marché de Chicago en 1893 dont la superficie atteignit 2 694 636 m², soit deux fois celle de l'actuelle Exposition de Paris. Mais cette dernière se distingue par toutes sortes de curiosités prodigieuses et la qualité des inventions qu'elle nous présente.

Le 23e jour : samedi 5 mai

J'ai passé la journée à collecter sur l'Exposition des informations très utiles à qui veut, de loin, voir apparaître de façon claire les facettes de son raffinement et de son organisation admirable.

L'Exposition occupe une superficie énorme de 108 ha (ou 1 080 000 m²)[37], dont 460 000 m² réservés à des édifices d'une extraordinaire splendeur. On y compte 45 portes dont la Porte monumentale* qui s'élève près de la place de la Concorde* (voir mon *Départ pour le Congrès*) et à laquelle je consacrerai bientôt, ainsi qu'à ses deux colonnes géantes, une description détaillée accompagnée du dessin de son architecture éblouissante, afin que le lecteur se la représente dans tout l'éclat où je la vois.

On trouve à l'intérieur de l'Exposition plus de 15 restaurants (ou *locanda*[38]), sans compter d'innombrables cafés, bars et buvettes où l'on peut consommer certains plats, et cela à la différence des kiosques de la section « Produits alimentaires », qui ne vendent que du vin, de l'alcool et du cidre.

On y trouve aussi beaucoup de banques, certaines dans les pavillons étrangers, d'autres dans de jolis kiosques aux alentours de la Tour Eiffel. Toutes sont habilitées à traiter l'ensemble des transactions monétaires.

Outre les unités de secours dépendantes des commissariats, on a installé également plusieurs cliniques provisoires, chargées des urgences. Quant au maintien de l'ordre, il est assuré par des policiers de catégories diverses, ainsi répartis :

– 300 gardiens préposés aux portes et 500 dans l'enceinte de l'Exposition. Ce sont tous des gardes républicains.

– 60 inspecteurs, qui sont des officiers délégués de la sûreté.

– 1 200 gardiens dans les différents pavillons, sous les ordres des inspecteurs susmentionnés.

– 12 brigades de gendarmes mobilisés sous la direction de 50 lieutenants obéissant à quatre inspecteurs, le tout sous les ordres de quatre officiers de la sécurité générale.

On a prévu de plus des sémaphores*, situés à des distances données, et qui permettent de signaler sans retard aux agents de la sécurité et à leurs supérieurs tout accident, tout incendie ou encore tout engorgement sur certaines voies de circulation afin que les précautions nécessaires soient prises à temps. Mieux encore : ils sont placés à l'intérieur du périmètre de l'Exposition et, à ses abords, se trouvent des veilleurs de nuit qui circulent à bicyclette, et qui au cours de leur ronde se tiennent prêts à lancer, le cas échéant, un appel à l'aide.

Inauguration de l'Exposition le 14 avril par le président de la République, Émile Loubet. Au fond, l'entrée du pont Alexandre-III. Supplément illustré du *Petit Journal*, 22 avril 1900.

Placement des convives dans la salle des fêtes pour la soirée d'inauguration de l'Exposition. Archives nationales, F12/4313.

Foule sur le pont Alexandre-III attendant le cortège présidentiel ; au fond, l'esplanade et le dôme des Invalides. *L'Exposition de Paris (1900) avec la collaboration d'écrivains spéciaux et des meilleurs artistes*, p. 16. Paris, Imprimerie générale Lahure, 1900.

L'Exposition s'étendant sur les deux rives de la Seine, on a formé, pour se prémunir contre les dangers qui pourraient survenir sur le fleuve, une brigade spéciale chargée de surveiller les eaux et formée de policiers nageurs, revêtus d'un équipement léger, parfaitement adéquat, et qui, au moindre signal, se précipitent au secours des victimes d'une noyade.

Douanes et taxes d'entrée: l'Exposition a été conçue comme un port franc, non soumis à la législation des taxes et cela afin d'en faciliter l'accès et d'augmenter l'affluence. Mais lorsqu'une marchandise en sort, l'acheteur se voit obligé de payer la taxe fixée par les accords douaniers entre la France et les pays dont les pavillons respectifs exposent ces marchandises.

Poste, télégraphe et téléphone: on trouve à l'intérieur des murs de l'Exposition et dans ses annexes neuf bureaux accrédités, habilités à traiter toutes les opérations postales, mais les Américains, voulant se distinguer en tout, ont obtenu l'autorisation de gérer leur poste dans leur pavillon, par l'intermédiaire d'employés de leur pays, pour plus de facilité, mais aux frais de l'administration des postes françaises. De plus, 76 boîtes ont été disposées, où l'on peut glisser son courrier et que des facteurs viennent vider à horaires fixes.

Quant au télégraphe, il ne possède qu'un seul bureau situé au troisième étage de la Tour Eiffel. Et à chaque étage de la Tour, une salle de téléphone est mise à la disposition du public, à laquelle il faut ajouter les 56 bureaux de téléphone répartis dans l'enceinte de l'Exposition et grouillant sans cesse de monde en raison de la quantité des nouvelles qui s'échangent à l'intérieur même de l'Exposition, ou entre elle et Paris, ou avec les grandes capitales reliées à Paris par un réseau de lignes téléphoniques.

Moyens de transport: il existe à l'intérieur de l'Exposition 28 passerelles mobiles, ainsi qu'un trottoir roulant et un chemin de fer électrique sur lequel un train circule toutes les deux minutes. L'explication vous en sera présentée en détail lorsque nous l'aurons essayé.

La période comprise entre le 7 et le 20 mai

Ces quatorze jours ne ressemblent pas aux jours de bonheur évoqués par le calife Abd al-Rahman le Grand d'Andalousie[39].

Lorsque je me suis assuré que l'Exposition n'était pas encore achevée, j'ai songé qu'il valait mieux différer mon récit jusqu'au départ des ouvriers. C'est alors qu'elle apparaîtra dans tout son éclat et que l'occasion sera belle – ô combien – à qui veut la décrire, car il pourra «rendre les sensations, exciter l'émotion, pendant que l'œil examine, que l'imagination traduit, que la réflexion vérifie et que la conscience dicte ce qu'elle a pu approfondir[40]».

C'est pourquoi j'ai résolu de profiter de cette durée pour me livrer à la méditation dans quelque petite ville de province retirée, au nord, et dans une autre au sud, plus précisément dans cette belle contrée qu'on appelle la Côte-d'Or*. J'ai trouvé chez ses habitants une gentillesse, une affabilité, un sens de l'hospitalité, un accueil si chaleureux à l'égard de l'étranger que j'en oublierais presque Paris et son Exposition. Mais ce que je n'oublie pas, c'est ce que je dois à la famille Petitjean*, qu'elle veuille bien agréer, exprimée en ces pages, ma plus profonde gratitude. Ces lettres cependant étant consacrées à l'Exposition, il n'est pas à propos de m'étendre plus longuement sur ce que j'ai vécu pendant ce petit voyage bien sympathique.

Le 24e jour: lundi 21 mai

Me voilà de retour à Paris.

J'ai tout d'abord pris la direction de l'Exposition, bien sûr, et Dieu merci, les travaux y sont maintenant presque achevés même si les cérémonies s'y succèdent à l'occasion de l'inauguration de tel pavillon ou de telle galerie. Ai-je besoin d'avertir le lecteur que j'écris ces lettres en ma qualité de touriste véridique qui témoigne de ce qu'il voit et vous informe de ce qu'il ressent, sans nulle considération de religion ou de politique, sans volonté d'influer sur les sympathies particulières ou générales? Ce touriste, observant telle chose plaisante, la notera, la mettra en valeur avec insistance et vous en tiendra informé afin qu'il en résulte, dans sa patrie, des effets positifs et que le but visé soit atteint. Passant à côté d'une chose désagréable, en revanche, il en détournera les yeux et évitera, à

Portrait d'Alfred Picard, commissaire général de l'Exposition. Ahmad Zaki, *L'Univers à Paris*, p. 57, 1900. Paris, BNF.

Pont d'Iéna, vue aérienne
nord-sud : en haut à gauche
les colonies françaises,
à droite les colonies étrangères,
diapositive colorisée,
8,2 x 10 cm, 1900.
Brooklyn Museum, collection
Goodyear.

l'instar des esprits généreux, de la mentionner. S'il la signale, ce sera furtivement, par une allusion rapide, dans l'espoir qu'elle serve, si possible, d'exemple dissuasif.

Permettez-moi maintenant de pénétrer dans cet espace de façon ordonnée, suivez-moi bien calmement que je puisse représenter cette Exposition à votre œil et à votre jugement.

Panorama de l'Exposition

Tout Égyptien, lorsqu'il s'éloigne des paysages familiers de son pays, se sent déconcerté par l'aspect des villes d'Europe : habitations éparpillées sur les hauteurs des collines et au pied des montagnes, disséminées sans ordre ou presque parmi les rochers et les cultures, et routes bâties sur des pentes qui montent et redescendent – spectacle qui me sidéra lors de mon premier séjour en Europe et surtout

PANORAMA DU TROCADÉRO

Panorama du Trocadéro ;
au premier plan à gauche,
le palais des Forêts, chasse,
pêche et cueillette ; à droite,
le palais de la Navigation
marchande ; photographie
argentique. *Paris 1900,
Exposition universelle*,
Paris, E. Le Deley, 1900.

durant ma visite en Suisse la deuxième fois, en 1894. Ayant confié ma surprise à certaines de mes connaissances, l'une d'elles me raconta une légende plaisante que je rapporte ici aux lecteurs en raison de sa similitude et du rapport étroit qu'elle entretient avec mon propos :

Satan le maudit gravissait un jour une montagne élevée. Il portait un grand sac où il avait placé une multitude de maisons. En chemin, le sac s'étant troué, à l'insu du Diable, à cause du poids des bâtisses qu'il contenait, celles-ci tombèrent et se répandirent derrière lui tout au long de la route qui le menait sur les cimes de la montagne. Alors, dans un accès de fureur, il lança le sac et les maisons qu'il contenait se fixèrent à l'endroit où on les voit maintenant. C'est sur ce modèle que furent fondées Lausanne*, d'autres villes suisses et d'Europe. Or il semble bien que le démon, possédé par le venin de l'envie au spectacle des splendeurs inouïes de l'univers, se soit décidé à parcourir les quatre coins de la Terre pour y choisir les plus belles réalisations. Déposant ces œuvres étranges et enchantées, ces fabuleuses et merveilleuses architectures dans un sac gigantesque, il s'élança alors vers je ne sais quelle destination. À son arrivée à Paris, les cordons de son sac se dénouèrent, l'étoffe tout entière se volatilisa brusquement, les merveilles de l'univers en tombèrent, réunies dans un même espace.

En effet, le visiteur de cette Exposition reste stupéfait et bouche bée, à bon droit, devant ce vaste ensemble, sa superficie, la prolifération de ces édifices et la diversité de leurs styles. Car tous les peuples de la Terre y ont travaillé, rassemblant leurs réalisations les plus précieuses dans ces palais et pavillons, dont la beauté éclate à tous les yeux, éblouissante. Les peuples rivalisent à qui fera la meilleure montre de ses capacités et de sa grandeur, dans cette guerre qui bat son plein – guerre pacifique au demeurant puisque c'est celle du Progrès.

On croirait que les fantômes de démons, de djinns ou d'anges bienveillants, errant à l'aventure dans cette section de Paris, ont fait jaillir, en frappant le sol de leur talon, cette cité enchantée qui subjugue l'entendement et ravit le regard. Et cependant ce sont des palais venus au jour grâce aux hommes, dont le talent en l'occurrence a surpassé les créations les plus fantasques de la gent des talismans et des nuages. Chacun d'entre eux parade dans tout son lustre et emblématise une étrangeté sans pareille, toute sienne, et qui se love aussi en son intérieur. Chaque village s'est efforcé de faire mieux que ses voisins et de remporter la victoire, ils ont donc inventé les choses les plus curieuses et les plus inimaginables dans la construction architecturale, le choix des colonnes, le modelé des statues, les décorations aux teintes radieuses et les peintures murales. Tout cela dans un souci d'harmonie parfaite avec la disposition des fleurs, des arbres et des espèces odoriférantes dans les jardins, pour le plus grand plaisir des spectateurs.

Charles Crespin, *Les Fêtes sur la Seine* ; au fond, le pont Alexandre-III et le pavillon de l'Italie. *L'Illustration*, octobre 1900.

EXPOSITION DE 1900. — LES FÊTES SUR LA SEINE

Double page suivante.
Les frères Neurdein, *Jardin du Trocadéro, vue de la Tour Eiffel* (à droite et à gauche, le pavillon de l'Algérie) ; photographie argentique, 1900. Paris, BNF.

Pages 78 et 79.
Esplanade des Invalides ; à gauche, les pavillons de la section française ; à droite, les pavillons de la section étrangère ; diapositive colorisée, 8,2 x 10 cm, 1900. Brooklyn Museum, collection Goodyear.

La Tour Eiffel

Clou de l'Exposition universelle de 1889, la Tour Eiffel, du nom de son concepteur l'ingénieur centralien et entrepreneur Gustave Eiffel (1832-1923), fut pour les organisateurs de l'Exposition de 1900 une douloureuse épine. Son immense succès constituait un défi, et sa silhouette étonnante qu'il convenait d'intégrer dans le projet une difficulté supplémentaire. Il n'est donc pas étonnant que le programme du concours d'idées de 1894 laissât aux architectes la possibilité de la supprimer ou de la modifier. Mais peu de candidats songèrent à la détruire, et les modifications proposées par les autres furent sans réelle envergure. Le caractère peu convaincant de ces propositions conduisit les organisateurs à composer avec elle; la seule obligation imposée à la Société de la Tour Eiffel fut, en décembre 1897, l'illumination électrique nocturne. Cependant, la Tour n'attira pas en 1900 autant de visiteurs qu'en 1889; si elle continuait à fasciner les étrangers comme Zaki, elle n'était plus d'avant-garde. Conscient de cette évolution inéluctable, Gustave Eiffel avait depuis longtemps multiplié les expériences d'optique, de télécommunication, de météorologie et d'aérodynamique destinées à prouver l'utilité de sa construction. Lorsque, quelques années après l'Exposition de 1900, il fut de nouveau envisagé de la détruire, ses fonctions scientifiques et le lien discret que la Tour avait tissé avec la ville la sauvèrent définitivement.

L'esplanade des Invalides

C'est en 1889 qu'une Exposition universelle empiéta pour la première fois sur l'esplanade des Invalides. Une dizaine d'années plus tard, ce lieu devient un point stratégique pour les organisateurs de l'Exposition de 1900, qui souhaitèrent relier l'esplanade aux deux principaux édifices de l'Exposition, les Petit et Grand Palais, en construisant un nouveau pont, dédié à Alexandre III. À cette occasion, la compagnie des Chemins de fer de l'Ouest, qui souhaitait depuis le début des années 1890 prolonger sa ligne des Moulineaux jusqu'aux Invalides, y érigea une nouvelle gare conçue par l'architecte de la compagnie, Just Lisch. Celui-ci imagina un bâtiment de style Louis XV, s'accordant avec l'hôtel des Invalides, et disposa les voies en sous-sol. Il contrastait avec le premier projet envisagé par la compagnie, qui se composait de deux pavillons symétriques de part et d'autre des Invalides et de dix à douze voies de chemin de fer en contrebas de l'esplanade. La mutilation de la perspective sur la façade de Bruant et l'amputation d'un des plus larges espaces verts de Paris avaient suscité une vive polémique qui aboutit à l'abandon du projet. Respectueuse des lieux, conforme à l'esprit nostalgique de l'Exposition de 1900, la gare de Just Lisch, encore présente aujourd'hui, ouvrit le 15 avril 1900, juste à temps pour l'inauguration.

EXPOSITION UNIVERSELLE. — Les artistes des théâtres orientaux se rendant au Trocadéro.

L. Sabatier, *Les Artistes des théâtres orientaux se rendant au Trocadéro.* Supplément de *L'Illustration,* 1er septembre 1900.

Jacques-Émile Blanche, *André Gide et ses amis au Café maure de l'Exposition universelle de 1900*, huile sur toile, 1,56 x 2,20 m, 1901. Rouen, musée des Beaux-Arts. Autour de Gide, vêtu d'une pèlerine noire et d'un chapeau, une cigarette à la main, on identifie de droite à gauche Eugène Rouart, fils du collectionneur Henri Rouart; Athman Ben Salah, un jeune poète tunisien en caftan rouge et turban de soie; Henri Ghéon, pseudonyme du Dr Vaugeon; assis, le poète Charles Chanvin.

Lors de ma première visite à l'Exposition, j'ai pris la direction de l'endroit où se trouvait le pavillon de l'Égypte, bien évidemment. Entré par la porte du Trocadéro, j'ai marché jusqu'au pont d'Iéna* d'où m'est apparu un panorama saisissant, qui vous transporte l'âme et dépasse les plus incroyables merveilles.

J'ai vu le Champ de Mars* ou place du dieu de la Guerre, avec en son centre la fameuse Tour Eiffel, vestige de la salle des Machines, datant de la précédente Exposition de 1889. Dominant l'Exposition ou plutôt tout l'espace de Paris, elle se voit à une distance de plusieurs heures. Habillée de neuf, repeinte d'un enduit reluisant, elle donne l'impression, même lorsqu'on l'aperçoit de loin, d'être si proche qu'on pourrait la caresser. « Mais quelle distance des Pléiades à la main qui se tend[41] ! » Plus on s'en approche, plus elle recule, et l'on se retrouve à ses pieds, infime, réduit à rien.

Derrière cette tour, le Château d'eau, avec à sa droite le palais des Industries chimiques, à sa gauche celui des Machines, et derrière, le palais de l'Électricité. Bordés à leur droite et à leur gauche de galeries où les pays d'Occident ont exposé des fourneaux, des chaudières et tout ce qui touche aux combustibles. À l'arrière-plan, la salle des Festivités et des cérémonies officielles et, le jouxtant des deux côtés, les productions agricoles et denrées alimentaires venues de l'étranger.

À la droite de la Tour, et à sa gauche, on aperçoit des édifices majestueux qui se succèdent à la file et vous transportent d'admiration.

À partir de la droite : le palais de la Femme, le pavillon de la République d'Équateur (en Amérique), le pavillon du Tyrol, le pavillon du Maroc, le palais de l'Instruction, celui des Lettres, des Sciences et des Arts, le palais du Génie civil et des moyens de transport par terre,

mer et air, que complète (mais hors l'enceinte de l'Exposition) une annexe installée à Vincennes sur une superficie de 120 ha pour l'exposition des trains, chemins de fer, tramways, bicyclettes ordinaires et motocycles, moteurs, machines agricoles, équipements sportifs divers.

À sa gauche : le palais de la Maternité (englobant toutes les activités propres aux mères), le pavillon du Royaume de Siam, celui des Cycles et Motocyclettes, le palais du Club* alpin, le palais de la Mode, le pavillon de la République de San Marin, le palais de la Métallurgie, le palais de la Filature, des Étoffes et du Costume.

Cela à côté d'un grand nombre de salles de spectacle exotique et de théâtre impossibles à énumérer comme : Venise à Paris, le palais de l'Optique, le Maréorama, le Tour du Monde, le Chalet suisse, le musée des Illuminations et ainsi de suite.

C'est de ce côté-là qu'on aperçoit le Globe céleste, situé à l'extérieur de l'Exposition, et qui s'est rendu célèbre par l'effondrement de sa funeste passerelle. Et à l'horizon, elle aussi en dehors du périmètre de l'Exposition, cette immense balançoire qu'on nomme la Grande Roue de Paris. Puis un village transporté de Suisse.

Après avoir laissé mon regard jouir du spectacle et méditer longuement, je me suis retourné. La vue qui s'offrait à moi n'était pas moins éblouissante, mais différait de la précédente par les formes et les styles : le palais du Trocadéro dans toute sa gloire, entouré sur sa droite et sa gauche d'une suite d'édifices totalement hétéroclites par leur forme et leur disposition, car la plupart d'entre eux ont été érigés par des pays très variés, quelques-uns tout récemment entrés dans la sphère des pays modernes et civilisés. Dans cette partie de l'Exposition, il est certains spectacles qui réconfortent l'esprit. Il en

Page 82.
Vue de la Tour Eiffel et du Grand Globe céleste, lithographie, 26,5 x 20 cm. Brown University Library.

Page 83.
Le Champ de Mars et le palais de l'Électricité, diapositive colorisée, 8,2 x 10 cm, 1900. Brooklyn Museum, collection Goodyear.

Le Grand Globe céleste

Le Grand Globe céleste, de l'architecte Albert Galeron (1847-1901), fut l'une des attractions les plus populaires de l'Exposition.

Le pavillon, qui se composait d'une immense sphère de 45 m de diamètre matérialisant le ciel, symbolisait le progrès scientifique. Cette réalisation fut précédée de plusieurs années de réflexion marquée par le projet concurrent du géographe Élisée Reclus, qui proposa dès 1895 un immense globe terrestre de 160 m de diamètre. Après qu'Alfred Picard eut tenté de faire fusionner la dimension terrestre et la dimension céleste dans un seul pavillon, seule l'idée du globe céleste de Galeron fut retenue. Sa taille était plus réaliste, et son contenu, avec les signes du zodiaque, la présence de mouvements animés et d'illuminations, était plus poétique et moins didactique que le projet de Reclus. Le globe étant placé hors de l'enceinte officielle de l'Exposition universelle, il fut construit une passerelle en béton armé au-dessus de l'avenue de Suffren, qui permettait aux visiteurs de l'Exposition d'y accéder directement. Ainsi que le raconte Zaki, elle s'effondra le 29 avril.

Cet accident mit en évidence la nécessité de préciser les règles de calculs de ce nouveau matériau et suscita l'établissement d'une commission ministérielle chargée d'établir le mode d'emploi du béton armé et dont le travail fut fondateur pour le développement futur des techniques constructives.

82

Le Champ de Mars

L'histoire du Champ de Mars, espace vert aménagé au XVIIIe siècle pour les exercices devant se tenir face à l'École militaire, fut complètement bouleversée par les Expositions universelles. Dès 1867, la nécessité de donner plus d'ampleur aux Expositions incita le gouvernement à investir temporairement cet espace ; en 1878, le palais du Trocadéro, construit en fonction de la perspective donnant sur l'École militaire, accentua la monumentalité des lieux. Le Champ de Mars accueillit les constructions métalliques les plus emblématiques de l'Exposition de 1889 : outre la fameuse Tour Eiffel, s'y déployaient la galerie des Machines de Ferdinand Dutert ainsi que les palais des Beaux-Arts et des Arts libéraux de Jean Camille Formigé. Comme cet espace continuait à appartenir à l'État et que son usage restait revendiqué par l'armée, la décision de conserver certains des édifices de l'Exposition de 1889 conduisit à la cession des terrains à la Ville en 1890. Après l'Exposition universelle de 1900 pendant laquelle le Champ de Mars reçut encore d'importants pavillons (Mécanique, Génie, Électricité…), les autorités municipales, désormais libres, décidèrent d'aménager les lieux. À une époque où la sauvegarde du patrimoine prenait une dimension urbaine de plus en plus importante, elle choisit d'y faire d'importants travaux de voirie, d'aliéner les terrains en bordure pour ériger des constructions de luxe et de détruire la galerie des Machines afin de dégager la perspective sur l'École militaire.

Le Trocadéro et les pavillons des colonies françaises, photographies argentiques. *Paris 1900, Exposition universelle*, Paris, E. Le Deley, 1900.
De gauche à droite et de haut en bas : Tunisie, Nouvelle-Calédonie, Tunisie, Martinique et Guadeloupe, Tunisie, Dahomey, Sénégal, Guyane française, Côte-d'Ivoire.

est qui témoignent des prémices d'un renoncement à l'état primitif. Et d'autres encore qui démontrent la persistance d'un mode de vie fruste et naïf, car cette zone est réservée aux colonies françaises et à quelques pays étrangers secondaires.

La section à gauche comprend les colonies françaises comme l'Algérie, la Tunisie, le Soudan français, le Congo, le Sénégal, le Dahomey, la Côte-d'Ivoire, l'Indochine, etc. On y trouve des attractions, des jeux, des théâtres et des spectacles variés comme l'Andalousie au temps des Maures, le théâtre du Cambodge et le Diorama.

Quant à la section de droite, elle englobe les productions exposées par les colonies appartenant aux autres pays d'Europe : productions anglaises, hollandaises, russes, portugaises, etc. On y trouve aussi, face aux colonies anglaises et au palais de la Chine, le pavillon du Transvaal.

Et pour finir en beauté, se présente à vos yeux la plus belle perle dont s'orne cet espace, véritable Mecque des visiteurs.

— Vous devinez de quelle perle rare je veux parler ?

— Du pavillon de l'Égypte, sans doute, car c'est le seul à mériter cette métaphore.

— Rien de plus juste, ni de mieux vu en effet !

À vrai dire, je suis resté près d'une heure sur le pont d'Iéna, à contempler le paysage devant moi, puis à me retourner, laissant mes regards errer de droite à gauche, puis inversement, avec un

ravissement renouvelé. Je suis resté ainsi en extase, muet, bougeant à peine, très doucement, pour effectuer quelques rotations sur place, puis fatigué à la longue, je ne savais à qui donner le prix de la beauté ou le diadème de la gloire. Et incapable de désigner le vainqueur de la course, je m'en suis remis à cet avis : « C'est à Dieu, l'Unique, le Victorieux, qu'il convient de juger[42]. »

Le 25e jour : mardi 22 mai

Désireux de contempler l'Exposition mais d'un autre point de vue, je suis entré par la porte des Champs-Élysées, et un nouveau panorama extraordinaire s'est offert, qui vous force un écrivain à avouer son impuissance. C'est pourquoi je renonce de mon plein gré à poursuivre, mais ne voulant pas priver les lecteurs de ce qui m'a tant ébloui, je leur présenterai dans cette lettre un tableau qui, dans la mesure du possible, leur permettra d'imaginer ce que mes yeux ont pu voir, mais qu'aucune description, à vrai dire, ne saurait rendre.

Je me suis promené jusqu'au pont Alexandre-III, véritable miracle d'architecture, et suis resté à admirer ses étranges merveilles, ses pylônes élancés, les statues et les reliefs dont il est orné. Ce qui me stupéfiait au plus haut point, c'était son arche unique qui témoigne du génie de son constructeur et de son habileté pleine d'audace. Debout au milieu du pont et me dirigeant vers l'ouest, je contemplais sur les deux rives du fleuve d'innombrables et incroyables merveilles.

Le Trocadéro et les pavillons des colonies françaises, photographies argentiques. *Paris 1900, Exposition universelle*, Paris, E. Le Deley, 1900. Première ligne : Indochine ; deuxième ligne : Musique malgache, ministère des Colonies, Indochine ; troisième ligne : Indes françaises, Indochine (le Village du thé), Indochine.

Le pavillon du Maroc (architecte:
Henri Saladin). Supplément
illustré du *Petit Journal*,
23 septembre 1900.

Lucien Petit, *Pavillon de la
Tunisie*, photographie sur verre,
6,5 x 9 cm, 1900. Paris, ministère
de la Culture, Médiathèque de
l'architecture et du patrimoine.

À gauche: les palais des Nations étrangères. D'un aspect grandiose, dressant haut leur cime, ils semblent jouxter le ciel. On désigne cette section d'un nom parfaitement adéquat: la Rue des Nations, où se succèdent des palais fascinants qui découragent la description. Cette section a une entrée incomparable, ou plutôt elle est elle-même un éblouissant joyau, au milieu de cette Exposition qui n'est que beauté. En effet, cette rue se distingue par l'étrangeté de ses édifices aux formes très variées, caractéristiques de chacune de ces nations parvenues au plus haut rang en matière de civilisation. Voici l'ordre selon lequel elles se suivent: l'Italie, la Sublime Porte, les États-Unis d'Amérique, l'Autriche, la Bosnie-Herzégovine, la Hongrie, la Grande-Bretagne, la Belgique, la Norvège, l'Allemagne, l'Espagne, Monaco, la Suède, la Grèce, la Serbie.

Derrière ces palais, une autre rangée d'édifices construits par d'autres nations: le Danemark, le Portugal, le Pérou, l'Iran, le Luxembourg, la Finlande (en Russie), la Bulgarie, la Roumanie.

À droite: les expositions florales et horticoles qui s'étendent devant le pont et au-delà, autrement dit sur les deux rives de la Seine, de la Porte monumentale jusqu'à l'extrémité de la porte des Nations, puis l'exposition de la Ville de Paris, la rue de la Gaîté, avec ses diverses salles de spectacle (tels la maison du Chant, le restaurant autrichien et tchèque, la maison du Rire, les Images vivantes, le Chat noir, la Roulotte et autres attractions parisiennes), et tout au bout le palais de l'Économie et des Congrès internationaux. Curieux mélange entre sérieux et divertissement, comme vous l'aurez constaté.

En arrêt au milieu du pont, je regardais en direction du sud et vis l'esplanade des Invalides*, où s'enchaînaient d'élégants bâtiments, à gauche rattachés à la France, à droite aux autres pays, et réservés à toutes les productions relatives au mobilier, à tout ce qui touche à l'architecture intérieure et extérieure ainsi qu'à l'orfèvrerie et à la joaillerie. Les pays qui exposent dans cette section sont le Japon, l'Autriche, la Hongrie, le Danemark, l'Italie, la Grande-Bretagne, les États-Unis, l'Allemagne, la Russie, la Belgique.

À l'arrière-fond de cette vue: le dôme grandiose des Invalides domine cette section de toute la magnificence de son architecture. Voici une photographie qui reproduit ce panorama autant que faire se peut. Mais qu'il y a loin de la réalité à la reproduction!

Le pavillon du Danemark.
Supplément illustré
du *Petit Journal*, 19 août 1900.

Le pavillon de la Finlande
(architectes : Eliel Saarinen
et Herman Gesellius),
photographie argentique,
15 x 20 cm, 1900.
Bibliothèque de l'INHA,
collections Jacques-Doucet.

Le 26e jour : mercredi 23 mai

Je suis ravi de constater que mon lecteur est maintenant à peu près au fait de l'Exposition et que je suis parvenu, autant que possible, à lui en offrir une vue d'ensemble. Sinon, j'aurai au moins cette excuse de m'y être appliqué sans répit.

À présent, je le prie de m'emboîter le pas pour pénétrer par le grand portique, non en pliant le genou (ce qu'à Dieu ne plaise !), mais plein d'admiration béate, le cœur perdu dans la méditation et la contemplation, l'esprit tout occupé à scruter avec attention.

La Porte monumentale

D'un faste exceptionnel, elle est composée de trois arches qui semblent atteindre le cœur du ciel, l'une donnant sur la place de la Concorde, les deux autres sur l'espace de l'Exposition. D'une largeur de 20 m chacune, elles sont réunies à une coupole sans pareille, s'élevant à 36 m du sol et d'une hauteur, à elle seule, de 9 m. Cette porte admirable ressemble par sa forme à ce qu'on connaît sous le nom de *qamareya* (voûte en croissant) dans les jardins d'Égypte (*mutatis mutandis*, bien évidemment !).

Cette coupole correspond à une surface de 500 m² au sol, ce qui permet à 2 000 personnes d'y tenir à l'aise et sans encombre. Elle est surmontée d'une grande statue de 6 m représentant une belle jeune femme, symbole de la Ville de Paris, conviant par ces mots le monde entier à affluer vers elle :

> *Hâtez-vous, ô visiteurs de toutes nations !*
> *Accourez, accourez tous à l'Exposition,*
> *Fontaine limpide où tous les peuples se pressent !*

À ses pieds, l'emblème de Paris – un navire dont « la proue fend les flots » et que les vagues ne font pas chavirer, avec cette devise gravée : *Fluctuat nec mergitur* (« Elle vogue mais ne sombre pas »). Cette porte, ainsi que ses annexes et entrées, occupe une surface totale de 2 340 m². Construite selon un système original, tout nouveau, elle est décorée dans un style si plein de charme qu'elle n'est plus que beauté et splendeur éblouissante. À la contempler, on se croirait

Paul Moreau-Vauthier, sculpture sommitale de la Porte monumentale dite *La Parisienne*. *L'Illustration*, 14 avril 1900.

devant un de ces ouvrages de dentelle que les jeunes vierges s'ingénient à façonner et dont le beau sexe se pare pour voir redoubler sa beauté. Le jour, cette porte s'orne d'incrustations riantes aux nuances variées où alternent le bleu azur, le vert tendre et le scintillement des joyaux. La nuit, les lampes électriques multicolores qui la recouvrent rehaussent à tel point sa rutilance altière qu'elles en éclipsent les astres de la voûte céleste. Devant la porte, deux colonnes semblables à des minarets, s'élançant jusqu'aux plus hautes couches de l'atmosphère, atteignent au comble du raffinement. À la tombée du jour, elles apparaissent comme deux tours couronnées de feu, mais d'un feu plein de fraîcheur et de paix, puisque produit par l'électricité.

Leurs lampes, de différentes grosseurs et couleurs, sont au nombre de 3 116 sans compter les 12 qui illuminent la coupole ni les 16 fanaux flamboyants qui irradient haut dans le ciel.

À droite et à gauche de l'entrée, deux frises de bas-reliefs représentent des ouvriers de divers métiers qui ont apporté leur contribution empressée à l'Exposition universelle. Le fini de ces figures est d'une telle perfection qu'on croirait les voir converser et s'activer. Une autre frise, en dessous de la première, nous montre diverses espèces de fauves des terres sauvages et désertiques.

En déambulant sous la coupole, le visiteur aperçoit deux énormes statues représentant l'Électricité, l'une comme source de lumière, l'autre comme puissance motrice capable de tirer et de soulever de lourdes charges. Elles ont l'aspect de deux femmes massives, dressées dans une niche et munies de tous les instruments employés par l'homme pour produire cette force étonnante et la faire servir à des usages bénéfiques ou maléfiques. Et devant lui, il peut voir la grande porte d'honneur couverte d'emblèmes et de décorations correspondant aux insignes honorifiques et autres distinctions prestigieuses de ce pays. À sa base sont gravés les noms de plusieurs hommes de génie. Plus loin, à droite et à gauche, sont aménagés deux portiques à l'intention des visiteurs qui affluent vers l'Exposition de ce côté, tout exprès pour admirer la superbe porte que je vous ai décrite selon la libéralité de ma plume.

Aussitôt franchie cette première arche, le public accède à l'enceinte de l'Exposition par 38 issues réparties tout alentour (mises ensemble, elles dessineraient un demi-cercle) et par lesquelles peuvent entrer en une heure 60 000 personnes. Au-dessus de ces issues, à l'intérieur comme à l'extérieur, sont inscrits les noms des plus grandes villes de France avec leur emblème spécifique.

Ce qui frappe d'emblée le visiteur, c'est l'aspect chatoyant des jardins et de la nature, laquelle semble avoir revêtu ses plus beaux atours comme pour rivaliser en cette Exposition avec les ouvrages des hommes. Circulant à travers ces riants espaces, il se sent tout heureux parmi ces variétés florissantes qui ravissent le regard et l'esprit. À croire que cette nation a voulu réjouir le cœur de ses hôtes, leur adresser la bienvenue, à travers ces fleurs épanouies, ces bosquets disséminés au milieu de cette verdure somptueuse, nous amenant à excuser la prolixité des poètes et des oiseaux chanteurs qui ne cessent d'exalter au printemps la beauté exquise et la coquetterie naturelle de cette saison.

Comment en serait-il autrement alors qu'on voit plantes vertes et ornementales arborant leurs plus vives couleurs, chanter la gloire du plus admirable des peintres et entonner d'une seule voix : « Béni soit Dieu, le Créateur suprême[43] ! »

J'ai vu des bosquets en fleurs dont le feuillage a le chatoiement du velours : leur diaprure, leur bigarrure en font une merveille d'harmonie, d'une finesse telle que je les crus tissés de soie et de damas. Les effleurant de mes doigts d'Égyptien, je sentais croître ma stupeur et mon enchantement.

Quant aux plantes dont on décore l'intérieur des appartements – palmiers nains, plantes pendantes, grimpantes, arborescentes, rampantes, tapissantes, à fibre ou à épines – en forme de cône, de pyramide, de carré, de cube et autres figures, le propos en serait intarissable. Provenant de contrées les plus diverses, elles portent leur nom étiqueté. Mais qui peut avoir connaissance de l'ensemble et traduire tous ces noms dans notre langue arabe à la fois si vaste et si étroite ?

La Porte monumentale, à l'entrée du Cours la Reine (architecte : René Binet), photographie argentique, 1900. *Paris 1900, Exposition universelle*, Paris, E. Le Deley, 1900.

Et où est l'Européen, promu au premier rang parmi ses pairs diplômés des meilleures universités, assez savant pour nous expliquer leur sens. Autant demander le phénix !

Qu'il vous suffise de savoir que la Ville de Paris a déboursé pour ces espaces luxuriants près de 600 000 francs, soit plus de 23 000 livres égyptiennes, et cela sans compter les nombreux exposants qui y ont des kiosques et des pavillons où l'on peut voir de quoi vous réjouir les yeux et le cœur (et vous ouvrir l'appétit à tout moment).

Entre ces bosquets, des fontaines[44] et de nombreux bassins absolument superbes lancent des jets d'eau qui retombent en coulées d'argent sur la surface du marbre, redoublant ainsi la fraîcheur de la brise, le contentement de l'âme, le réconfort du cœur.

> *Sur les bassins, court mollement un doux zéphyr.*
> *Dans ses atours charmeurs, l'eau jaillit à loisir*
> *En faisceaux réguliers, ou en lignes brisées[45]…*

Et tandis que, insouciant, le visiteur se délasse à contempler le spectacle d'une nature somptueuse, des produits de l'industrie humaine viennent à tout moment le surprendre, le forçant à y jeter un regard, suivi d'un second. En effet le long de son parcours, il ne cesse d'apercevoir au milieu des jardins des sculptures d'une rare beauté qui l'arrêtent malgré lui, sollicitant son émerveillement.

Anatole Guillot,
bas-relief pour la Porte
monumentale représentant
des ouvriers (céramiste :
Émile Müller), 1900.
Ville de Breuillet.

Certaines de ces sculptures appartiennent à la France, mais la plupart viennent de pays étrangers. Le visiteur, à l'entrée, commence par rencontrer deux lions énormes qui attestent que le lion est bien le roi des fauves et le maître de la jungle. Je ne fatiguerai pas ma plume et le lecteur à décrire le reste, car il est bien trop abondant. Je demande la permission de mentionner simplement deux statues. Si on me l'accorde, tant mieux (sinon, je suis forcé de passer outre).

Ces deux statues m'ont fait comprendre comment l'art pouvait vous mettre l'image de l'horreur sous les yeux et communiquer l'épouvante à votre cœur ! La première – *La Tempête* – est celle d'une femme hideuse, maîtresse en influences désastreuses et calamiteuses, montée sur un hippopotame non moins effrayant et repoussant, son égal en frénésie et en sauvagerie, avec à ses pieds des monstres marins s'agitant et se débattant dans la plus furieuse mêlée. C'est là une des sculptures colossales (extraite d'un ensemble) que la Ville de Dresde, capitale de la Saxe, projette d'installer sur une de ses places principales, autour d'une grande fontaine. Pénétré de stupeur et d'effroi devant cette scène terrifiante, je me suis rappelé l'état déplorable de la mer, le cinquième jour de mon embarquement – le 17 avril (je vous renvoie à la description que j'en ai faite plus haut, p. 50). Le lecteur me trouve-t-il maintenant excusable d'être passé outre ? Ou du moins m'accordera-t-il, dans son jugement, des circonstances atténuantes ?

La seconde statue en bronze massif représente deux soldats armés...

– Cela vaut-il qu'on s'y attarde ?

– Absolument. Et voici pourquoi :

Vous les voyez tous les deux exténués et presque morts de soif. L'un d'eux tient sa gourde où il reste à peine une goutte d'eau à lécher et la presse de ses deux mains comme si elle renfermait sa vie, obsédé à l'idée de rendre l'âme si ce reste infime lui échappe. Cherchant à l'engloutir, il s'efforce de toute son énergie de la garder pour lui seul. Quant à son compagnon, les traits décomposés, il a perdu l'apparence humaine et semble avoir rejoint l'animalité, tandis qu'il supplie son camarade, s'acharnant à lui disputer, avec le peu de force qui lui reste, la précieuse gourde ou l'espoir de vie qu'elle contient. En vain.

Cette scène terrible vous saisit le cœur de pitié envers quiconque est réduit à cette extrémité. Dieu nous protège, cher lecteur, de cette calamité dont les tourments affreux ne sont connus que

des bédouins et de ceux qui errent dans les déserts arides. Dieu ait leur âme et leur apporte toujours pluies abondantes et renouvelées. Amen.

À ce spectacle, je me sentis tout ému, bouleversé, l'estomac retourné, la langue et le gosier desséchés et me crus transformé – à Dieu ne plaise ! – en al-Jahiz[46] lui-même, non pour son talent, mais pour la saillie excessive de ses yeux exorbités. Je m'imaginais métamorphosé en ce que j'avais vu, d'où un sentiment brûlant de soif qui me fit courir éperdu, de droite et de gauche. Fort heureusement, j'aperçus un café non loin vers lequel je me précipitai comme un furieux pour y étancher ma soif, et c'est alors que je louai Dieu l'Unique, le Vivant qui a fait de l'eau le principe de toute vie.

Du 24 mai au 15 juin 1900

J'ai trouvé qu'il était de mon devoir de ne parler des pavillons étrangers qu'après en avoir fini avec un sujet qui me touche ainsi que mes compatriotes, à savoir l'achèvement et l'inauguration du pavillon de l'Égypte. C'est par lui, comme il convient, que j'inaugurerai mes lettres sur l'Exposition. Tant mieux si le lecteur en est content, ou sinon que le bon goût et les règles du savoir-vivre nous départagent. Pourvu qu'ils ne ratent rien, mon espoir est que la suite soit couronnée de succès.

J'avais pour premier but, en venant à Paris, de soigner mon oreille gauche atteinte de surdité et affectée d'un bourdonnement ou tintement continuel, et cela après avoir fatigué – et avoir été fatigué par – tous les médecins d'Égypte. Certains m'ayant conseillé de ne consulter qu'un spécialiste en la matière, je m'étais rendu chez trois experts qui avaient consacré leur étude au traitement de ce mal, s'y étaient fait une réputation et dont les avis, bon gré, mal gré, étaient universellement écoutés. Au terme de l'expérience, j'ai constaté que je n'avais d'issue que de remercier Dieu pour nos heurs et malheurs, de lui demander non de me délivrer de mes maux mais de les alléger. En effet, les médecins parisiens (je ne dis pas tous) ne se distinguent en rien de leurs homologues chez nous, sinon par bien plus d'embarras pour vous accorder un rendez-vous, une affectation outrée lors de la consultation tant attendue, et le rôle de flagorneur auquel ils vous réduisent pour les approcher. Que Dieu donc protège la profession et que j'ai de regrets de n'être pas médecin !

Le lendemain coïncidant avec l'inauguration du pavillon de l'Égypte, j'ai décidé de consacrer le reste de mes vacances à la visite détaillée de l'Exposition, car les travaux y sont enfin terminés.

Paul Jouve, bas-relief pour
la Porte monumentale
représentant un mouflon
(céramiste : Alexandre Bigot), grès
émaillé, 49 x 78 x 10 cm, 1900.
Paris, musée d'Orsay.

Le 27e jour : samedi 16 juin

Dans la matinée, des groupes compacts se sont formés dans le pavillon de l'Égypte, du côté du Trocadéro, pour assister à son inauguration en présence de son Excellence le prince Muhammad Ali Pacha, le frère du Maître des bienfaits, notre auguste khédive[47]. Des invités de marque, français et étrangers, affluaient vers le lieu de la cérémonie, tout comme la plupart des Égyptiens résidant actuellement à Paris et qui, répondant avec empressement à l'invitation qu'on leur avait adressée, tenaient à donner à cette manifestation tout l'éclat et la splendeur qui lui revenaient.

À onze heures précises, des cris de joie s'élevèrent, tambours et trompettes firent retentir l'hymne khédivial, pour marquer l'arrivée de son Excellence le Prince et de son cortège. L'assistance, pleine de déférence pour l'hôte illustre, se rangea en ordre. À sa descente près de la porte d'Iéna, s'avancèrent pour l'accueillir les directeurs de la compagnie du pavillon de l'Égypte, le *khawaga* Philippe Fadl Allah Boulad[48] et Mustafa bey al-Dib ainsi que le *khawaga* Dimitri Habib Boulad. L'entourant de leurs prévenances, ils arrivèrent bientôt ensemble au parvis du temple égyptien. Les personnalités égyptiennes et françaises les plus marquantes s'approchèrent pour le saluer, puis le suivirent, le maintien calme et grave. Le portique du temple s'ouvrit alors ; le prince pénétra à l'intérieur et s'immobilisa auprès d'une statue de marbre poli représentant notre khédive bien-aimé, Abbas II. Un nombre important d'invités prestigieux lui emboîtèrent le pas, comme M. Ernest Carnot, le vice-directeur de l'Exposition, des représentants de l'Angleterre, de l'Amérique, du Portugal, la famille Lesseps au complet, le prince Wizinoska et la princesse son épouse[49], le prince Hadir, le consul général de la Sublime Porte, Boghos pacha Nubar, Muhammad bey Urif, Ahmad bey Khayri, Muhsin bey Rasim, Mahmud bey Sadiq, Boutros bey Machaqa, Ezz el-din bey Chérif, Muhammad bey Farid et Hasan bey Refqi, le *khawaga* Gorgi el-Khayyat et Ismaïl bey Asim, l'avocat, le docteur el-Kahhal, Amin effendi Abu Zayd, M. Barbier de Meynard, un des plus grands savants français et le directeur de

l'École des langues orientales, ainsi que Houdas, un de ses plus grands professeurs, sans compter tous les journalistes, un groupe important d'officiels américains et tous nos compatriotes, notamment les étudiants présents actuellement dans la capitale.

Devant cette foule imposante, dans ce temple admirable, son Excellence déclara le pavillon ouvert au public dès ce jour. Tout le monde resta un instant à contempler les miracles d'architecture et de peinture de l'Égypte ancienne, puis on suivit le prince dans une autre salle : celle de l'okel[50] dont le sol était recouvert de grands et précieux tapis. C'est là qu'on devait installer le « cinématographe » (autrement dit, l'appareil à photographie mobile), où l'on voit représentés les portraits d'Égyptiens contemporains et des scènes de leur vie sur les bords du Nil.

Passant ensuite de la cour de ce magnifique okel à l'étage supérieur, on admira, stupéfait, les chefs-d'œuvre de l'art arabe, en architecture, bas-reliefs et ciselures : des exemplaires en avaient été rassemblés dans une salle élégante, réplique de la fameuse chancellerie française du Caire[51]. Après quoi on descendit vers le théâtre égyptien, une sorte de temple dans le plus beau style pharaonique, légué par les glorieux vestiges du passé. Aussitôt le rideau se lève pour découvrir une centaine d'acteurs et d'actrices venus d'Égypte, d'Abyssinie, du Soudan, de Syrie. L'orchestre joua les hymnes khédivial et français dans une harmonie parfaite de tous les instruments. Trois actes d'une pièce au sujet épique furent représentés, qui mettaient en scène Antar[52], le héros de l'ère préislamique. Le spectacle s'étant achevé au mieux, le prince prit congé, entouré d'une ferveur et d'un respect unanimes. Les étrangers étaient généralement heureux de ce qu'ils avaient vu. Quant aux journaux, ils ont tous consacré de copieux commentaires à cette solennité et rédigé des éloges dithyrambiques sur le pavillon et ses organisateurs.

Les frères Neurdein, *La Porte monumentale vue de la Seine*, photographie argentique, 1900. Paris, BNF.

Double page suivante.
René Binet, *La Porte monumentale*, aquarelle, 1897. Paris, BNF.

La porte d'entrée, ou Porte monumentale

Pour répondre au concours du palais des Beaux-Arts de l'Exposition de 1900, l'architecte Henri Deglane avait sollicité l'aide d'un jeune architecte talentueux, René Binet (1866-1911). Refusant de se voir cantonner à seconder Deglane, que le jury obligea à collaborer avec les autres architectes primés, il obtint en compensation une commande personnelle prestigieuse : la porte d'entrée, située au début du Cours la Reine. L'architecture féerique du bâtiment, avec ses deux minarets, son immense coupole et les couleurs flamboyantes de ses cabochons de verre éclairés la nuit, portait la marque des voyages de formation que le jeune architecte venait de réaliser, en Italie mais aussi en Espagne, en Tunisie et en Algérie. Célébration de la diversité des cultures, la porte était aussi un hommage au monde vivant, de l'infiniment petit jusqu'à l'être humain. La structure de la porte et son décor s'inspiraient des dessins du zoologiste allemand Ernst Haeckel fasciné par les minuscules organismes sous-marins, tandis qu'à l'intérieur les panneaux de Paul Jouve célébraient le monde animal et que l'émouvante frise d'Anatole Guillot située au-dessus glorifiait le travail de l'homme.
Au sommet, la surprenante *Parisienne* du sculpteur Paul Moreau-Vauthier complétait cet ensemble.

Ici je me dois d'émettre quelques critiques à l'adresse de la direction de l'Exposition car jusqu'à présent tout n'est pas encore rentré dans l'ordre. Ainsi, on nous annonce une ou deux fois par semaine des illuminations nocturnes et, à l'heure indiquée, les lumières ne sont pas au rendez-vous, que les fils aient été coupés, qu'ils soient impropres à transmettre le courant, ou qu'ils ne soient pas reliés au bon endroit, que les ingénieurs en aient oublié l'emplacement ou autres erreurs du même goût. Autre observation : les appareils sont insuffisants par rapport aux besoins de l'Exposition, compte tenu de son étendue et des difficultés qui se renouvellent au fur et à mesure. Après bien des palabres, ils sont enfin arrivés à assurer la semaine dernière un éclairage suffisant partout. Mais ce matin, la nouvelle nous est parvenue d'une coupure de l'électricité dans plusieurs sections, dont celle du pavillon de l'Égypte. D'où l'impossibilité de faire fonctionner le cinématographe devant l'assistance, ce qui est fort regrettable car ces images sont étonnantes, qu'il s'agisse notamment de celles qui retracent les célébrations en l'honneur du *mahmal*[53] et de son cortège telles qu'elles se déroulent au Caire, ou de la prière du dernier vendredi de Ramadan à la mosquée Amr ibn al-As[54] dans le vieux Caire, ou de la venue du souverain bien-aimé pour assister à cette prière avec son impressionnant cortège. La panne a également empêché la visite des tombes pharaoniques, les couloirs souterrains étant plongés dans une obscurité totale. Pour moi qui les avais déjà vues, j'avais noté qu'elles reproduisaient très exactement les tombeaux creusés dans la montagne ou ensevelis dans les profondeurs des sables, avec leurs momies entourées de bandelettes et couvertes d'amulettes comme on les voit en Haute-Égypte.

Je passe maintenant à la description du pavillon de l'Égypte afin de le placer sous les yeux du lecteur. Il se compose de trois parties :
– Le temple égyptien
– L'okel
– Le théâtre

Le temple est situé à l'angle de l'avenue d'Iéna et de la rue Magdebourg. D'une superficie de 500 m², on y accède par un vaste escalier qui vous conduit jusqu'à sa porte somptueuse, encadrée de très hautes colonnes, d'une grande beauté.

Sa façade principale, au nord (donnant sur l'avenue d'Iéna), est bâtie sur le modèle du temple le mieux conservé de l'époque ptolémaïque, celui de Dendérah en Nubie, épargné par les ravages du temps, les outrages des hommes et son isolement à mille lieues des voyageurs.

Sa façade orientale surplombe la rue de Magdebourg. On y trouve la statue de Séthi Ier copiée d'après celle du temple d'Abydos, des bas-reliefs imitant ceux des temples de Gournah, Abu Simbel, de Karnak, et des peintures copiées sur celles de la tombe de Ramsès III et des tombes de Saqqarah, représentant des bergers de ces époques reculées avec leurs bestiaux et des marins sur leurs embarcations. Sans compter une copie des statues d'Abu Simbel et autres sites.

Quant à la façade arrière ou méridionale, qui côtoie le pavillon du Japon et donne sur la Seine, elle a pour modèle le palais d'Ouns al-Wojoud (ou temple de Bilaq)[55] près de la cataracte d'Assouan. Sa colonnade est la réplique exacte de ce sommet d'élégance et de perfection qu'on peut admirer dans ce temple célèbre, objet d'émerveillement pour les siècles à venir.

Quant à la quatrième façade, elle relie le temple à l'okel. Le premier est décoré à l'intérieur d'une colonnade superbe entourant une cour où sont exposés des échantillons symboliques de quelques rares productions égyptiennes : le coton (à l'état de plants, de graines et après égrenage), du blé en épis, des parfums, des tapis et des armes.

Ce qui est tout à fait désolant, c'est que rien de cela ne représente la situation de l'Égypte, ni le degré de progrès qu'elle connaît actuellement, rien ne renseigne le visiteur sur le dynamisme du commerce, de l'industrie, des sciences et des lettres. C'est pourquoi ce qui est exposé là mérite à peine d'être mentionné.

Le pavillon de l'Égypte au Trocadéro (architecte : Marcel Dourgnon). *L'Exposition de Paris (1900) avec la collaboration d'écrivains spéciaux et des meilleurs artistes*, p. 8. Paris, Imprimerie générale Lahure, 1900.

Au-dessous du temple : des tombeaux comme ceux que les Égyptiens creusaient au cœur des montagnes pour y préserver leur corps de l'anéantissement. On y trouve plusieurs momies authentiques découvertes lors des fouilles menées dans la vallée du Nil.

L'okel

L'okel, lui, a deux façades : l'une, septentrionale, sur l'avenue de Magdebourg, l'autre, méridionale, côtoyant la Seine. D'une superficie d'environ 1 200 m², il est construit dans le plus beau style arabe et représente avec authenticité la vie quotidienne dans l'Égypte de nos jours.

Il est relié au temple par un *sabil*[56] admirable qui ressemble à celui édifié par l'émir Abd al-Rahman katkhuda[57] et qu'on peut voir encore rue de la Dinanderie, dans le quartier d'el-Gamaleyya. Son portail imite celui, magnifique, du caravansérail des artisans du cuivre (actuellement okel du coton, à Khan el-Khalili)[58], devant lequel défile une multitude d'Égyptiens, sans prêter attention à son exceptionnelle beauté. Je prie donc le lecteur de s'y rendre, car devant ce chef-d'œuvre, il partagera mon enthousiasme, me remerciera de mon conseil et remerciera sans doute aussi la compagnie de l'Exposition pour la sûreté de son goût et de ses choix.

Au-dessus de la porte, une magnifique coupole comme celle que les mamelouks s'enorgueillissaient de construire, dans le style le plus raffiné, au sommet de leurs mosquées et de leurs mausolées. Elle ressemble beaucoup à la coupole de la mosquée de Qaytbay[59] dans la nécropole, mais l'original est plus beau.

À droite et à gauche, deux autres portes qui sont des répliques d'entrées devant lesquelles le lecteur a pu passer sans les remarquer : l'une à Ghoureyya, l'autre à la rue al-Azhar. Si la curiosité le pousse à en savoir davantage, qu'il se rende sur place pour contempler ce chef-d'œuvre d'architecture.

Dès qu'on pénètre dans l'okel, on a l'impression d'avoir l'Égypte devant les yeux et d'être transporté sur les rives du Nil : les costumes, les voix, la physionomie, les gestes, tout nous porte à croire qu'un coin de la patrie bien-aimée a été déplacé comme par magie en ces lieux pour y devenir le havre de paix des visiteurs. Dans les couloirs de l'okel et sa cour, une diversité de petites et grandes échoppes bourrées de marchandises.

Si l'on revient vers la porte, on aperçoit un homme habillé en cheikh, appuyé contre l'embrasure comme l'incarnation de la paresse, portant tunique et caftan, et sur la tête un turban avec lequel il n'a fait connaissance que ces jours-ci[60]. Se faisant appeler cheikh Tawfiq, il embobine les étrangers en se proclamant d'al-Azhar et, en souvenir du pavillon de l'Égypte, leur calligraphie leur nom en langue arabe. Et eux de se presser autour de lui : personne ne lui échappe, si bien que ses bénéfices ont atteint dans les premiers temps de 40 à 60 piastres par jour, gains sans doute promis à un accroissement en proportion de l'affluence du public dans le pavillon de l'Égypte et de son succès assuré.

Si seulement il avait une belle écriture ! Mais non, c'est tout le contraire. Et si seulement c'était un véritable Azharite, au moins ses gains eussent été honnêtes ! Mais il s'agit du *khawaga* Tawfik Chalhob, employé au consulat d'Iran à Alexandrie. Dieu le maudisse, il a amalgamé trois identités en une, car il est à la fois syrien, persan et égyptien. Et quel Égyptien ? Un cheikh improvisé. Nonobstant, il force l'admiration par sa duplicité, son opportunisme et son habileté à escroquer. Mais laissons-le à la porte pêcher les entrants et les sortants, il s'arrêtera peut-être – ou on l'arrêtera en y mettant le holà.

De la cour intérieure de l'okel, à ciel découvert, on voit au premier étage la salle des cérémonies avec des arcades similaires à celles des mosquées et des okels. On y accède par un grand escalier, et cette salle (réplique, nous l'avons dit, de la chancellerie française au Caire) donne au sein même des demeures étrangères l'image des chambres de palais arabes avec leurs ravissants moucharabiehs, leurs plafonds superbes, leurs élégantes encoignures, leurs luxueux harems, décorations dont s'embellissaient les palais de nos ancêtres et que nous avons abandonnées par pure bêtise, par

Le pavillon de l'Égypte.
Supplément illustré du
Petit Journal, 15 juillet 1900.

Double page suivante.
Le pavillon de l'Égypte,
lithographie (graveur : Georges
Garen), 1900. *L'Exposition
de Paris (1900) avec la
collaboration d'écrivains
spéciaux et des meilleurs artistes*,
p. 12. Paris, Imprimerie générale
Lahure, 1900.

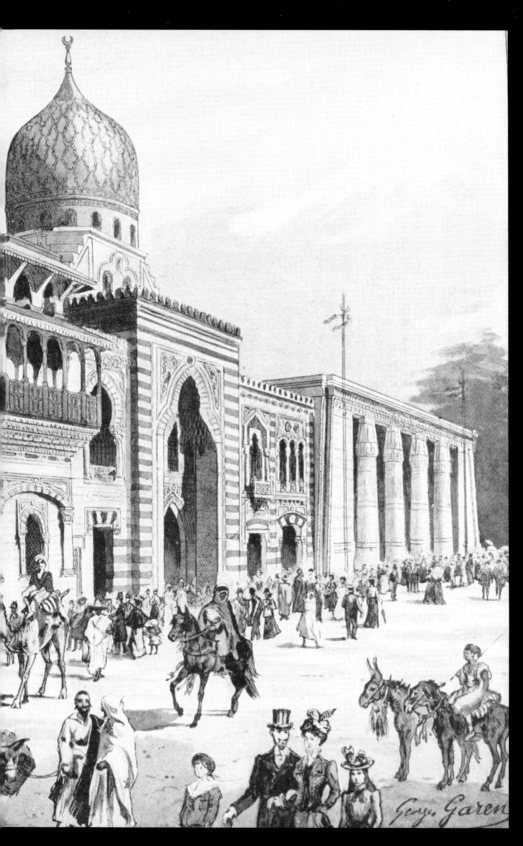

Le pavillon de l'Égypte

Le projet du khédive d'édifier un pavillon de l'Égypte pour l'Exposition universelle de 1900 suscita des tensions avec la Grande-Bretagne, jalouse de son emprise politique sur ce pays stratégique. Finalement, une société privée, dirigée par Philippe Boulad, négociant syro-libanais, fut chargée de la construction. Sous tutelle de l'Empire ottoman et dépendante de la puissance britannique, l'Égypte ne pouvait espérer un emplacement Rue des Nations, mais disposa d'un terrain conséquent dans le parc du Trocadéro, favorablement situé – sa façade principale donnait sur l'avenue d'Iéna. La conception revint à Marcel Dourgnon (1858-1911), architecte marseillais, lauréat en 1895 du concours pour le Musée égyptien du Caire. Ses séjours en 1896 et 1897 dans la capitale égyptienne lui avaient permis d'étudier l'architecture locale et de nouer les relations qui lui valurent cette commande. Collaborateur de Jean Camille Formigé sur le chantier du palais des Beaux-Arts de 1889, il avait aussi l'expérience des Expositions universelles. Le bâtiment se composait de trois ensembles habilement associés : une partie inspirée du temple ptolémaïque de Dandour (et non Denderah ainsi que l'écrit Zaki), abritant des produits agricoles et manufacturés ; une partie centrale de « style arabe », vaste marché dont le visiteur pouvait acheter les produits ; une dernière partie, comportant un théâtre et inspirée d'édifices antiques, notamment du temple de Médinet Habou. En se référant principalement aux temples mythiques de l'Antiquité égyptienne, le bâtiment se distinguait du style orientalisant des pavillons des colonies d'Afrique du Nord situés non loin.

goût de l'imitation aveugle, pour emprunter un style européen médiocre, qui apparaît chez nous sans attaches, étranger et orphelin : ni oriental ni occidental. Dans cette salle magnifique, on sent une agréable fraîcheur, née du génie architectural arabe, attentif aux conditions du climat égyptien. Elle est couverte de précieux tapis, admirablement décorée, dans des couleurs agréables, somptueusement meublée dans le style arabe, avec des lanternes en cuivre si singulièrement ciselées que votre esprit s'y perd. Que Dieu bénisse ces jours d'autrefois !

À côté, une chambre, elle aussi couverte de beaux tapis. Une jeune Arménienne d'à peine dix-sept printemps y est assise. Jolie, mais privée de ses mains et de ses avant-bras. Dieu lui a accordé en contrepartie le don de pouvoir exécuter avec ses pieds tous les travaux dévolus aux femmes : filer, tisser, s'habiller, se peigner, jouer d'un instrument de musique, etc. Cas fort étrange, à vrai dire, des anomalies de la nature.

Le théâtre

Construit à l'image d'un temple pharaonique, orné, comme c'est l'habitude, de hautes colonnes, il est constitué de pylônes énormes et sa décoration intérieure reproduit des scènes de la vie dans l'ancienne Égypte.

Sa façade septentrionale copie un des plus beaux monuments pharaoniques : le temple de Médinet Habou[61].

Sa façade occidentale attire constamment les regards : on y voit Aménophis III devant le dieu Râ (le soleil), des soldats égyptiens guerroyant contre leurs ennemis (scène empruntée au temple de Louxor) et Ramsès III dans son cortège d'apparat (comme à Médinet Habou) ainsi que des tableaux de la vie quotidienne des anciens Égyptiens dans l'intérieur de leurs demeures.

Quant à la façade méridionale, elle représente Ramsès tenant les prisonniers par le toupet et les châtiant à son retour victorieux de Syrie (d'après le temple de Karnak).

Ce théâtre s'étend sur une superficie de 1 000 m² environ, dont un quart a été réservé à la scène et le reste aux spectateurs. Une troupe très nombreuse de comédiens et de comédiennes y représente des spectacles comme l'histoire d'Antar, les démêlés de Chosroès[62] avec les Arabes, etc. en y mêlant… cette chose inévitable qu'est la… oui, la danse[63], tous les types de danses : guerrières, amoureuses, gracieuses, impudiques. Si seulement ils en avaient supprimé certains intermèdes, ceux de la danse du ventre notamment ! Mais la compagnie ne peut réaliser de bénéfices et compenser les dépenses énormes entraînées par la construction du temple et de l'okel qu'en flattant les goûts des spectateurs français, afin d'accroître en permanence l'affluence du public tout comme notre élite éclairée se presse au théâtre et à l'Opéra pour voir des danseuses françaises, et louer fauteuils et loges à des prix fort coûteux.

Mais ce qu'il faut souligner, c'est que son respectable directeur mérite louanges et remerciements pour avoir tenu compte autant que possible des règles de la bienséance orientale en séparant strictement les acteurs des actrices de telle sorte que les deux sexes ne se rencontrent que sur la scène du spectacle, ou un peu avant et après la représentation, chose indispensable et qu'on ne saurait empêcher.

Après avoir vu plusieurs autres pavillons de pays étrangers, preuve m'a été donnée qu'ils ne pouvaient rivaliser avec cette superbe architecture égyptienne. Dressée à côté d'eux, son éclat en aurait été accru et elle l'aurait emporté sur ses voisines par sa beauté et son raffinement, surtout que la plupart d'entre elles disparaissent maintenant derrière les arbres qui les environnent de tous côtés. Mais on n'obtient pas toujours ce que l'on désire. Il suffit. Salut.

L'exposition canine, vendredi 25 mai 1900

C'est aujourd'hui le dernier jour de l'exposition canine[64]. C'est pourquoi je me suis hâté d'y aller pour observer cette catégorie utile parmi les créatures de Dieu. Que le lecteur n'aille pas penser qu'on fait trop d'honneur aux chiens en leur réservant une exposition spéciale dans cette presse universelle. L'attention que leur portent les Européens va si loin que les associations fondées pour eux sont aussi nombreuses que les races canines, et l'une d'elles, plus générale, a pour but de promouvoir l'ensemble de cette espèce animale. Cette exposition décerne des prix, récompenses

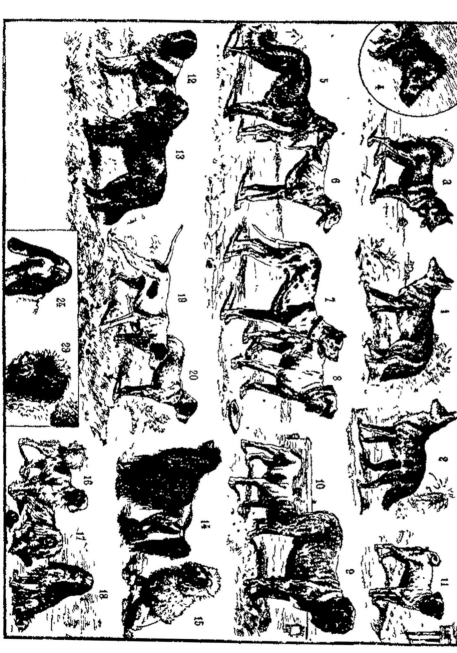

« رسوم بعض انواع الكلاب في معرضها »

L'exposition canine à l'Orangerie

Appelées à drainer un vaste public dans la capitale, les Expositions universelles suscitèrent parallèlement de nombreuses initiatives souhaitant profiter de cette dynamique. Légèrement en dehors de l'espace officiel de l'Exposition, l'exposition canine que Zaki relate avec enthousiasme se situait dans les bâtiments de l'Orangerie, conçus en 1853 par l'architecte Firmin Bourgeois pour les Tuileries. Désaffectée après l'incendie du palais en mai 1873, l'Orangerie connut sous la IIIe République des usages divers : entrepôt, manifestations sportives, dépôt de matériel, ainsi qu'espace temporaire d'exposition. L'exposition canine de 1900 s'inscrivait dans la lignée des expositions internationales canines dont la première avait eu lieu à Londres en 1864. Ces événements suscitèrent d'importantes études à finalité eugéniste sur le pedigree des animaux. Menée par Albert Geoffroy Saint-Hilaire, directeur des jardins zoologiques impériaux, cette étude des espèces soulevait la question de la pureté des races, qui intéressait Zaki. En 1900, ces réflexions, qui avaient pris de plus en plus d'importance après la défaite de 1870, exprimaient l'aspiration de l'époque à une société stable et hiérarchique, définie par des critères identitaires précis.

et médailles, dont l'une est remise par le ministre de l'Intérieur en personne au nom du gouvernement de la République et les autres par les susdites associations.

Elle est installée à l'Orangerie, à l'extérieur, et néanmoins à proximité, de l'enceinte de l'Exposition. J'y ai vu toutes sortes d'espèces différentes : chiens de garde, chiens employés dans les maisons et les fermes, chiens de chasse, chiens de compagnie et fidèles amis, chiens d'ornementation et d'agrément, et ainsi de suite à l'infini. Parmi ceux qui ont retenu mon attention : le chien berger, le lévrier, le caniche, le sloughi, le lévrier, le chien-loup, le bouledogue, le chien de boucher, tous classés selon un ordre remarquable dans un espace aménagé en vue de leur confort.

J'ai pu observer que, venus de toutes les contrées pour être réunis en ce lieu, leurs conditions étaient fort diverses. Chacun tentait d'attirer sur lui tous les regards et les cris, aboiements, jappements, hurlements, gémissements, grognements, braillements, poussés par la plupart qui composaient une cacophonie à vous écorcher les oreilles. Parmi les curiosités les plus remarquables : des chiens qu'on aurait pris pour des singes ou des chats, d'autres dont le poil ressemble à celui des rats, d'autres que rien ne différenciait vraiment d'une brebis, d'un chevreau ou d'un porc. Il y en avait des mouchetés et des tachetés, au pelage épais ou à la peau lisse, ou encore dont la gueule rappelait la face d'un hibou ou d'une hyène (grâce soit rendue au Créateur tout puissant !).

Quant à leurs postures, elles étaient étonnantes au possible : on en voyait certains, assis, l'air imposant et grave, ou allongés et plongés dans leurs méditations ; quelques-uns considéraient les hommes avec le plus grand dédain, préférant s'assoupir ; d'autres posaient, tout fiers de leurs médailles, certificats honorifiques et autres privilèges. Je pouvais déceler des indices d'intelligence dans la physionomie de la plupart de ces animaux à qui Dieu a octroyé des qualités qui, rassemblées dans un seul être humain, en aurait fait un saint homme. Et serait-on très loin de la vérité en avançant que la somme de leurs intelligences est sans doute supérieure à celle de bien des spectateurs qui les regardent ?

Je me rendis ensuite à l'endroit réservé aux chiens d'agrément, de décor et de compagnie et ne pus m'empêcher de composer ces vers :

> *En observant les chiens, tu pourras constater*
> *Que, pareils aux humains, ils sont gais ou dolents*[65].

J'en voyais en effet qui étaient appuyés contre des coussins de soie, des tapis de laine soyeuse, blottis dans leur panier tapissé d'un joli velours, protégés par des moustiquaires de tulle précieux ou de soie écrue, ou à l'abri dans des petites tentes ou des litières qui témoignent d'un soin extrême de la part de leur maître. Et ma foi, ils le méritent. Car j'en ai vu qui, pour la petitesse, la propreté, la légèreté, ont l'air de poupées avec lesquelles s'amusent les fillettes. Ils ressemblent si fort à des joujoux qu'on imagine mal qu'il puisse s'agir de créatures vivantes, n'étaient certains indices de vie, leurs mouvements et leurs voix. Je citerai, dans cette catégorie : un petit chien pas plus gros qu'un lapin et dont la propriétaire réclamait 600 francs ; et un autre, âgé de deux ans, semblable à un lionceau, le poil blanc, lauréat du premier prix et dont le propriétaire demandait 2 500 francs. Cela me conduisit à une enquête plus générale sur les prix : je découvris qu'ils oscillaient entre 150 et 6 000 à 10 000 francs. Et pourtant certains maîtres refusent de vendre leur chien, fût-ce pour le royaume de Chosroès.

Avec des sommes aussi fabuleuses, un paysan de chez nous ne mènerait-il pas une existence épanouie, rassuré sur son avenir – ou presque ? Mais les gens en Europe et en Amérique ont atteint un degré de raffinement et de luxe si prodigieux, ils sont submergés de fortunes telles (en raison de leurs efforts et de leur dynamisme) que certains ne savent même plus quoi en faire ! Dieu, donnez-moi un ou deux ou trois de ces chiens, je les vendrai et vivrai désormais libre de tout tracas !

Le plus beau spectacle aujourd'hui, c'est le concours pour dames (de France et d'ailleurs) qui couronne la propriétaire du plus beau chien d'agrément. Chacune vient se présenter devant le jury et pose son chien sur une grande table. Après un examen fouillé, les jurés décident de lui décerner une décoration, une médaille ou… rien du tout, et la propriétaire s'en va, manifestant les sentiments qui accompagnent l'échec ou la réussite. Durant cet examen, quelques membres des associations susmentionnées jouent des airs de chasse en soufflant dans des cors.

Puis je passai à l'exposition sur les sujets de chasse et de vénerie : j'y vis nombre de tableaux et de sculptures, des médailles, une variété d'objets en métal et en émail qui imitaient les bijoux précieux. Je restai à contempler longuement une peinture représentant une admirable jeune femme montée sur un troupeau de gazelles et suivie de chiens hors d'haleine. Je n'ai, de ma vie, contemplé une telle quantité de gazelles si ce n'est dans ce tableau mythologique représentant la déesse de la Chasse chez les Grecs, accompagnée de son cortège de nymphes. J'en mentionne un autre d'une fantaisie charmante, dans l'espoir qu'il inspire quelque poète.

Durant une audience à la cour d'assises, les juges sont assis autour de leur président. Tout le monde est à sa place : les greffiers, le parquet et, debout, les avocats, les huissiers et les gendarmes. Arrivent les parties et les témoins. Ils ont tous des figures de chiens, de coqs et d'oiseaux, mais sont revêtus des habits et des insignes de leur fonction, jusqu'aux gendarmes qu'on voit en uniforme, la cartouchière au dos et le fusil à la main. Puis le verdict tombe, condamnant le renard fourbe à la pendaison sur le lieu même de la sentence, en châtiment aux ravages causés dans le poulailler. Sentence exécutée sans pitié. Les chats regardent de loin en tremblant. Sous la potence, un pêle-mêle de volailles égorgées que le procureur avait exhibées comme preuves matérielles. Et tout en haut, un petit poème dont voici la traduction :

> *Méditez ce tableau, qu'il serve de leçon*
> *À qui se sait coupable : le mal reçoit sa punition,*
> *Car la justice tôt ou tard*
> *Attrape le renard*[66].

Les frères Neurdein, *Le Grand Palais des Champs-Élysées*, photographie argentique, 20 x 24,5 cm. *Le Panorama, Exposition universelle*, Paris, Librairie d'Art Ludovic Baschet, 1900.

Projets primés pour le concours du Grand Palais. Revue *La Nature*, 24 octobre 1896.

Je me hâtais ce matin vers le même endroit. Entré par la Porte monumentale et déambulant d'un pas solennel parmi les effluves des fleurs, le balancement des rameaux, le gazouillis des oiseaux, je me crus transporté dans un monde enchanté, dans la féerie la plus folle ou le paradis même.

En effet, je me promenais alors sur les Champs-Élysées[67] (autrement dit : les jardins de la Félicité) où sont plantés, en six rangées régulières, des arbres de la même espèce (ou d'espèces diverses). Puis, m'arrêtant au milieu du carrefour formé par les Champs-Élysées et la nouvelle artère connue maintenant sous le nom d'avenue Nicolas-II, je vis à ma droite deux monuments d'une magnificence appelée à devenir immortelle : le Grand Palais et le Petit Palais que je m'en vais vous décrire sans plus tarder. À ma gauche : le pont Alexandre-III, pure merveille par son ornementation et sa conception géniale. En dessous coulait la Seine, sillonnée d'élégants bateaux, chargés de milliers de passagers de toutes langues, croyances et patries. Puis m'approchant du pont, je restai muet de stupeur à contempler les pavillons des nations étrangères, qui se succédaient à la file, surmontés de leur drapeau déployé. La description de ces palais aux formes et aux couleurs variées, fascinantes pour l'esprit et le regard, exige du temps. Voilà pourquoi je préfère en revenir aux deux palais en espérant faire partager au lecteur un peu de ce qui s'est fixé dans mes prunelles.

Le Grand Palais

Je me tenais devant lui, avançant, puis reculant, non sous l'effet de l'hésitation, mais de l'admiration. Je corrige donc ma formule : je me tenais devant lui, avançant d'un pas et reculant de deux, à la façon révérencieuse de ces ambassadeurs venus saluer les rois d'Orient et les califes de l'islam. Comment pourrait-on s'engouffrer dans ce superbe palais sans consacrer quelques instants à la contemplation de ses admirables particularités ?

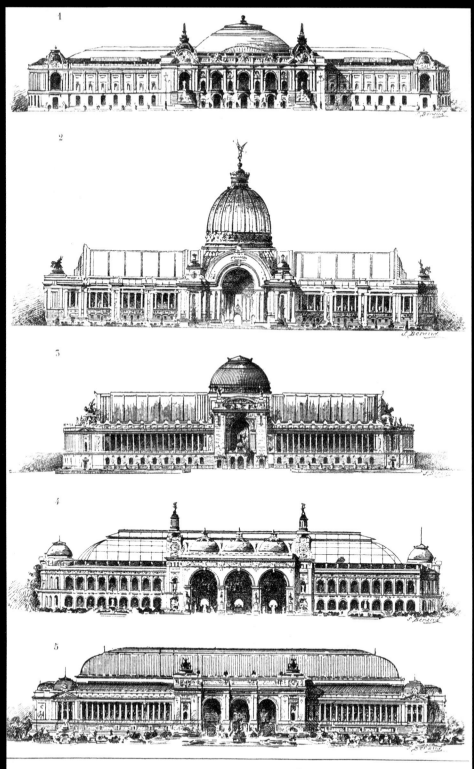

Fig. 1. Nᵒˢ 1 à 5. Projets primés des grands palais des Champs-Élysées de l'Exposition de 1900.
1. M. Louvet (1ʳᵉ prime).
2. MM. Deglane et Binet (2ᵉ prime). — 3. M. Thomas (3ᵉ prime). — 4. M. Girault (4ᵉ prime). — 5. M. Tropet-Bailly (5ᵉ prime).

Le Grand Palais

Le jury du concours ouvert en 1896 pour les deux édifices devant remplacer le palais de l'Industrie – construit pour l'Exposition universelle de 1855 – décida de répartir les travaux entre les quatre architectes primés. Henri Deglane (1855-1931), Louis-Albert Louvet (1860-1936) et Albert Thomas (1860-1936) travaillèrent ainsi au Grand Palais sous la direction de Charles Girault (1851-1933), qui avait aussi en charge la conception du Petit Palais. Henri Deglane conçut la nef principale le long de l'avenue Nicolas-II (aujourd'hui Winston-Churchill) ; Louvet, la partie centrale avec le grand escalier d'honneur, et Thomas, l'aile arrière sur l'avenue d'Antin (aujourd'hui Franklin-D.-Roosevelt). Aux difficultés résultant de cette association s'ajoutèrent celles liées à l'irrégularité du terrain et à la complexité du programme, puisque l'édifice destiné à accueillir l'exposition contemporaine et l'exposition centennale des œuvres d'art devait ensuite être affecté aux Salons des beaux-arts, ainsi qu'aux concours agricoles ou hippiques et à diverses festivités. Le Grand Palais, la plus importante des réalisations de l'Exposition du fait de sa position urbaine stratégique, de ses vastes dimensions et de son caractère durable, devait être le symbole architectural d'une manifestation conçue comme le «bilan d'un siècle», selon le thème choisi par le comité d'organisation : le style adopté fut le classicisme français du XVIIIᵉ siècle, une façon pour la IIIᵉ République d'affirmer la continuité historique de la nation. Le grand hall avec sa verrière constitue l'apogée des recherches architecturales du XIXᵉ siècle sur l'éclairage et la diminution des points d'appui, tandis que l'importance du décor est emblématique des réflexions contemporaines sur l'ornement et la dimension symbolique de l'architecture.

Plan de l'emplacement réservé
au Grand Palais, 1896. Paris, BNF.

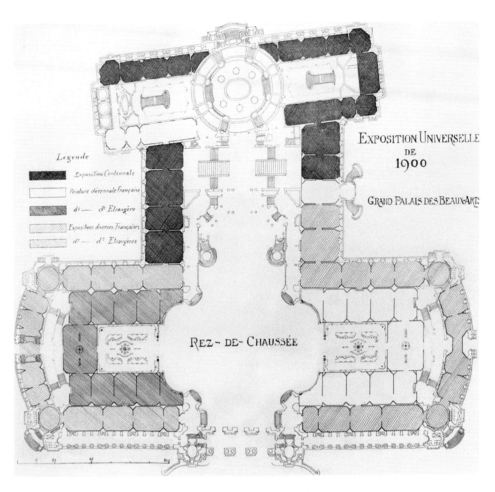

Plan de l'emplacement réservé au Grand Palais, 1896. Paris, BNF.

C'est alors que j'ai pu vérifier que les poètes et autres gens d'imagination possédaient un regard pénétrant, capable de transpercer les voiles et les nues, que leur cœur avait des yeux grâce auxquels ils pouvaient voir et conter ce qui fut et ce qui sera. Nul doute, selon moi, que ce palais, avant que je ne le voie de mes yeux, ne fût déjà apparu, il y a mille ans, à l'auteur de ces vers :

> *Le salut et la paix soient sur ce beau palais*
> *À qui les jours éblouis ont cédé*
> *Leur habit de clarté*[68]

Sur sa façade – insurpassable pour son architecture, sa décoration et ses sculptures – un large portique, comprenant une dizaine de piliers, donne sur trois portes dont l'une, au centre, est destinée aux solennités. À droite et à gauche du portique, deux grandes galeries comptant 14 colonnes. Sur les deux pylônes encadrant le portique : deux statues gigantesques qui semblent transpercer les épaisseurs du ciel, à la différence des nombreuses sculptures installées entre les colonnes et sous lesquelles s'alignent des arbustes et des fleurs d'un aspect charmant.

Devant le portique, plusieurs statues en bronze. La plus belle, envoyée par le tsar, représente Pierre Ier, le fondateur de l'empire russe, en guerrier valeureux, tenant entre ses bras un nouveau-né, qui n'est autre que Louis XIV, roi de France.

Ce palais est composé de trois parties distinctes, tirées de trois plans différents présentés par les architectes les plus habiles. C'est le jury qui, au moment de la sélection, préféra que soit réuni ensemble ce que les trois projets offraient de plus beau. Et ainsi fut fait.

L'EXPOSITION DE 1900

Louis Tinayre, chantier du Grand Palais, lithographie, 1897. Paris, BNF.

En entrant dans l'édifice, on trouve un vaste hall, de forme hélicoïdale, de 200 m de long, sur 55 m de large. Il est surmonté, à hauteur de 43 m à partir du sol, de larges voûtes de verre et de fer. La verrerie est parvenue à un tel degré de virtuosité, de nos jours, que ces voûtes sont faites de plaques recourbées en arc d'une longueur de 3,40 m sur 1 m de large et d'une épaisseur de 1 cm seulement !

Dans ce hall, d'innombrables escaliers relient le rez-de-chaussée à l'étage supérieur, tous deux occupés par plusieurs salles et salons magnifiques dont l'ensemble s'étend sur une longueur de 360 m sur 12. Au fond de ce hall, un grand escalier d'honneur – chef-d'œuvre d'originalité – s'appuie sur des colonnes de fer forgé vert, qu'on croirait des troncs d'arbres et, pour achever la ressemblance et l'illusion, on a coulé les feuilles vertes en fer, destinées aux rampes, dans des moules spéciaux aux formes florales ct feuillues. Le visiteur a ainsi l'impression en montant d'être un oiseau dans une volière, style absolument novateur dans l'installation des escaliers.

Le coût de l'édifice, bâti sur 40 000 m², s'élève à 24 millions de francs. À la fin de l'Exposition, il restera en place ainsi que le Petit Palais qui lui fait face. Tous les autres palais, en revanche, sont appelés à disparaître comme s'ils n'avaient jamais existé. Éphémères comme des fleurs qui ne vivent qu'un jour ou un peu plus.

Le Grand Palais continuera à être consacré aux expositions annuelles en rapport avec l'équitation, la peinture, l'agriculture et autres festivités. Voilà pourquoi on l'a aménagé en tenant compte autant que possible de ces manifestations à venir. Ainsi, l'espace du sous-sol est-il assez spacieux pour recevoir 600 chevaux au moins.

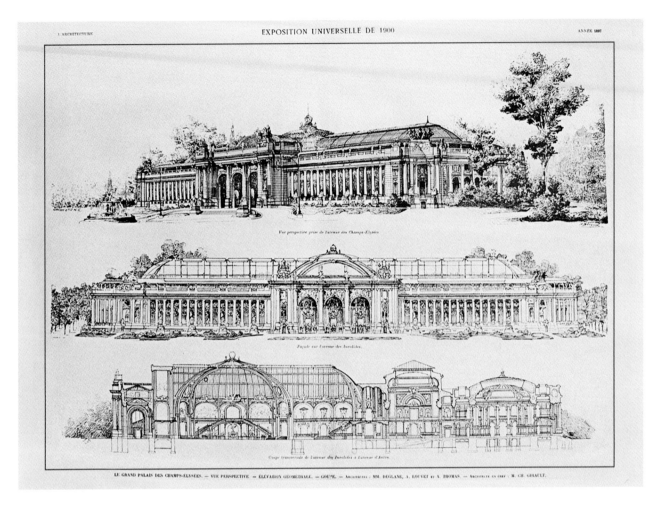

LE GRAND PALAIS DES CHAMPS-ÉLYSÉES. — VUE PERSPECTIVE. — ÉLÉVATION GÉOMÉTRALE. — COUPE. — Architectes : MM. DEGLANE, A. LOUVET et A. THOMAS. — Architecte en chef : M. CH. GIRAULT.

Henri Deglane, projet pour le concours des deux palais des Champs-Élysées, élévations, 1896. Paris, BNF.

Actuellement, il s'y tient trois expositions :

– L'exposition centennale consacrée aux beaux-arts et aux arts décoratifs en France entre 1800 et 1900.

– L'exposition décennale des beaux-arts en France durant la décade comprise entre 1889 et 1900.

– L'exposition décennale des beaux-arts des autres pays.

L'aile droite du bâtiment, la cour, le rez-de-chaussée et l'étage supérieur sont réservés aux deux premières. L'aile gauche est réservée, présentement, à tout ce que le génie artistique a produit de plus marquant en dessin, peinture, photographie, gravure, sculpture. Voici – selon l'ordre alphabétique arabe[69] – la liste des pays qui ont participé à la compétition : l'Argentine, l'Espagne, l'Équateur[70], l'Allemagne, l'Uruguay, l'Australie, l'Italie, le Portugal, la Grande-Bretagne, la Belgique, la Bolivie, la Turquie, le Guatemala, le Danemark, la Russie, la Roumanie, San Marin, la Suède, la Suisse, le Salvador, le Chili, la Serbie, le Luxembourg, Monaco, la Norvège, Hawaï, la Hongrie, la Hollande, les États-Unis, le Japon, la Grèce.

Dans la cour, d'innombrables statues, sculptées dans la pierre, le marbre ou fondues dans des moules en plâtre ou en laiton. Leurs proportions colossales sont impressionnantes. Les unes représentent une silhouette isolée, d'autres sont composées de groupes. Certaines sont des fantômes nés de l'imagination, d'autres symbolisent des idées telles que la Vérité, l'Effroi, la Source, les Pleurs, le Sommeil, la Vision, la Joie, la Vie et la Mort, le Retour de voyage, la Charité, la Vertu et le Vice, la Vieillesse, la Beauté, la Force, le Rêve, la Victoire, le Courage, la Générosité et autres allégories comme l'Amour qui séduit les cœurs, enivre les hommes, charme les femmes et les enfants, ou

comme la Liberté éclairant le monde de son flambeau rayonnant, ou le Destin, en habit de vieillard, gravement assis, tenant d'une main une faux pour moissonner le monde, de l'autre des crânes, avec, devant lui, un sablier par lequel il mesure l'approche du terme fatal et de la fin des temps.

D'autres statues encore imitent la nature et représentent l'homme dans tous ses états, à différents âges de la vie ou occupé à diverses activités, ou nous offrent le portrait de personnages historiques célèbres ou de divinités grecques et païennes, ainsi que d'anges et de prophètes. Sans parler des statues figurant animaux domestiques et sauvages, fauves du désert et monstres des mers. Je fus frappé, entre autres, par un crocodile qui, sortant la tête de l'eau, serrait entre ses mâchoires la patte d'un éléphant venu se désaltérer. Ils avaient engagé un combat sans merci. Une autre statue montrait un homme des cavernes tuant un ours féroce sans prêter attention aux blessures mortelles qu'il en avait reçues. Plus loin, un combat de lions, un monstre des forêts dévorant un sauvage et un singe, de l'espèce gorille, enlevant une ravissante jeune femme.

Ce qui retint particulièrement mon attention au milieu de cette multitude de statues, ce fut celle de Victor Hugo, le grand poète français ou plutôt le Mutanabbi[71] des Européens, avec à ses pieds et autour de lui les allégories de la Poésie, de la Musique, de l'Histoire, de la Renommée et de l'Admiration. Chacune d'elles porte à la main une couronne et tente d'être la première à la poser sur la tête du poète. Comment les gens d'ici ne se voueraient-ils pas entièrement à la pratique de la littérature ? J'avais vu dans le pavillon de l'Espagne un tombeau imposant, entouré d'anges éplorés et d'humains défaillant sous l'effet du désespoir.

– Pour qui a-t-on édifié ce monument ?

Le Grand Palais, exposition de sculptures françaises avec au centre la statue de Victor Hugo dont parle Ahmad Zaki (sculpteur : Ernest Barries), diapositive colorisée, 8,2 x 10 cm, 1900. Brooklyn Museum, collection Goodyear.

Louis Bombled, le Grand Palais,
installation des statues sur la
façade, lithographie. Paris, BNF.

Le Grand Palais, photographie
argentique. *Paris 1900,
Exposition universelle*, Paris,
E. Le Deley, 1900.

– Pour un de leurs artistes qui s'est illustré dans le chant et la composition des mélodies.

Dès lors, comment les gens ne se consacreraient-ils pas entièrement à vivifier la passion de la musique et à travailler leur voix pour atteindre à la célébrité ?

Puis je montai à l'étage supérieur. Les tableaux que j'y vis sont d'une telle diversité qu'ils défient le recensement. Je renonce à les décrire tant ils débordent de vie : il ne leur manque que ce souffle divin, l'âme. En examinant telle toile, on a l'impression qu'elle vous sollicite et lorsqu'on s'en éloigne, à droite ou à gauche, elle semble vous suivre du regard. Je vous demande donc, cher lecteur, d'observer la nature, tout ce que renferme l'entre ciel et terre, et d'en conserver l'image peinte dans vos prunelles, d'y fixer nuit et jour votre attention ; ce sera comme si vous aviez partagé avec moi la vision de ces tableaux. Ensorcelants et troublants effets des couleurs sur la surface de la toile ! On y voit les ténèbres, les ombres et la lumière telles qu'elles sont à l'état naturel, l'image plane se transformant en volume à triple dimension !

Mais sachez que le visiteur, même armé de patience, ne saura éviter la fatigue et l'ennui et devra s'avouer, à la fin, incapable de tout voir. Quant à moi, saisi de pitié pour mes jambes exténuées, je m'assis pour prendre du repos, promenant mes yeux d'ici et de là. Je pensais que les plus à plaindre étaient les membres du jury car comment parvenaient-ils, les malheureux, à arbitrer entre ces multiples œuvres en concurrence alors qu'elles joignent toutes la beauté au raffinement (Dieu leur vienne en aide !) ?

Je ne suis guère connaisseur en cet art, il est vrai, mais voici mon impression, en gros, sur ce qu'ont exposé les artistes des différents pays :

– l'Italie : les traits dominants de sa peinture sont la gaieté, la fraîcheur, le comique et la sensualité ;

– l'Allemagne : une peinture où prévalent la décence, l'aspect imposant, austère et ténébreux ;

– l'Angleterre se distingue par ses marines ;

Louis Bombled, pose de la
mosaïque du Grand Palais (d'après
des dessins de Louis-Édouard
Fournier), lithographie, 1899.
Paris, BNF.

Les frères Neurdein, *Rue de Paris*
(entre le pont de l'Alma et
le Trocadéro), photographie
argentique, 1900. Paris, BNF.

– quant au Japon, il faut saluer son peuple qui sauve l'honneur de l'Orient au milieu des pays
européens par ses peintures d'une admirable finesse et ses représentations de la nature, si proches
de la vérité.

Je dois informer le lecteur des recherches que j'ai faites, montant et redescendant, en quête des
dessins exposés par la Turquie, quête harassante au bout de laquelle, après les mêmes questions répétées en chemin (Dieu vous protège de cette humiliation !), j'aperçus quatre tableaux d'un homme qui
en avait signé quelques-uns du nom de Jahine et apposé sur les autres son nom au complet : Edgar
Jahine. Je hochai la tête, fermai les yeux et me cachai le visage, honteux de cette témérité qui l'avait
poussé à exposer, et surtout en ce lieu, des médiocrités à peine bonnes pour un petit bureau. C'était
des imitations de ce qu'on voit dans les journaux européens : la vue d'une « Rue de Paris », un groupe
de Français peints d'une manière à la fois très simple et très lascive, et autres sujets enseignés aux
étudiants des Beaux-Arts. J'ai vu également le portrait, qui n'est pas mauvais, de l'actuel ambassadeur
de l'Empire ottoman à Paris. Mais à vrai dire, il n'avait pas à s'engager sur ce terrain, car ni lui ni son
pays ne peuvent en tirer gloire, bien au contraire, hélas. Il aurait mieux fait, à l'instar des Européens,
de peindre ce qu'il connaît : le mode de vie en Orient, les paysages magnifiques du Bosphore et autres
particularités de la Turquie. Voilà ce qui lui aurait valu attention et admiration. Mais il en a été tout
autrement, hélas, c'est pourquoi je suis sorti du Grand Palais au milieu de l'après-midi, à la fois
enthousiasmé et déprimé.

Le Petit Palais

Entre des arbres imposants, des oiseaux gazouillants, des bosquets florissants, des jardins éclatants, se dresse, face au Grand Palais, un édifice majestueux autour duquel se pressent des foules, toujours renouvelées : le Petit Palais.

Que ce nom a de charme ! Tout ce qui est petit dans la nature n'est-il pas plus joli ? C'est le cas de ce palais que l'on nomme ainsi en raison de sa surface qui n'est pas immense. Quant à son aspect architectural, il enchante l'entendement et vous saisit le cœur.

Construit sur une superficie de 7 000 m², cet élégant palais a coûté 12 millions de francs et, après l'Exposition, demeurera la propriété de la Ville de Paris, autrement dit de son conseil municipal qui en fera un de ses musées et cela en contrepartie de sa participation, avec le gouvernement, aux frais de l'Exposition et des 20 millions payés sur sa caisse.

L'entrée voûtée, d'une construction exquise, est bordée de deux rangées de colonnes. On y accède par de larges degrés en pierre dure qui conduisent à un hall circulaire surmonté d'un dôme et prolongé par une cour à ciel ouvert bordée de deux galeries symétriques.

Si l'on s'y engage pour revenir au point de départ, on aura vu entretemps des merveilles indescriptibles : au milieu du hall une statue équestre en acier trempé, plus loin la panoplie de guerre d'un illustre roi de France, ensuite à droite et à gauche – dans les deux vestibules menant aux galeries circulaires – diverses espèces d'armures et de cottes de mailles, de boucliers et de heaumes, de cuirasses et de casques, et autres instruments de guerre et de combat employés au Moyen Âge avant l'invention des fusils et des canons, quand l'âge de la bravoure et des prouesses n'avait pas encore cédé la place à la puissance des machines capables de dévaster, de ravager à des distances énormes. Tous ces instruments sont disposés exactement selon l'usage qu'on en faisait en ces époques lointaines de vertu chevaleresque. On verra aussi des chars de guerre et des chaises royales à porteurs : la plus remarquable est montée sur un socle en forme de tortue, une autre a été taillée dans une seule pièce de bois qui représente un tigre menaçant, rugissant, dont le dos a été évidé pour servir de siège tout à fait confortable à son passager.

Toutes ces curiosités sont conservées dans les musées ou chez quelques amateurs d'art fortunés après avoir été la propriété de leurs rois, preux chevaliers, princes et autres hommes illustres.

En pénétrant dans les deux galeries circulaires, le visiteur trouvera un musée stupéfiant et sans pareil. Comment en irait-il autrement puisqu'il s'agit là de la quintessence de tous les musées de France et qu'on a voulu, en l'organisant, mettre devant tous les yeux l'évolution des savoir-faire artisanaux, leur avancée progressive des origines jusqu'à la fin du siècle dernier. Il y verra des pièces d'orfèvrerie et de joaillerie de diverses provenances et périodes, des candélabres aux formes étonnantes, comme ce petit chandelier figurant une ravissante fontaine surmontée d'un vase d'où l'eau s'écoule en faisant tourner les bougies dont

l'éclat toujours plus intense réjouit le regard et ravit le cœur. Il y verra en outre des médailles, des tables, des chaises, des secrétaires, des éventails, de délicates boîtes en or et d'autres très joliment agrémentées d'émail ou encore des pendules magnifiques, murales, ou de celles qu'on pose contre une paroi ou sur une table. Toutes ces œuvres d'art, surprenantes dans leur genre, tiennent le visiteur en arrêt et jettent le descripteur dans la perplexité, sans compter leur valeur en tant que vestiges historiques, authentifiant une tradition.

Nul besoin à mes yeux de renseigner longuement le lecteur sur leur usage et leur forme ou sur les noms de leurs propriétaires anciens ou actuels, car des volumes n'y suffiraient pas. Mais je me dois de citer un exemple qui lui permettra de se faire une idée de ces pièces prodigieuses : ce que j'ai vu de plus étrange en effet, c'est une pendule posée sur un petit orgue avec en dessous un groupe de musiciens, de danseurs et de chanteurs, le chef d'orchestre leur faisant face, la baguette à la main – tout comme un roi tenant son sceptre – pour harmoniser leurs gestes, leurs voix, leurs airs. Tout cela fabriqué dans de la porcelaine de Saxe. Les reliefs aux couleurs gaies sont entourés de fleurs ravissantes et les personnages y sont représentés dans les moindres détails : il n'y manque pas un doigt. L'objet date d'une époque ancienne, mais le soin apporté par ce peuple aux œuvres d'art en général l'a maintenu dans un état de conservation si parfait qu'on le croirait sorti hier de l'atelier de son fabricant.

Mais qu'il y a loin de cette pendule à cette autre devant laquelle se pressent les foules, sans discontinuer, médusées et déconcertées par son aspect, et plus encore par son prix. Un socle carré en marbre décoré de reliefs représentant des anges et une procession de divinités de l'amour. Au-dessus : un fût de colonne admirablement sculpté et entouré de trois statuettes qu'on appelle, chez les peuples d'Europe, les « Trois Grâces* ». Tenant entre leurs mains de longues guirlandes agrémentées de fleurs et de fruits, elles se distinguent chacune par une pose particulière qui vous séduit l'esprit et le cœur. L'une pointe le doigt vers une vasque posée au sommet de la colonne et sur le bord de laquelle se lisent les heures. C'est probablement à l'intérieur de ce fût qu'est dissimulé le mécanisme qui fait pivoter le bord de la vasque (coiffée d'un bouquet de fleurs en marbre) et ainsi le doigt de la nymphe continue-t-il à indiquer l'heure à chaque fois.

Le plus curieux dans l'histoire de cette pendule qui a pour propriétaire un homme haut placé parmi les Français, le comte de Camondo, c'est qu'elle coûtait à l'origine 700 francs et qu'il l'acheta dix fois plus cher, geste qui le fit taxer de folie et d'ignorance et poussa son père à exiger son interdiction devant un conseil de tutelle, puis à tenter, par ailleurs, de l'interner dans un asile d'aliénés[72]. C'est alors que sa valeur réelle apparut aux experts qui lui proposèrent dix fois le prix qu'il avait payé. Comme il refusait, ils doublèrent l'offre, mais lui persistait dans son refus, si bien qu'un riche Américain s'en vint lui proposer un demi-million, somme qu'il déclina. Le prix atteignit ainsi le million, tandis que son propriétaire n'avait que ce mot à la bouche : «Non.» Tout récemment, un riche Anglais lui a fait une offre de 1,5 million de francs, soit 6 000 livres anglaises environ et voici en deux mots la réponse qu'il reçut : «La pendule ne m'appartient pas, je n'en suis que le gardien car je l'ai léguée au musée du Louvre. Si vous désirez l'acheter, doublez l'offre que vous m'avez faite et envoyez directement au Louvre la somme de 3 millions, la moitié à votre nom, le reste au mien afin que la direction puisse consacrer le tout à l'achat d'œuvres d'art.» L'Anglais ne trouva aucune raison d'accepter, n'ayant guère envie de dépenser son argent au profit d'une autre nation.

Cette pendule a un gardien qui en est tombé amoureux fou et la couve du regard sans discontinuer. On lui a proposé une mutation accompagnée d'une promotion, offre qu'il a rejetée à l'exemple du propriétaire en disant : «Pas une minute je ne me séparerai de ma pendule.»

Dans ce palais, on trouve aussi des tapisseries brodées de soie, figurant des scènes diverses ; les images y sont d'une telle précision qu'on croirait avoir affaire à des toiles peintes par les artistes les plus habiles qui y auraient employé leurs plus vives couleurs.

Puis on se trouve face à une superbe collection de statues en bronze dont la plus agréable par sa facture, mais la plus terrible par son effet sur l'âme, représente une lionne dévorant un noble coursier. Vient ensuite un autre ensemble qui saisit d'effroi le spectateur, car il s'agit de lampes conçues pour terrifier au sein de l'obscurité par les lumières et les dessins qu'elles projettent dans

La pendule des Trois Grâces

La pendule des Trois Grâces, attribuée à Étienne-Maurice Falconet (vers 1770) et à laquelle Zaki consacre un long développement, était l'un des objets phares de l'exposition du Petit Palais dédiée aux arts décoratifs du Moyen Âge jusqu'à la fin du XVIIIe siècle. Au-delà de la fascination du visiteur égyptien pour la perfection technique de l'ouvrage, la popularité de l'objet dut beaucoup au développement du goût pour cette époque. Déjà lancée sous le Second Empire, cette mode en faveur du XVIIIe siècle prit à la fin du siècle une dimension identitaire importante pour toute une classe de la population désireuse de s'insérer symboliquement à travers l'art du XVIIIe siècle dans l'histoire nationale française. L'œuvre fut finalement symboliquement léguée par le comte de Camondo au musée du Louvre en 1911.

Le Petit Palais, photographie argentique. *Paris 1900, Exposition universelle*, Paris, E. Le Deley, 1900.

une chambre ou un espace ouvert. À quoi s'ajoutent des chambranles de portes en pierre ou en bois précieux provenant d'anciens châteaux.

Pour ce qui est du bois, ils ont réuni là des ouvrages qu'on ne se lasse pas d'admirer, d'un travail minutieux, méticuleux, délicieux.

Ce qui m'a beaucoup plu, ce sont les objets en bronze et les progrès qu'il nous est donné d'observer dans leur fabrication et l'élégance de plus en plus affirmée de leurs formes, de leurs reliefs et ciselures, depuis la naïveté rugueuse des premiers temps jusqu'au plus haut degré de perfection et de raffinement. Il en va de même pour les objets fabriqués à partir du cuivre, de l'os, de l'ivoire, de la céramique, de la mosaïque, du verre, et les instruments en fer, tels que serrures, verrous, loquets, clefs, lames, armements de police, couteaux, épées, armes à feu, ainsi que pour les statuettes, et les opérations d'émaillage, de vernissage, de placage et de dorure. Quant à la vaisselle, j'ai constaté qu'on était parvenu dans les époques passées à un tel degré d'élégance qu'on la fabriquait dans un goût exquis, la recouvrant de dessins admirables adaptés à l'usage qu'on en voulait faire. Ainsi de

ces assiettes, de ces tasses, de ces coupelles, de ces verres qu'utilisaient les gens menant un grand train de vie et où l'on voit peintes des devises et des vers célébrant le vin et l'amour.

Pour les livres anciens, ils sont tous composés de minces feuillets et de lourdes reliures ornées de dessins et de dorures. On trouve également une remarquable collection de monnaies d'or, d'argent, de cuivre, ainsi que des sceaux et autres pièces de ce genre.

Entre les deux galeries circulaires s'étend une cour à ciel découvert, en forme de demi-cercle, bordée de sveltes et fines colonnes qui longent un couloir intérieur. Au milieu de cette cour, trois bassins aux parois couvertes d'une couche d'or, dominés en leur centre par une superbe fontaine d'où jaillissent des jets fins comme des fils ou des rais d'argent, et entourés de fleurs dont le printemps rehausse l'éclat si bien que la vision du poète andalou est ici vérifiée :

Tandis qu'avec les branches badine le vent,
Sur les vagues d'argent glisse l'or du couchant[73].

Double page suivante.
Le Petit Palais, salle d'exposition, diapositive colorisée, 8,2 x 10 cm, 1900. Brooklyn Museum, collection Goodyear.

Le Petit Palais

Suite au concours ouvert
en 1896 pour les deux édifices,
les Petit et Grand Palais,
destinés à remplacer le palais
de l'Industrie, la réalisation
du Petit Palais fut confiée
à l'un des quatre architectes
primés, le grand prix de Rome
Charles Girault (1851-1933).
Le terrain, plus petit que celui
du Grand Palais mais régulier,
permit à l'architecte d'adopter
un plan fonctionnel où
les galeries d'exposition
s'organisaient autour d'un
jardin central hémicirculaire.
Bénéficiant du soutien financier
de la Ville de Paris, le bâtiment
était destiné à accueillir en 1900
l'exposition rétrospective de l'art
décoratif français jusqu'à 1800,
dont le clou était les pièces de
mobilier, puis les collections
de la Ville de Paris. Le style
adopté par Girault, à la fois
monumental et très décoratif,
est comparable à celui choisi
par Deglane, Louvet et Thomas
au Grand Palais, mais l'échelle
et la régularité du plan
donnèrent au bâtiment une
allure plus harmonieuse.

Le Petit Palais, cour intérieure, photographie argentique. *Paris 1900, Exposition universelle*, Paris, E. Le Deley, 1900.

Sachez que de ce palais on a fait, pendant l'Exposition, un musée regroupant tout ce qui a été produit par le génie des artisans français depuis l'aube de la civilisation jusqu'à l'année 1800 dans le domaine du mobilier et de la décoration intérieure des demeures, des édifices religieux et publics. Ce qui ne les a pas empêchés d'emprunter certaines pièces aux musées étrangers et aux riches collectionneurs pour compléter la chaîne progressive des savoir-faire, comme c'est le cas pour le travail de l'ivoire, par exemple.

En conclusion, toutes les productions précieuses et curieuses ont été rassemblées ici dans le plus bel ordre afin que tout le monde puisse y retrouver ce qu'il recherche et que chaque visiteur se sente séduit et satisfait. Il a aussi pour objectif de faire suivre la progression des arts manuels, dans le travail de l'os, de l'ivoire, du bronze, du fer (armurerie, damasquinage, serrurerie), de la céramique (poterie, faïence, porcelaine), du bois sculpté (mobilier), du tissage (étoffes, tapisserie, broderie), du cuir, des métaux précieux (orfèvrerie, horlogerie), de l'émail, de la verrerie, de la mosaïque, du monnayage, de l'imprimerie et de la décoration des livres.

La plupart de ces ouvrages sont disposés selon un ordre chronologique et il y a très peu de chance qu'un tel musée ait son pareil de par le monde, car il résume à lui seul tous les musées. Très peu de chance aussi qu'on retrouve ces objets à nouveau rassemblés ici ou ailleurs. Voilà pourquoi on sort de ce palais ébahi et désolé à l'idée que ces trésors inestimables se disperseront dans quelques mois pour rejoindre leur place habituelle, car eux aussi ont à subir les effets du grand destructeur des plaisirs et ennemi des regroupements[74].

Le pont Alexandre-III

La Seine coupe Paris en deux. En raison du nombre croissant des habitants et de la densité de la circulation, nombre de ponts ont été construits en différents points de sorte qu'une distance de 100 m au plus sépare un pont de l'autre. On en compte déjà 25 jusqu'à présent, de formes variées, datant d'époques diverses, et le jour viendra peut-être où ces ponts seront si près l'un de l'autre qu'il ne restera au fleuve et à la navigation que fort peu d'issues.

Le plus beau et le plus solide de tous est le nouveau pont qu'on a baptisé du nom du précédent tsar de Russie. En effet, grâce aux progrès réalisés en métallurgie, les ingénieurs ont tenté de réduire à l'extrême les arches des ponts afin d'éviter cet obstacle que représentent les culées pour la navigation et les risques d'érosion de ces piles durant les crues en raison de leur résistance au courant – deux problèmes qu'on est parvenu à résoudre aujourd'hui en Amérique puis en Europe. Cependant les ponts continuaient à ressembler à d'énormes cages disgracieuses et dépourvues de toute beauté architecturale, jusqu'au jour où ce pont est venu réconcilier l'utile et l'agréable, car, outre les avantages déjà cités, il joint à la splendeur de son apparence sa belle prouesse technique et la grâce de son architecture, car il traverse le fleuve sans autre appui que celui qu'il prend sur les deux rives, ainsi n'a-t-il qu'une seule arche mais qui en vaut bien mille.

Le pont est d'une largeur telle – 40 m – qu'il permet une grande fluidité de la circulation à la fois au-dessus et en dessous. Sa réalisation a coûté bien du travail aux ingénieurs mécaniciens et aux architectes, mais ils ont réussi en fin de compte à en faire un chef-d'œuvre de somptuosité, de grandeur, de majesté, mais aussi d'élégance et de charme, en harmonie avec les palais alentour. Oui, parfaitement, ses architectes sont parvenus à si bien orner cet édifice de fer qu'il est devenu l'une des merveilles de l'Exposition, et que merveille il restera tant qu'il plaira à Dieu. Et à vrai dire, il enchante le regard aussi bien lorsqu'on le voit d'en bas, à partir d'un bateau, ou qu'on se tient dessus ou qu'on l'aperçoit de loin. Dans ce dernier cas, il apparaît comme un immense arc en fer, jeté sur les deux rives du fleuve avec un cintre très léger, à peine perceptible par rapport à sa longueur. C'est pourquoi le tablier du pont est à la même hauteur que les voies qui le traversent et cependant, sa courbe très légère est suffisante pour permettre le passage des bateaux sur le fleuve, à leur ordinaire. Observez, je vous prie, à quel degré de précision sont parvenus les calculs et les plans des ingénieurs : ils ont dessiné tout cela à la mine de plomb sur des feuillets, creusé les fondations, fondu l'acier, puis l'ont assemblé et installé par-dessus le fleuve, obtenant un résultat conforme, au cheveu près, à leur conception initiale ! C'est ainsi que la distance entre la clé de voûte et la surface de l'eau est de 8,08 m en temps ordinaire et de 6,38 m au plus fort de la crue.

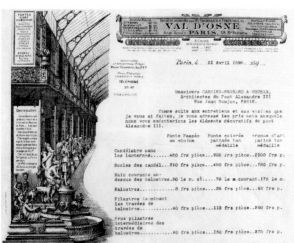

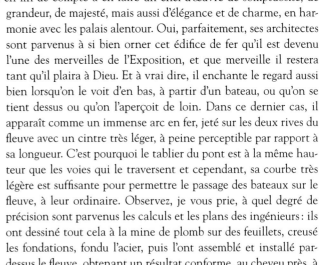

La longueur du pont est de 107,5 m et sa largeur de 40 m, dont une moitié destinée à la chaussée et l'autre aux trottoirs. Le corps même de l'ouvrage compte, des deux côtés, 15 arcs en acier destinés à parer aux dommages résultant de l'exposition du fer aux écarts de température. Mais en même temps, le poids se fait graduellement plus léger en arrivant au milieu alors qu'il est considérablement lourd aux extrémités qui prennent appui sur des butées de granit, très massives et d'une résistance énorme, afin de supporter le poids gigantesque du pont[75]. Si bien que le volume des renforcements atteint 15 000 m³ et que leur coût à lui tout seul s'est élevé à 1,5 million de francs.

Deux routes couvertes passent sous les butées du pont, rattachées aux deux côtés du fleuve. Dans l'une d'elles circulent maintenant des fiacres, des omnibus, des tramways électriques, car leur trajet a été intégré à l'enceinte de l'Exposition universelle et dès que cette manifestation géante

Alfred Roll, *Pose de la première pierre du pont Alexandre-III à Paris par le tsar Nicolas II, l'impératrice et le président de la République Félix Faure, le 7 octobre 1896*, huile sur toile, 4,97 x 3,20 m, 1897. Versailles, châteaux de Versailles et de Trianon.

sera terminée, ces véhicules reprendront leur parcours habituel et les deux voies sous le pont seront à nouveau ouvertes à la promenade à pied ou à la circulation des voitures.

Deux ronds-points font face au pont de part et d'autre. Et la première chose que l'on rencontre en s'approchant à partir de chacune des deux rives, c'est une petite pyramide de granit rose au-dessus de laquelle se dressent quatre grands lampadaires et que l'on a placée à la jonction entre le trottoir et le pont. Puis, un peu plus loin, un lion, le cou orné d'un collier de fleurs et de fruits, et qu'un enfant s'amuse à taquiner. On le croirait posté là pour garder l'escalier qui monte du bord du fleuve. Quant aux quatre pylônes, ils sont eux aussi décorés à l'exemple de tous les éléments que nous avons mentionnés. À leur sommet : de grandes statues allégoriques en bronze rehaussé d'or, représentent la Renommée des Arts, et celles des Sciences, de l'Industrie et du Commerce.

Ces pylônes ont l'allure de colonnes carrées, dont les angles ont une inclinaison très douce de leur base à leur sommet. Sur leur socle se dressent d'imposantes statues de pierre qui évoquent la France lors de ses quatre époques de gloire.

Quant aux balustrades du pont, elles sont séparées par d'énormes blocs de pierre lisse surmontés de statuettes de bronze représentant des enfants montés sur des monstres marins. En leur centre s'élèvent des réverbères superbes aux élégants luminaires de bronze rehaussés d'or. Des enfants batifolent autour, jouant avec les poissons ou dansant en formant une ronde, liés par des couronnes tressées d'algues. Déjà surprenant à la lumière du jour, ce pont se métamorphose la nuit en une torche de feu ou en une rangée de torches flamboyantes.

Double page suivante.
Le pont Alexandre-III, diapositive colorisée, 8,2 x 10 cm, 1900. Brooklyn Museum, collection Goodyear.

Le pont Alexandre-III

Lieu d'émulation entre
les nations, les Expositions
universelles furent aussi
des occasions symboliques
de sceller des alliances
politiques. Dispositif essentiel
dans l'organisation urbaine de
l'Exposition universelle de 1900
puisqu'il était destiné à relier
le Champ de Mars aux Petit
et Grand Palais, le pont
Alexandre-III fut aussi élaboré
comme un cadeau offert par
la France à l'Empire russe pour
renforcer l'accord militaire qui
liait les deux pays depuis 1892.
Avec sa portée de 40 m sans pile
intermédiaire – de façon
à ne pas gêner la circulation
des bateaux –, le pont était
une prouesse technologique
des ingénieurs Jean Résal
(1854-1912) et Amédée Alby
(1862-1942) qui venaient de
se distinguer quelques années
auparavant avec le pont
Mirabeau. La difficulté résidait
également dans la nécessité
de concevoir un tablier
particulièrement peu élevé
préservant la perspective vers
les Invalides. Pour compléter
cette performance technique,
les architectes Joseph Cassien-
Bernard (1846-1928) et Gaston
Cousin (1859-1901) furent
chargés de réaliser
l'ornementation. L'iconographie
de l'abondant décor sculpté
qu'ils conçurent célèbre
principalement l'eau et
ses divinités, mais le style
emprunté, dont la richesse
assure l'insertion de l'ouvrage
d'art dans ce quartier historique
de Paris, est aussi un hommage
à la Russie, rappelant le baroque
majestueux des demeures
du règne de Catherine II
et la silhouette des ponts
qui ponctuent les canaux
de Saint-Pétersbourg.

Seton.
Paris 1900 E.U.

Camille Piton, *Armes de Russie du pont Alexandre-III*, aquarelle, 1900. Paris, BNF.

Camille Piton, *Intérieur du pavillon de la Russie*, aquarelle, 1900. Paris, BNF.

Phoque et renne dans la salle de la Sibérie, palais de l'Asie russe. *L'Exposition de Paris (1900) avec la collaboration d'écrivains spéciaux et des meilleurs artistes*, p. 341. Paris, Imprimerie générale Lahure, 1900.

LE PALAIS DE L'ASIE RUSSE, AU TROCADÉRO. — Ensemble de la Salle de la Sibérie.

Les frères Neurdein, *Le Trottoir roulant*, photographie argentique, 1900. Paris, BNF.

Au milieu du pont est gravé un cartouche avec cette inscription : Pont Alexandre-III, inscription que l'on retrouve sur les quatre pylônes, et cela pour éterniser le nom du précédent tsar et rendre hommage à son fils, le tsar actuel, Nicolas II, venu à Paris à la suite de l'accord franco-russe. C'est lui qui en posa la première pierre avec une truelle d'or pur au cours d'une cérémonie imposante dont le coût s'éleva à 64 000 francs et qui fut célébrée le 7 octobre 1896. Quant au pont, ses frais se montent à 7 millions de francs dont 1 million pour les sculptures et décorations.

Digression

L'Exposition se tient sur les deux rives de la Seine, lesquelles communiquent par des ponts permanents, tels le pont Alexandre-III, ceux des Invalides, de l'Alma et d'Iéna. Mais les impératifs de la circulation et les multiples encombrements ont rendu nécessaire la construction de trois passerelles provisoires pour faciliter les déplacements des visiteurs. En acier trempé, elles sont toutes d'une extrême solidité. Deux d'entre elles, installées près des ponts des Invalides et de l'Alma seront démantelées à la fin de l'Exposition, quant à la troisième, située dans un endroit très animé, elle sera maintenue. Entre le pont de l'Alma et celui d'Iéna, elle relie la rue de la Manutention* à la rive opposée où se dresse actuellement le palais des Armées de terre et de mer.

Le trottoir roulant et le train électrique

Compte tenu des proportions énormes de l'Exposition, les organisateurs ont pensé à divers moyens susceptibles de faciliter les déplacements d'un endroit à l'autre. Parmi ces moyens : les ponts et passerelles sur la Seine, les ponts suspendus au-dessus des rues, les fauteuils roulants qui permettent aux infirmes, aux hommes et aux femmes exténués par la marche, aux malades ou aux personnes âgées de circuler à l'intérieur de l'enceinte. S'y ajoutent les escaliers fonctionnant à l'électricité et qui vous permettent de monter du rez-de-chaussée aux étages supérieurs dans les différents palais. Quant aux bicyclettes et voitures, leur usage est strictement interdit, les principaux moyens de transport public de l'Exposition étant le trottoir roulant et le train électrique.

Le trottoir roulant

Je ne sais lequel parmi les savants français (peut-être Pascal ?) a dit : « Les fleuves sont des chemins qui marchent. » Quoi qu'il en soit, nous avons vu dans cette Exposition un chemin qui marche, un chemin non pas aquatique, mais de bois et mû par la force électrique. Avant de parler de l'impression qu'il m'a faite, il est indispensable d'en expliquer le mode de fonctionnement au lecteur, en détail.

À la frontière méridionale de l'Exposition, on peut voir des charpentes et piliers de bois, 268 en tout, placés en enfilade et reliés à des arches de fer et d'acier de forme carrée, aux angles légèrement incurvés. S'élevant à 7 m du sol, sur une longueur de 3 370 m, ces arches supportent un trottoir dont le tintamarre rappelle celui d'un moulin géant et justifierait le dicton : « J'entends ton tintamarre et ne vois pas ta farine. » Ce trottoir roule du matin au soir sans interruption dans un sens unique comme une boucle dont on ne verrait pas les deux extrémités. L'électricité communique sa puissance surprenante à des roues dentées qui s'imbriquent dans des poulies placées sous le trottoir à la manière d'un mécanisme d'horlogerie, mais en avançant dans le sens inverse des aiguilles d'une montre. Le mouvement est transmis des rouages aux poulies qui mettent en branle les planches de bois rattachées au trottoir, lequel roule dès lors de manière continue. Ce trottoir se compose de trois plates-formes parallèles : l'une, immobile et bordée d'une rampe fixe, a 1,10 m de large ; la deuxième, d'une largeur de 1,90 m, obéit à un mouvement léger ; la troisième, rapide, de 2 m de large, possède une rampe mobile.

Pour que le lecteur se fasse une idée de ce trottoir, je le prie d'imaginer un câble télégraphique en activité, en train de se déployer, grâce à l'énergie mécanique, à partir de la bobine sur laquelle il est enroulé. Ou d'imaginer le ruban interminable qu'un escamoteur fait sortir de son gosier dans les *mouleds*[76] et les foires. Ou une chaîne de noria fonctionnant, non à la verticale comme dans les champs et les vergers, mais à l'horizontale, ses godets en rangs pressés formant un grand anneau entouré par une balustrade. Ou encore une énorme roue posée sur le sol et tournant grâce à plusieurs pivots. Cependant on approchera davantage de la vérité en se figurant un train de chemin de fer, renversé sur le dos, immobilisé au sol, les roues des wagons étant les seules à rouler en permanence et régulièrement avec, au-dessus d'elles, la bande de chemin de fer, engrenée à elle par des roues dentées. Dès lors, c'est elle qui se meut grâce à la pulsion des roues. Situation inversée donc, où le train reste immobile tandis que les rails coiffés de leur toit de bois transportent les voyageurs sans s'arrêter à des stations. Ce « toit » est fait de planches emboîtées les unes dans les autres et réunies par de nombreuses articulations qui assurent leur raccord et leur bon fonctionnement dans les coudes et les pentes.

Double page suivante.
Les frères Neurdein, *Le Trottoir roulant*, photographie argentique (à droite, le pavillon de l'Italie), 1900. Paris, BNF.

Le trottoir roulant

C'est sans doute sur les conseils du directeur des services d'architecture de l'Exposition, Eugène Hénard, que les responsables de l'Exposition universelle adoptèrent le principe d'un trottoir roulant permettant aux visiteurs un déplacement rapide et continu. Le trottoir roulant reprenait en effet un projet d'Hénard pour l'Exposition universelle de 1889 qui avait été expérimenté avec succès en 1893 lors de l'Exposition de Chicago et en 1896 à Berlin. Comme à Chicago, ce furent les ingénieurs Schmidt et Silsbee qui furent chargés de sa mise en œuvre. Homme d'affaires et mécène, président de la Société de la Tour Eiffel, Gabriel Thomas en fut le promoteur financier. Active jour et nuit, la plate-forme électrique était installée sur un viaduc à 7 m du sol et suivait un parcours ponctué de neuf stations qui conduisait les visiteurs dans le sens inverse des aiguilles d'une montre de l'esplanade des Invalides à l'avenue de la Motte-Piquet en passant par le Champ de Mars. Un trottoir rapide (8 km/h) permettait de faire le tour en vingt-six minutes ; un trottoir plus lent (4 km/h) facilitait la montée et la descente. Symbole de la fascination exercée par le progrès technologique et des espoirs qu'il a suscités, le trottoir roulant fut également baptisé « rue de l'Avenir ».

Une moitié de ce « train » double roule à très petite vitesse : enfants et vieillards peuvent ainsi s'élancer dessus en toute sécurité et rejoindre de là, très facilement, la plate-forme fixe. Bien qu'il soit plus aisé d'emprunter ce mode de déplacement que de monter dans un wagon de tramway en train de démarrer très doucement, on y a placé des barres d'appui en bois, coiffées d'une boule rouge, dont peuvent s'aider les plus effrayés. Elles leur épargnent toute peine aussi bien à la montée qu'à la descente. Cette plate-forme avance au rythme très lent d'un train omnibus. Son autre moitié, immédiatement contiguë, présente aussi des barres d'appui et roule deux fois plus vite, comme l'express qu'utilisent les gens pressés. La vitesse de la première plate-forme est de 4 km/h et l'autre de 8 km/h. C'est ainsi qu'on peut passer du quai fixe à « l'omnibus » puis de là à « l'express », en un clin d'œil et sans la moindre difficulté dans les deux cas.

Lorsqu'on se retrouve sur le « train » (puisque, au fond, c'est un train), qui court à 8 km/h, l'avantage, c'est qu'il ne s'arrête pas à des stations et ne dégage ni étincelles ni fumée de charbon. Les passagers peuvent donc jouir de l'air pur et de la vue alentour qui s'étend sur plus de 3 km. Un paysage leur plaît-il et les voilà passant graduellement ou sautant d'un bond sur le trottoir fixe, demeurant là aussi longtemps qu'ils le désirent et poursuivant ensuite leur trajet sur l'une des deux plates-formes mobiles.

Quant au secret de la différence de vitesse entre les deux trottoirs, alors que le courant électrique est un, il obéit au même principe que le mouvement des aiguilles d'une montre soumises à la même force mécanique : l'une, celle des minutes, achevant le tour du cadran en une heure, tandis que l'autre, celle des heures, l'accomplit en douze heures. Pour plus de précision, j'ajouterai que les deux trottoirs sont installés sur des petites roues successives roulant sur des rails similaires à ceux des locomotives à vapeur – rails posés sur les poutres et les piliers déjà mentionnés plus haut. Dans certains de ces piliers, on peut voir le courant électrique se transmettre aux poulies placées sous les deux plates-formes, selon un mécanisme proche de celui de la corde s'enroulant autour de la poulie d'un puits. Les poulies placées sous la première plate-forme étant d'un diamètre deux fois supérieur à celui de la plate-forme lente, la vitesse de la première est deux fois plus importante.

Le nombre des passagers que pouvait transporter ce trottoir a été évalué comme suit : à supposer que le trottoir lent serve uniquement de transition vers le plus rapide qui fait 2 m de large sur 3 370 m, sa surface totale atteindrait 6 700 m². Or, on observe généralement que quatre personnes peuvent tenir aisément en 1 m². Dans l'hypothèse que le mètre carré ne comprenne que deux personnes, les 6 700 m² pourraient recevoir 13 400 personnes en même temps. En comptant qu'un tour complet dure vingt-cinq minutes et que le trottoir reste quinze heures en activité, il peut transporter chaque jour 36 x 13 400 = 482 000 personnes. Si cela se réalise, le trottoir roulant aura été emprunté, lors de la fermeture de l'Exposition, par 200 x 482 000 = 9 600 000 êtres humains !

L'acier employé pour les arches atteint 1 500 t et le poids du cuivre des câbles électriques est de 50 000 kg ; 173 moteurs assurent l'alimentation en énergie de ce long ruban.

Le trottoir roulant

Il y a neuf stations au trottoir roulant. J'en ai choisi une et, après avoir payé le billet – soit un demi-franc (20 millièmes)[77]– et gravi l'escalier, j'ai pénétré dans la station, sorte de large cavité creusée dans le trottoir fixe. Je suis resté à contempler le mouvement des deux plates-formes et la façon dont elles transportaient les passagers puis, m'approchant du trottoir lent, j'ai posé la main très doucement sur la boule rouge qui surmonte l'une des barres d'appui qui s'y dressent et, accompagnant mon geste d'une formule d'exorcisme à l'encontre du Diable et d'une invocation au Tout-Puissant, j'ai allongé mon pied gauche sur la piste, soulevé l'autre en l'air et je me suis vu transporté sur le trottoir roulant comme Salomon sur son tapis volant[78] (toutes proportions gardées). Sans aucune peine ni secousse, je suis passé à la plate-forme express avec la sensation

d'une transition en douceur de 0 à 4 km/h, puis de 4 à 8 km. Très content de moi (surtout après la comparaison ci-dessus avec celui qui commanda aux vents et obtint allégeance des djinns et des esprits[79]), j'ai voulu accélérer ma vitesse et me suis mis à trotter sur la piste qui continuait à avancer régulièrement. J'étais comme quelqu'un qui marcherait sur le toit d'un train ou le pont d'un navire[80] progressant rapidement, et ma vélocité était si étonnamment décuplée que j'étais devenu (sans vouloir me vanter) l'un de ces privilégiés qui jouissent du don miraculeux du Pas[81], me félicitais de cette faveur et me rappelais ces vers :

Lorsqu'un présent vous vient du roi des rois,
Ne vous demandez pas pourquoi[82].

Assuré de compter désormais parmi les élus « dont le sort ne prête pas à inquiétude et qui n'ont pas à s'affliger[83] », je me suis mis à faire de grands pas en sens inverse de la marche du trottoir, négligeant d'aller de gauche à droite, mais je restais en fait au même endroit car au fur et à mesure que je m'orientais vers l'avant, le trottoir, prenant le contre-pied et continuant son chemin, me tirait obstinément vers l'arrière dans la plus complète indifférence, si bien que nos deux forces s'annulaient. Ma position restait inchangée, tandis que le trottoir fuyait toujours sous mes pieds. Je ressemblais fort à une écrevisse marchant à reculons ou plutôt à un dormeur obsédé par un cauchemar et saisi d'épouvante par le fantasme d'un incendie ou d'une noyade : malgré tout son désir de fuir, ses jambes le trahissent, ses forces l'abandonnent et il se retrouve paralysé au même endroit, de plus en plus angoissé par l'approche du danger. Jusqu'à ce que Dieu le délivre de cette vision de malheur, comme moi lorsque j'ai repris ma première position dans le sens de la marche.

Puis je suis passé au trottoir à vitesse plus modérée et ensuite au fixe, et inversement en sautant de l'un à l'autre. Et j'avais devant moi, déployés dans tout leur éclat, différents points de vue de l'Exposition. Dans certains tournants, je me retrouvais à la hauteur du premier étage des immeubles et c'est alors que je plaignais les habitants constamment exposés aux regards de tous, gens de l'élite et du commun, proches et étrangers, accourus de tous les coins de la terre. À l'évidence, ils ne peuvent ni fermer les fenêtres – à moins d'étouffer –, ni les laisser ouvertes – car ce serait se donner en spectacle aux autres et aux appareils photographiques. En effet ceux qui en possèdent parviennent très facilement à saisir à la dérobée leurs gestes et habitudes quotidiennes, et cela à leur insu. Oui, les habitants de ces étages peuvent, de leur place, voir leurs habits, leur mode de vie, leurs conversations, devenir un pôle d'attraction pour les gens du monde entier, qui défilent devant eux comme les soldats devant les souverains aux jours de grandes parades. Inversement, ils pourraient aussi prendre une photo de ces photographes au moment où, absorbés par leur activité au point d'en oublier le trottoir roulant, ils chancellent et s'affalent, empêtrés dans leur appareil. Mais il leur faudrait être à l'affût de cet instant précis de culbute et de chute, et comme il y a fort peu de chance que cela arrive, beaucoup d'habitants du premier étage ont préféré déménager, comptant réintégrer leur domicile à la fin de l'Exposition[84].

Quant à moi, je me suis assis à un café établi sur la plate-forme fixe pour m'adonner au plaisir de regarder les piétons passer devant moi, comme je l'avais fait moi-même devant d'autres. Je les observais défilant à la suite à vive allure, seuls ou par couples, hommes et femmes, petits et grands, comme des apparitions se profilant sur les rideaux d'un théâtre d'ombres. J'avais l'impression de les voir dans un songe ou mus par la main d'un pouvoir supérieur – le pouvoir de l'électricité – vers la presse immense du Jugement dernier ou, disons plutôt, la mêlée de l'Exposition.

Parmi les scènes les plus étonnantes auxquelles j'ai assisté : le cortège d'une mariée. Voici les faits : les gens se ruent vers ce genre de transport et on a peine à imaginer combien ils en raffolent. Ils inventent d'ingénieuses façons d'y monter et y exécutent des figures de danse non moins surprenantes. Mais le clou du spectacle a été un cortège de mariée, dans tout son éclat : elle était montée, avec sa robe blanche éblouissante, au bras de son mari en costume noir, tous deux suivis de leurs familles, de leurs invités et des musiciens munis de tous les instruments propres à animer la noce. Ce groupe insolite et charmant a accompli le tour complet du trottoir, disposé sur plusieurs rangées qui se faisaient face ; puis ils se sont mis à manger, à boire, à se verser de nouvelles coupes de vin, dans une atmosphère de bonne humeur, d'euphorie, de chants et d'applaudissements. Et les gens qui les côtoyaient, les précédant ou les suivant, redoublaient les motifs de leur joie et de leur allégresse, et s'en amusaient aussi. Voilà.

Le train électrique

Sachez que ce train ressemble au tramway du Caire[85], si ce n'est qu'il roule à plus vive allure et d'une façon continue vu qu'il dispose d'une voie qui lui est réservée et qu'il ne s'arrête qu'à cinq stations. L'autre différence, c'est que le courant électrique lui parvient non à travers des fils suspendus en l'air qui font ressembler les rues à des cages, mais par un troisième rail, placé au milieu des deux autres ou parallèlement aux wagons, et en contact permanent avec un appareil de frottement en saillie, le plus souvent installé sous le train, lequel s'alimente ainsi de l'énergie dont il a besoin. Ce train évolue tantôt le long du trottoir roulant, tantôt en dessous. Dans ce cas, très fréquent, leurs trajets coïncident exactement. La vitesse de ce train est bien supérieure à celle du tramway, d'abord en raison de la puissance du courant, deuxièmement parce que son parcours n'est pas entravé par des imprévus dus à la circulation des piétons et des divers véhicules, troisièmement parce qu'il n'est pas forcé à s'arrêter pour laisser monter ou descendre des passagers si ce n'est aux arrêts desservis.

Reposant sur des rails dont l'écartement est de 1 m, il atteint la vitesse moyenne de 17 km/h. Parmi ses avantages : l'absence de locomotive. Plus de sifflements donc, ni de fourneaux si perturbants pour les voyageurs. Contrairement au trottoir roulant, il avance dans le sens des aiguilles d'une montre, soit de droite à gauche, et le ticket y coûte une piastre.

Les jours de grande affluence, notamment les dimanches et jours fériés, il arrive qu'une quarantaine de trains se succèdent en une heure. On compte 10 voitures automotrices, d'une puissance de 36 chevaux chacune. Les autres, destinées à être tirées, sont au nombre de 18. Les premières peuvent recevoir 80 passagers dont 46 assis, les autres près de 60 personnes dont la moitié reste debout. Chaque train se compose de trois voitures, dont celle de tête est automotrice, et peut donc transporter 80 + 60 + 60 = 200 passagers. Employant 40 wagons qui se succèdent régulièrement, ce chemin de fer électrique peut ainsi assurer le déplacement de 8 000 personnes en une heure. Durant les quinze heures de sa mise en service, ce moyen de locomotion peut transporter 120 000 personnes par jour. Éliminons-en un tiers et multiplions le reste par les jours d'ouverture de l'Exposition – soit 200 – et nous verrons que, durant cette période, il a pu transporter 16 millions de voyageurs au moins.

Sachez que le trottoir roulant et le train électrique appartiennent à la même compagnie dont le capital s'élève à 4 millions de francs. Il est probable que l'affaire tournera finalement pour elle à un marché de dupes.

Aussitôt monté dans ce train, j'ai été pris de vertige. Chaque fois que nous passions à côté du trottoir roulant, j'avais l'impression en le regardant qu'il était immobile tout comme les visiteurs qui l'avaient emprunté, et cela uniquement en raison de la vitesse du train par rapport au mouvement du trottoir. C'est en douze minutes, arrêts compris, qu'il a accompli tout son parcours et m'a redéposé à mon point de départ.

Les prodiges de l'électricité et de la mécanique à l'Exposition

Cette force prodigieuse est l'âme de l'Exposition. Grâce à elle, des miracles ont été accomplis. Un chercheur trouverait difficilement assez de temps, de papier, d'énergie intellectuelle pour décrire ou connaître toutes les choses cachées, tous les phénomènes stupéfiants que l'homme a pu découvrir par son intermédiaire. Elle est le talisman absolu, le secret suprême que la raison a soumis à son pouvoir pour réaliser ce que les premiers hommes, même les héros des mythes et des légendes, n'auraient jamais rêvé accomplir. Nous tenterons dans les lettres suivantes de signaler les résultats actuels de la science et de la recherche, et cela dans la mesure du possible, car l'exhaustivité est inaccessible et, de plus, personne n'est parvenu, à ce jour, à connaître la vérité entière sur cet obscur secret.

Cette électricité donc, à l'Exposition, nous a ensorcelés et médusés, puis elle nous a apporté enseignement et profit, au-delà de toute prévision, avant de nous sustenter et de nous revigorer après nos longues et exténuantes déambulations à travers cette Exposition qui, sorte d'abrégé de l'Univers, justifie parfaitement le titre que nous avons choisi : *L'Univers à Paris*. Nous aurions également été fondés à l'appeler le « microcosme », à l'instar de nos maîtres soufis[86] qui emploient ce terme pour désigner l'Homme.

Le train électrique

Géré comme le trottoir roulant par la société
de Gabriel Thomas, le train électrique était
une autre des curiosités de l'Exposition
dans le domaine des transports. Il suivait
le même parcours que les trottoirs mobiles,
mais circulait à une vitesse bien supérieure,
17 km / h, tantôt sur une voie aérienne,
à 7 m de hauteur, tantôt au sol ou même
sous terre.

Le palais de l'Électricité (architecte: Eugène Hénard, sculpteur: Laurent Marqueste), *photographie argentique. Paris 1900, Exposition universelle*, Paris, E. Le Deley, 1900.

En effet, nous avons eu la chance de savourer la gastronomie électrique. Maudite soit la grenouille et le jour où je l'ai consommée, certes, mais il convient de nous rappeler le précepte divin – « Les bonnes œuvres effacent les mauvaises[87] » – car c'est bien elle qui est à l'origine de la découverte de l'électricité, comme on sait. Il est donc de votre devoir, après l'avoir digérée, de lui accorder une pensée compatissante.

Potage à l'électricité, poisson à l'électricité, légumes à l'électricité, ragoût à l'électricité, bifteck à l'électricité, pâtés à l'électricité, pâtisseries à l'électricité, etc., etc.

Que le lecteur n'aille pas croire que ces mets ont été exécutés à l'électricité, à l'aide d'une machine à cuisiner. Jusqu'à présent ce vœu n'a pas encore été exaucé, bien que l'on commence ici, dans la plupart des activités, à employer les machines à la place de l'homme. À tel point que j'ai pu voir à l'Exposition, notamment parmi les productions du Canada, des États-Unis et de l'Allemagne, des machines à fabriquer des chaussures.

L'invention de ce type de machines revient à une maison de commerce de l'Ouest américain qui emploie 600 ouvriers. Le plus étrange, c'est que cette nombreuse armée n'a d'autre travail que de surveiller les machines et leur système de commande, comme c'est le cas pour les locomotives à vapeur, les moulins, les égreneuses, etc. Ainsi les chaussures sont-elles fabriquées par des machines, ce qui réduit leur prix à presque rien au Canada et dans les États de l'Ouest américain. J'ai suivi le fonctionnement prodigieux de ces machines, j'ai vu à quelle élégance de forme elles parvenaient dans la confection d'une chaussure et j'ai appris que celle-ci arrivait au terme de sa fabrication après avoir passé par les mains de 160 ouvriers, alors que le processus, lui, ne dépasse pas les vingt-neuf minutes trente, soit moins d'une demi-heure !

Le Palais lumineux (sur le Champ de Mars), photographie argentique. *Paris 1900, Exposition universelle*, Paris, E. Le Deley, 1900.

En voici le détail : une minute et demie pour couper le cuir, huit pour les coutures, huit et demie pour le maintien dans le moule, neuf et demie pour la semelle, neuf et demie pour les œillets, les boutons, les lacets et ce que les gens du métier appellent la « finition ». Il se fabrique de cette façon 1 000 chaussures par jour.

J'ai vu aussi des machines à cirer les chaussures, les nettoyer et leur appliquer diverses couleurs. Quand donc l'Azbakeyya[88] pourra-t-elle s'en procurer en nombre afin que nous soyons délivrés des cireurs moricauds, de leur insistance éhontée ? On glisse dans une fente placée en haut une pièce équivalant à 4 millièmes environ. Si elle est fausse, la machine vous la rend très poliment en affichant la formule : « Merci » ; jugée bonne, elle la conserve en toute intégrité et ouvre devant vous une série d'orifices où votre pied passera, tour à tour, par diverses brosses : la première ôte la poussière, la suivante applique le cirage voulu, la troisième frotte et fait reluire. Puis de même pour l'autre pied. L'opération une fois terminée, apparaît la formule finale : « Merci, monsieur ! »

Quant aux machines cuisinières, on n'a pas encore réussi à les inventer. Que les cuisiniers se rassurent donc : ils resteront devant leurs fourneaux, mais pour combien de temps ? Jusqu'à ce que la mécanique et l'électricité s'unissent pour nous délivrer d'eux à jamais. Et nul doute que cet espoir ne se réalise bientôt. Car les inventeurs, poussés par tout ce que nous endurons du fait de l'impertinence et des tracasseries des cuisiniers, ne cessent de travailler nuit et jour à la création d'une machine où l'on introduirait, d'un côté, un lapin vivant pour obtenir, de l'autre, un succulent civet avec à ses côtés un chapeau haut de forme destiné à réjouir les spectateurs. Pourquoi pas, puisqu'ils ont bien construit des oiseaux imitant le saut et le gazouillis des hôtes des arbres ? Ne sont-ils pas arrivés, il y a déjà bien longtemps, à inventer une machine à calculer jusqu'à des

Le palais de l'Électricité,
verre à décor polychrome,
11 x D. 4,8 cm, 1900.
Musée des Traditions et Arts
normands, Martainville-Épreville.

Le palais de l'Électricité,
diapositive colorisée,
8,2 cm x 10 cm, 1900.
Brooklyn Museum, collection
Goodyear.

nombres très importants, si diverses qu'en soient les fractions et les décimales ? Et pourtant cette machine, qui avait paru d'abord sensationnelle, inconcevable, est devenue tout à fait commune et insignifiante en comparaison de celle, inventée récemment par un savant américain du nom de G. B. Grant de Boston, afin de résoudre les équations algébriques. La difficulté de ces opérations, la durée nécessitée par leur résolution, les milliers de chiffres qu'elles exigent, rien de cela n'échappe aux experts en mathématiques. Voilà pourquoi les scien-tifiques lui ont fait un accueil délirant, bénissant l'économie de temps et de travail qu'elle leur offre, sans compter l'extrême précision de ses calculs.

Il n'y a, dans toute l'Exposition, qu'une seule cuisine électrique, installée au bord de la Seine, sous le pavillon de l'Espagne. La cause en revient peut-être en grande partie à nos aïeux d'Andalousie (Dieu ait leur âme), car ce palais contient d'inestimables trésors. D'où l'interdiction formelle d'utiliser pour combustible du pétrole ou l'éclairage au gaz au rez-de-chaussée afin d'éviter les incendies et d'assurer la meilleure protection à des chefs-d'œuvre sans pareils, tels le caftan de Boabdil, le dernier sultan des Banu Ahmar[89] dans le dernier fief des musulmans en Andalousie : Grenade ; ses armes, deux étuis dans lesquels il conservait deux exemplaires du Livre sacré et qui sont des merveilles de l'art mauresque, lequel témoigne et témoignera à jamais de la grandeur de cette glorieuse époque désormais révolue. Dans le même palais, on peut voir encore le heaume de bronze rehaussé d'argent porté jadis par le corsaire algérien Khayr-al-Din, mieux connu chez les Européens sous le surnom de Barberousse. Le reconnaissant sur mer grâce à la couleur de sa barbe, les Francs fuyaient devant lui, mais il les pourchassait comme un chat les souris.

Cette interdiction cependant n'ébranla pas la détermination des maîtres ès-secrets électriques, lesquels proposèrent au gouvernement espagnol de les autoriser à utiliser cette énergie, ce qu'il leur accorda, vu qu'à la différence des autres moyens de combustion elle n'entraîne ni fumée, ni suie, ni odeurs pestilentielles et surtout ne comporte aucun danger d'incendie.

Dans ce restaurant peuvent manger chaque jour 600 personnes. Le nombre de ceux qui l'ont fréquenté depuis son inauguration le 24 avril jusqu'au 10 juin dernier se monte à 2 200 clients. Selon les calculs qu'on en a fait, un repas complet ne coûterait qu'un sou en combustible, prix infime, assurément. Quant à l'installation électrique, elle fonctionne grâce au courant qui passe par plusieurs matières solides très résistantes, qui se mettent à chauffer, puis à brûler jusqu'à l'incandescence, en dégageant une chaleur intense. Ces matières composées de pierre à feu conductrice mêlée à des matériaux céramiques isolants prennent la forme de disques fins, de barres ou de plaques.

Le restaurant possède un grand fourneau d'une longueur de 2 m sur 1,15 m de large, muni de huit réchauds dont la température peut s'élever jusqu'à 1 200 degrés. Il dispose également de deux grandes poêles à frire, de deux fours à chaleur ajustable selon les besoins des cuisiniers, d'une bassine d'eau d'une capacité de 30 l et d'une autre de même dimension pour les légumes, ainsi que de deux petits réchauds pour le café, le chocolat et le thé.

Les gens bien informés affirment que les frais en électricité de cette cuisine ne dépassent pas ceux des autres énergies combustibles dans le reste des restaurants.

Illuminations nocturnes

Après une longue attente, durant laquelle on réglait l'éclairage, l'électricité fit enfin son apparition entre les bataillons des ténèbres, intimidant les astres par son éclat radieux. Qui pourrait décrire ce spectacle ou exprimer le tressaillement qui vous saisit à ce moment ? L'œil ébloui, le cœur en extase, les lèvres balbutiantes, les doigts gourds, l'esprit ébahi, la raison en déroute, le spectateur devient la stupéfaction incarnée.

Le palais de l'Électricité

Déjà très présente lors de l'Exposition
de 1889, l'électricité, qui fascine Zaki tout
au long de son parcours dans l'Exposition
universelle de 1900, était célébrée par deux
allégories situées sous la porte d'entrée
monumentale qui accueillait les visiteurs.
Elle disposait également d'un pavillon
propre. L'architecte en était Eugène Hénard
(1849-1923), directeur des services

d'architecture de l'Exposition, dont le projet
pour le concours d'idées de 1894 avait
grandement influencé l'organisation urbaine
finale des pavillons et qui deviendra célèbre
pour ses écrits visionnaires sur l'urbanisme
parisien. Si sa situation au fond de la
perspective du Champ de Mars laissait
espérer une mise en valeur monumentale,
l'édifice était en réalité masqué par un

immense château d'eau d'inspiration
baroque conçu par Edmond Paulin qui
dissimulait son féerique décor de dentelle
métallique. Peut-être est-ce pour cette
raison que Zaki l'évoque si peu alors
qu'il contenait de nombreux exemples
d'application de l'électricité et fournissait
une grande partie des pavillons
de l'Exposition en énergie.

Supposons qu'Ismaïl[90] ressuscite, dans la vallée du Nil, que la Fortune le seconde, qu'il soit restauré dans sa gloire, que Le Caire s'orne pour lui de flambeaux et de lumières, qu'à tous les carrefours claquent au vent les oriflammes de sa grandeur, que la capitale resplendisse de tous les feux de ses plus belles nuits, tout cela se réduira au point sur la lettre *noun*[91], à une faible part du tableau qui s'est offert à nos yeux lorsque furent actionnées les illuminations de l'Exposition universelle.

Ou encore, imaginez Bagdad, à l'époque des Abbassides, sous le règne fastueux de Harun al-Rachid[92], supposez que le temps ait tourné en faveur de l'Orient, qu'il ait été restitué dans sa puissance et son éclat, que Dieu lui ait rendu le rang éminent qui lui est toujours revenu, qu'il y ait grand rassemblement de foules pour célébrer cet âge nouveau en des festivités inouïes et non pareilles, où l'on aurait réuni les raffinements les plus inventifs en un tableau surpassant en splendeur les fantaisies les plus féeriques. Puis multipliez-le des centaines de milliers de fois et rehaussez-le à l'infini, au gré de votre caprice et vous verrez surgir devant vous une pâle ébauche de ce que sont les illuminations nocturnes de l'Exposition.

L'électricité déferle comme un flot de lumière sur le fleuve et les canaux, les rues et les artères, entre les édifices et dans les arbres, sur la surface des flots et au cœur du ciel, multipliant les ombres mobiles.

Elle ceint les palais de parures scintillantes, fait resplendir dômes, portails, colonnes, statues et flamboyer les ponts au milieu des eaux, et tout n'est plus que lumière rehaussée de lumière[93]. Les fontaines et les vasques, les bassins et les canaux où j'avais suivi durant la journée les jeux de l'eau, entre les pelouses et les bosquets fleuris, s'étaient métamorphosés maintenant en flammes de feu. Admirable électricité vraiment, qui marie et harmonise les contraires !

Sénicourt, *Le Pont Alexandre-III*,
négatif noir et blanc sur support
verre, vue stéréoscopique,
4,5 x 10,5 cm. Ministère
de la Culture – Médiathèque
de l'architecture et du patrimoine.

Je me tenais sur le pont, entre des feux simulés. Les deux rives du fleuve ressemblaient à des filaments d'or ou à des chaînes scintillantes dont les reflets jouaient sur les flots, redoublant leur éclat à l'infini. Le fleuve avait l'air d'une coulée de feu. À sa vue on était pénétré d'effroi et d'émerveillement. Les bateaux à vapeur eux-mêmes semblaient avoir disparu, effarouchés, réduisant au silence leur sirène et leurs grondements. Leur ombre devient invisible, leur vibration inaudible !!! Où que se posent mes regards, tout n'est plus que fusion de la lumière et du feu.

Sur les tours palpitaient au vent des drapeaux éclairés. Les gyrophares lançaient des myriades de faisceaux qui envahissaient tout l'horizon avec une rapidité phénoménale et, en alternance, éclairaient puis cédaient la place à l'obscurité, donnant au spectateur l'illusion d'un rêve. Au cours de ma promenade dans quelques ruelles, dont la rue de la Gaîté* où se côtoient plusieurs lieux de divertissement parisiens, j'ai remarqué aux arbres des lampions allumés, multicolores et aux formes variées qui, en donnant l'illusion que les branches étaient décorées de fruits et de fleurs épanouies, ravivaient l'éclat du feuillage et vous séduisaient les yeux et l'âme. Lors de cette nuit blanche, je suis entré dans l'Exposition par la Porte monumentale. Au spectacle qui s'offrait à moi, je me disais : « Il n'existe rien de plus beau. » Mais, parvenu au pont d'Iéna, je me suis arrêté et ce que je venais de considérer comme le comble de la beauté a commencé à perdre de sa force. Car j'apercevais, si l'ombre d'al-Khansa[94] m'y autorise, « une tour couronnée de feu » ou plutôt une tour de feu multiplié par du feu : la Tour Eiffel aux énormes arcs illuminés, auréolée de faisceaux étincelants, qui semblaient transpercer le ciel jusque dans ses plus hautes cimes. Je l'ai vue, comme le gigantesque pendentif d'une chaîne d'or dont la terre se serait parée pour rivaliser avec le ciel et ses astres. Sa charpente de fer demeurant invisible même au regard le plus acéré, ses lumières paraissaient comme suspendues dans le vide par une puissance occulte. Grâce soit rendue à Celui qui a créé l'homme à la fois faible et fort, et lui a donné cette faculté impalpable qui comprend tout et ne se comprend pas elle-même. La raison dans l'homme n'est-elle pas comme l'électricité dans l'Univers ?

Double page suivante.
La Rue des Nations à l'Exposition
universelle, avec le pavillon
de la Norvège, le pavillon
de l'Allemagne, le pavillon
de l'Espagne, lithographie.
L'Illustration, 1900.

La Rue
des Nations

Conçue comme un lieu
d'échange et de confrontation
des nations, les premières
Expositions universelles
accueillirent les productions
des différents pays sous
un même toit, une façon
de faciliter comparaisons et
rapprochement. C'est en 1867
qu'apparurent les premiers
édifices consacrés exclusivement
à une nation : le plus célèbre
fut le palais du Bardo conçu
par l'architecte Alfred Chapon
sur le modèle de la résidence
d'été du bey de Tunis pour
représenter la Tunisie.
Poursuivant cette idée,
l'ingénieur Georges Berger,
qui avait été responsable de la
section étrangère de l'Exposition
de 1867 et qui était le directeur
de l'Exposition de 1878, établit le
principe d'une Rue des Nations.
Repris et développé, le concept
se déclina à différentes échelles
et selon différentes thématiques :
en 1889, la Rue du Caire
proposait un voyage exclusif
dans la capitale égyptienne
tandis que les bâtiments conçus
par Charles Garnier autour
de l'histoire de l'habitation
humaine modulaient dans le
temps les spécificités nationales.
En 1900, avec le renforcement
des sentiments nationalistes
et identitaires, l'idée d'une
rue rassemblant les pavillons
des différentes nations se trouva
particulièrement mise en valeur
par le plan de l'Exposition :
elle était située de façon
monumentale et pittoresque
au bord de la Seine.

Le bassin du Trocadéro, les Indes russes, photographie argentique. *Paris 1900, Exposition universelle*, Paris, E. Le Deley, 1900.

Marius Bar, *Perspective des nations*, photographie argentique, 1900. Paris, BNF, département des Estampes et de la Photographie.

Regardant derrière moi du côté du Trocadéro, j'ai vu les fontaines lancer des jets d'eau entremêlés à des rais lumineux dont l'aspect et les couleurs changeaient d'une seconde à l'autre, jaillissant à des hauteurs diverses pour retomber dans les bassins. Et les gens se tenaient bouche bée, ne sachant que dire de ces merveilles. On entendait uniquement des Oh! suivis de nombreux Aaaah! Reportant mes regards sur le palais de l'Électricité, j'ai vu alors ce que nul œil au monde ne verra, ce qu'aucune oreille n'entendra et qui n'a traversé l'esprit de personne.

Puis, monté au sommet de la Tour Eiffel, j'ai eu la sensation ineffable d'être sur une coulée de lumière, sur un navire de lumière, dans une mer de lumière, et j'ai senti en moi l'impossibilité de décrire cette impression. Je vous traduis là, dans la mesure du possible, ce que j'ai vu. D'autres, parmi les écrivains et agréables conteurs, ont visité l'Exposition. Qu'ils aient donc l'amabilité d'intervenir et de compléter le tableau… Car si savant qu'on soit, on trouve toujours plus savant que soi!

La Rue des Nations

Une grande partie de l'Exposition s'étend sur la rive gauche de la Seine. Merveille inouïe, il est difficile de trouver sa pareille car c'est le rendez-vous de tous les peuples, tribus et clans. On y entend toutes les langues, on y voit les races et les costumes les plus divers et l'on croirait voyager en rêve d'une contrée à l'autre, d'un climat à l'autre et contempler l'ensemble des styles d'ar-

Marius Bar, *La Terrasse des Nations* (au fond, le pavillon de l'Empire ottoman), photographie argentique, 1900. Paris, BNF

chitecture et de demeures existant aux quatre coins du globe. Comment ne pas s'imaginer après cela que « l'Univers est à Paris » ?

Un écrivain s'est rendu célèbre par son roman d'aventures[95] : *Le Tour du monde en quatre-vingts jours*. Or cette Exposition donne au visiteur l'occasion de voir ce que le monde contient de plus grand, de plus beau, de plus impressionnant en huit jours ou huit heures. Mais alors que l'auteur du roman a fondé son récit sur des chimères, le visiteur, lui, est face à une réalité palpable. Admirez ce progrès et ce raccourci, et constatez avec moi combien la vérité dépasse l'imagination.

Chaque nation s'est efforcée de faire montre de ses plus prestigieux chefs-d'œuvre d'architecture tout comme elle a cherché à l'emporter sur les autres en réunissant dans son pavillon ses trésors les plus précieux; certaines, comme l'Allemagne et l'Espagne, allant même jusqu'à exposer des œuvres à peu près inaccessibles dans leur pays d'origine si ce n'est à quelques rares privilégiés.

Certains de ces pavillons sont réservés aux cérémonies et aux réunions officielles, et d'autres exposent également des produits locaux. Quelques-uns ont un air plein d'une si majestueuse gravité qu'on n'y entre que sur autorisation, tandis que d'autres ressemblent à des marchés ou à des foires où l'on se presse dans le plus grand tohu-bohu. Il en est qui rehaussent le renom du pays qui les a édifiés tandis que d'autres s'attirent la honte et le dédain. En présentant ces pavillons un à un, nous nous permettrons parfois des digressions sur l'inventivité et le savoir-faire propres à tel peuple. Car pareil sujet prête à nombre de ramifications.

Guide de l'Exposition universelle, vue générale des pavillons de Monaco, de Roumanie, d'Espagne et d'Allemagne, p. 22. Paris, Hachette, 1900.

230 — AUTRICHE

ALLEMAGNE   ESPAGNE   ROUMANIE   MONACO

Au sommet de l'édifice, un attique avec trophées guerriers. A chaque angle, un petit dôme qui ressemble à un baldaquin à glands d'or.

Des deux côtés de l'entrée, une niche où bruit une fontaine retombant dans une grande vasque où des Amours enfants jouent avec des dauphins qu'ils chevauchent.

REZ-DE-CHAUSSÉE Un grand Vestibule conduisant au Hall central, en face d'un Escalier monumental aux rampes formant des volutes massives.

1re Salle, à dr., Salon de Réception, décoré par une des premières maisons de Vienne, et réservé aux membres de la Famille Impériale.

2e Salle, Exposition de la Presse, avec, au *fond,* une 3e Salle servant de Salle de Lecture.

4e Salle, Au fond, Exposition des Stations balnéaires et des Eaux minérales d'Autriche : collection d'Aquarelles représentant les Stations balnéaires.

5e Salle, à g. Exposition de la Ville de Vienne. Tableaux et graphiques indiquant le développement de la Ville ; Métropolitain, Architecture, etc.

PREMIER ÉTAGE Deux des côtés sont réservés à une Exposition des Beaux-Arts, surtout l'art Tchèque et l'art Polonais.

3e Salle. Au fond, Salon de Réception du Commissaire général.

4e Salle. Exposition de la Dalmatie : belles et curieuses Tapisseries.

5e Salle. Celle-ci est encore réservée à la Dalmatie : Musée Ethnographique, Costumes divers, etc., collections de photographies et de tableaux représentant les plus beaux paysages de cette contrée, une des plus belles, des plus pittoresques du littoral autrichien, le long de l'Adriatique. « Quand on descend du côté de Fiume, la capitale dalmate, par les terrasses naturelles étagées en plateaux successifs, nuancés de végétations aux mille couleurs, aux mille formes, aux mille odeurs, on découvre tout à coup la mer brillante, limpide et bleue comme un ciel tombé et dont les débris étincelants encadrent comme de miroirs les petites îles du Quar-

A L'EXPOSITION

Marius Bar, *Le Pavillon de l'Espagne* (architecte : José Urioste y Velada), photographie argentique, 1900. Paris, BNF.

Le pavillon de la Serbie (architecte : Ambroise Baudry), photographie argentique. *Paris 1900, Exposition universelle*, Paris, E. Le Deley, 1900.

Pages 154-155.
Le pavillon de l'Italie (architecte : Carlo Ceppi), diapositive colorisée, 8,2 x 10 cm, 1900. Brooklyn Museum, collection Goodyear.

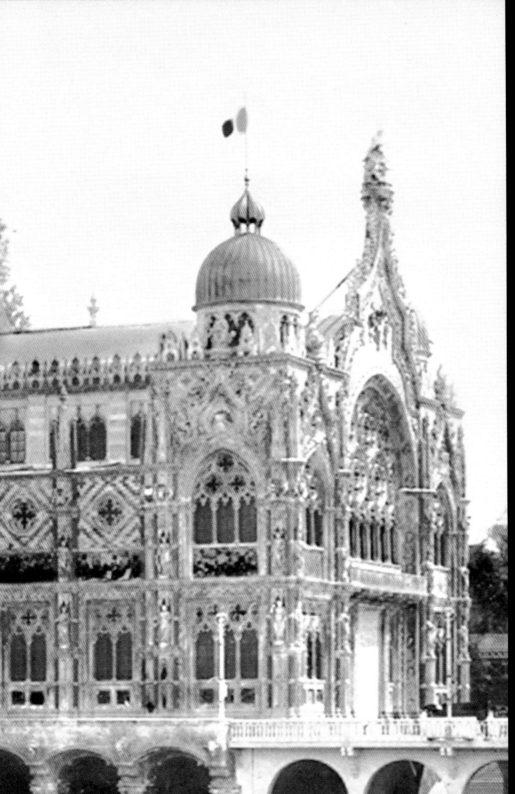

Le pavillon de l'Italie

Le pavillon érigé par l'Italie pour l'Exposition universelle de 1900 était particulièrement imposant, tant par ses dimensions et sa situation, à l'entrée de la Rue des Nations, que par son architecture éclatante. Sa réalisation en revint à l'architecte turinois Carlo Ceppi (1829-1921), associé à Gilodi et Salvadori, avec lesquels il avait déjà collaboré lors de l'exposition nationale de 1880 et de l'exposition d'art sacré de Turin en 1898. Très actif à Turin, Ceppi avait commencé sa carrière dans le domaine de la reconstitution historique, avec l'achèvement du dôme de Florence, sa première œuvre. C'est dans un esprit comparable qu'il aborda la conception du pavillon de l'Exposition universelle de 1900, amalgame éclectique de références à l'architecture vénitienne. Les quatre portes d'entrée reproduisaient la porte Della Carla du palais ducal de Venise tandis que les marbres colorés et les cinq dômes en bronze doré évoquaient Saint-Marc. Cette mise en valeur de la richesse architecturale de l'Italie du Nord était sans doute une façon de refléter l'essor industriel de cette région, moteur économique du pays. À l'intérieur se déployaient d'abondants exemples de l'éclat des arts décoratifs italiens, dentelles, céramiques, mosaïques ou encore ferronneries.

Le pavillon de l'Italie, détail, diapositive colorisée, 8,2 x 10 cm, 1900. Brooklyn Museum, collection Goodyear.

En allant vers la Tour Eiffel, on rencontre d'abord :

Le pavillon de l'Italie

L'édifice, d'une hauteur si impressionnante qu'il semble éventrer les nuages, a suscité une admiration unanime,

– parce que, étant le premier sur le chemin du visiteur, il opère sur lui l'effet que les rhétoriciens appellent la séduction du commencement,

– parce qu'il l'emporte sur tous les pavillons par ses vastes dimensions : 65 m de long sur 28 m de large,

– en raison de ses coupoles grandioses,

– en raison de ses couleurs superbes, notamment la couleur or dont le pouvoir fascinant est bien connu,

– pour la quantité extraordinaire de statues qui ornent ses façades, ses balcons, ainsi que son intérieur,

– pour le mélange entre le religieux et le profane : l'extérieur évoquant les somptueux palais dont s'enorgueillit l'Italie, tandis que l'intérieur ressemble à ses basiliques.

Sachez que le gouvernement italien, malgré l'état de dénuement dont il souffre, a alloué un demi-million de francs à la seule construction de cet édifice élégant qui donne au visiteur l'impression d'être en Italie. En effet, il y voit tout ce qui s'y fabrique de plus luxueux : vaisselle en porcelaine, en cuivre, en verre, en cristal (d'une ou de plusieurs couleurs), objets en émail, métaux martelés. Quant aux plafonds, des lustres en cristal, d'un raffinement exquis, y sont suspendus : éclairés la nuit à l'électricité, ils resplendissent d'un éclat si intense qu'on en restait interdit, n'en croyant pas ses yeux. Il y a eu affluence de visiteurs tout exprès pour ces lustres dont certains ont été vendus plus de cent fois !!!

Ce qu'on voit de remarquable dans ce palais, ce sont les ouvrages en dentelle de soie, vrai plaisir pour les yeux et prodiges de finesse qui vous laissent ébahis surtout lorsqu'on apprend que les dentellières ne sont payées que 2 ou 3 francs par semaine alors que le travail qu'elles exécutent en un jour se vend à des centaines de francs.

Autre curiosité, un chef-d'œuvre rare, témoignant d'une patience qui défie le temps : un livre racontant l'Histoire de France de 1789 à 1900, entièrement calligraphié en caractères gothiques, type d'écriture qui correspond, si l'on tient compte des lettres qu'en a supprimé le vizir Ibn Muqla al-Baghdadi[96], à notre coufique[97], lequel est encore employé en Orient. Le livre est fait de feuilles de parchemin agrémentées de belles enluminures aux couleurs vives.

Le palais est entièrement construit en bois, avec tout juste la quantité de fer nécessaire pour réunir les plafonds aux murs. Mais il est recouvert de couches de plâtre et de carrés de gypse si bien imités qu'on croirait l'édifice bâti en pierre dure et en marbre précieux.

L'Italie est présente dans quinze sections de l'Exposition et dans trois de ses annexes, ce qui lui a coûté 400 000 francs supplémentaires destinés à prouver que, renaissant à la vie, elle est entrée, comme nation, dans la phase de l'épanouissement.

Sorti des frontières de l'Italie, on se retrouve à deux pas des terres de la Grande Porte, puisqu'on aperçoit :

Le pavillon de l'Italie, lithographie. *L'Illustration*, 1900.

Le pavillon de l'Empire ottoman

À son sommet palpite le croissant et, à cette vue, l'âme se rassérène, le cœur se dilate, car on se retrouve en pays de connaissance et parmi ses proches. Oui, c'est un palais majestueux qui représente au mieux l'architecture de l'Orient musulman. J'ai beaucoup regretté que l'architecte qui l'a conçu et fait bâtir soit non pas un Turc ottoman, mais un Français. Il en va de même des pavillons de l'Égypte, de la Perse, du Maroc et de la Chine. Ce qui est encore plus affligeant, c'est que ce palais somptueux est une sorte de marché grouillant de monde et de vendeurs, préposés aux rares marchandises provenant d'Istanbul et à une pléthore de produits fabriqués par les Roumis[98]. Mais ce qui l'emporte en nombre et en importance, ce sont les marchandises fabriquées en Europe auxquelles s'ajoute une taxe spéciale d'Orient : en les faisant revenir à leur lieu d'origine, on les vend aux étrangers en réalisant de gros bénéfices.

Malgré leur grande diversité, je n'ai vu aucune des richesses de cette terre, si ce n'est quelques échantillons de feuilles de tabac – dont le monopole est aux mains d'une société étrangère – et des spécimens d'émeri d'Izmir – appartenant également à une société étrangère : un ravissant piano et une belle bicyclette que l'on doit, non à des ouvriers turcs, mais à une maison de commerce allemande. J'ai vu aussi des rails de chemin de fer et diverses espèces de charbon minéral : ce sont là deux exemples de ce que les investisseurs étrangers ont reçu le droit d'exploiter. J'ai vu aussi les bouteilles de vin fabriquées dans une colonie israélite en Palestine, sur les terres de la Grande Syrie. Elles proviennent de cette vaste propriété achetée par le baron Hersch et qu'il a transformée en refuge pour les juifs pauvres chassés des divers États d'Europe. J'ai également vu de nombreuses bouteilles de cognac Boulanaki, fabriquées par celui-ci à Alexandrie. Les murs du pavillon sont entièrement revêtus de tapis et il se révèle – ô surprise – que tous sont destinés à la vente et portent l'indication de leur prix. Ils sont exposés uniquement par des commerçants européens et tout particulièrement par le propriétaire d'un magasin situé place de Clichy* à Paris.

À la place Clichy. La première maison du monde pour ses importations orientales, affiche, 140 x 86 cm, 1898. Paris, BNF.

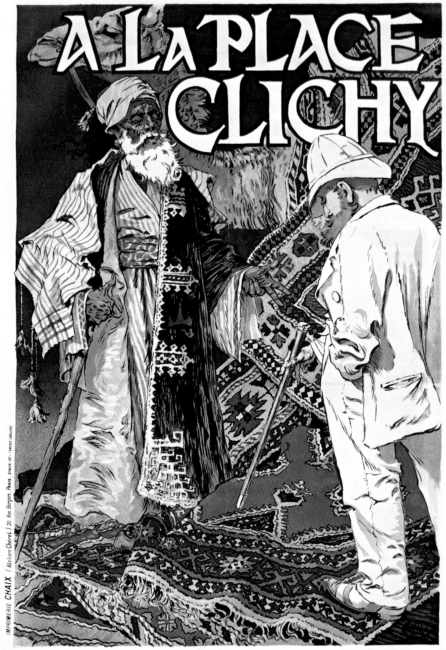

J'ai quitté ce lieu, chagriné et honteux, pour le grand hall de réception ou salon des Cérémonies, qui m'a transporté d'aise car je me retrouvais dans une salle spacieuse couverte du sol jusqu'au plafond des tapis les plus précieux et où se dressait une riche estrade à baldaquin comme celles que font installer les grands à l'intention du couple des mariés pendant les nuits où se célèbre un mariage. Les tentures étaient confectionnées avec de superbes kilims et le mobilier oriental, d'un style arabe, était entièrement – tables et sièges – recouvert de tapis de grande valeur. Une grande armoire se dressait, en harmonie parfaite avec cette salle. Je suis resté un moment hésitant entre étonnement et jubilation, puis, m'asseyant sur un canapé pour prendre un peu de repos, je me disais en moi-même : « Voilà qui suffit et résume toute la chasse. » Mais le destin a semblé vouloir me rétorquer aussitôt : « Ne te réjouis pas trop vite. » En effet, en tournant la tête, j'aperçois sur un siège un carton épais où l'on pouvait lire en lettres d'or et d'argent : « À la place de Clichy*, et j'ai pu m'assurer alors, au comble du dépit, que tout ce que contenaient cette salle et sa voisine sortait de cette boutique. Où trouver quelqu'un qui veuille bien informer les Turcs que le peu d'objets authentiques exposés à Paris et dus à leur virtuosité artisanale mérite qu'on en soit fier, qu'on en fasse l'éloge et leur rapportera des gains considérables ? Souhaitons-leur d'y prêter attention et d'en profiter. Car je constate que la plupart des exposants ne sont que des hommes de la pire extraction, qui usurpent une identité pour faire fortune sous cette enseigne, après quoi, « livrés à leurs démons, ils avouent qu'ils se moquent de leur ancienne appartenance et la renient[99] ». Quant au reste des exposants, ce sont des Grecs d'Istanbul (tous venus de là-bas, et jusqu'aux cordonniers) et plusieurs Européens pratiquant le commerce avec le Moyen-Orient.

Le théâtre lui-même n'a rien de turc et se pose en rival de son homologue égyptien et perse, la troupe des danseuses et des tambourineurs venant tout droit de la vallée du Nil. On y représente des pièces en langue arabe, avec pour directeurs dramatiques les *khawaga* Chiha et Feraoun, Messadeh et Sahyun[100], et à la mise en scène ainsi qu'à la rédaction des pièces notre ami Khalil effendi Haslab. Si les deux premiers avaient travaillé de concert avec le pavillon de l'Égypte, la similitude eût été parfaite.

Certains Syriens se sont efforcés de représenter la ville de Jérusalem à l'étage supérieur de ce palais, de sorte que le spectateur puisse la contempler avec ses cimetières, ses collines, ses mosquées, ses plus remarquables monuments, et cela sur de grands pans d'étoffes peints par les plus habiles artisans français.

Puis je suis parti en quête d'une collection de navires de guerre miniatures que l'amiral Ahmet pacha avait sculptés de ses mains dans le bois, m'avait-on dit. C'était la réplique d'une flottille. Je multipliais les questions, mais en vain, et ne trouvais personne pour m'en indiquer l'emplacement. Sorti du pavillon de la Turquie, j'ai poursuivi ma quête dans le palais des Armées de terre et de mer et les pavillons attenants, puis dans le palais de la Navigation marchande et militaire et tous les lieux où je m'imaginais trouver cette flottille, mais je ne suis parvenu à rien et j'ai quitté Paris le 12 juillet sans en avoir découvert la trace. Peut-être en avait-on différé l'envoi à Paris ?

Revenons au pavillon de l'Empire ottoman. Je rends grâce à Dieu qui m'a permis de voir enfin un objet qui mérite qu'on s'y arrête et qui force l'admiration, à savoir :

La charrue à vapeur

J'étais doublement heureux, d'abord parce que je ne m'attendais pas à découvrir ce chef-d'œuvre, et puis parce qu'il venait d'Égypte. Son inventeur est en effet Boghos pacha Nubar[101]. Ce qui augmentait encore ma satisfaction, c'est que la commission des jurés, arrivés sur place, avait examiné cette charrue avec toute l'attention et l'admiration qu'elle mérite. J'ai demandé au préposé de la faire rouler devant moi, ce qu'il fit. Vu mon peu de compétence en la matière, j'ai consulté un de mes amis égyptiens, expert en agriculture, lequel m'a fourni des renseignements complets que je vous résume ici sans nommer leur auteur, selon son instante prière :

« J'ai, par chance, assisté à une fête organisée en Égypte pour expérimenter cette charrue sur une terre argileuse, et donc dure. Il est apparu alors qu'elle consistait en une locomobile à laquelle

Double page suivante.
André Bujeaud, *La Rue des Nations*, photographie argentique, 1900 ; au centre, le pavillon de l'Empire ottoman (architecte : Adrien-René Dubuisson) ; à gauche, le pavillon de l'Italie (architecte : Carlo Ceppi) ; à droite, le pavillon des États-Unis (architecte : Charles Allerton Coolidge). Archives départementales de la Vendée, fonds 83 Fi.

Le pavillon de l'Empire ottoman

Absent lors des Expositions parisiennes de 1878 et de 1889, l'Empire ottoman s'afficha en 1900 avec un imposant et coûteux pavillon dans la Rue des Nations. Preuve de l'importance des influences européennes sur ce pays dont le pouvoir s'étiolait, c'est un architecte français, Adrien-René Dubuisson (1855-1921), qui fut chargé de sa réalisation. Il venait de se distinguer dans le domaine des Expositions universelles avec la conception du pavillon de la France à Chicago (1893). Au lieu de proposer la copie de tels ou tels édifices symboliques de l'identité turque, il adopta une démarche profondément éclectique fondée sur la réinterprétation de grands bâtiments de Constantinople ainsi que d'édifices islamiques de différentes périodes et régions, probablement une façon de rappeler le pouvoir fédérateur de l'Empire alors que celui-ci s'affaiblissait considérablement depuis plus d'un siècle. Cette profusion contrastait avec la simplicité de l'organisation générale de l'édifice fondée sur un plan carré et massif qui trahissait la nationalité française de l'architecte. Le pavillon proposait au visiteur des boutiques, un restaurant turc, un café-concert, un théâtre, ainsi qu'un musée d'armes. La provenance française des produits proposés qui indigne Zaki était le reflet de l'européanisation économique de cet empire. Des éléments du pavillon de l'Empire ottoman, encore visibles aujourd'hui, furent probablement remontés au début du XXe siècle en haut du funiculaire de Montmartre.

était adaptée une charrue composée de trois lames en fer faites de nombreuses dents en acier très résistant. Dès que la charrue se met en marche, ces lames en forme de faucilles creusent la terre, la retournent et l'aplanissent sur une distance de 3 mètres de telle sorte qu'après son passage on trouve la terre unie et prête à recevoir les semences.

Le principal avantage de cette charrue, c'est qu'elle accomplit en une fois le travail qu'on obtient au bout de six ou sept fois avec une charrue ordinaire. Elle permet donc de labourer 10 *feddans*[102] en un jour, d'où une mutation très bénéfique dans le système des cultures dans les grandes propriétés. Et cela parce qu'elle possède, par rapport aux charrues employées en Égypte, les qualités suivantes :

– son coût est trois fois moins élevé ;

– les charrues employées en Égypte et dans d'autres pays retournent la terre mais sans venir à bout des grosses mottes agglutinées les unes aux autres, ce qui nécessite qu'on s'y reprenne à deux ou trois fois en s'aidant d'une herse et d'autres instruments agricoles du même type. Malgré la répétition de ces opérations, certaines mottes restent intactes. Or, du point de vue chimique et biologique, la transformation du sol en une poudre fine est des plus utiles à la terre en y faisant pénétrer l'air et le soleil, ce qui a pour effet des récoltes abondantes.

Ces dernières années, c'est sur cette question, à savoir l'ameublissement de la terre, que s'est fixée l'attention des hommes de science, mais ils n'étaient pas encore parvenus à découvrir un engin pratique répondant à ce but.

C'est pourquoi ils ont fait un accueil enthousiaste à cette invention égyptienne. Cette charrue a également pour avantages de supprimer les cordes employées par les autres charrues en Égypte, d'être d'un maniement facile dans ses virages et ses déplacements. On peut aussi s'en servir, une fois le labour terminé, pour remonter l'eau et irriguer la terre labourée, puis, après la moisson, pour l'égrenage du blé. »

⎯⎯ ⎯⎯

Je suis sorti de ce pavillon en formulant le vœu que cette invention égyptienne soit un succès pour l'Égypte, en Égypte et dans le monde entier.

Sachez que l'État ottoman a dépensé pour sa participation à l'Exposition 1,5 million de francs, ce qui représente assurément une somme énorme.

Puis, sans trop savoir comment, je me suis retrouvé dans un tout autre monde en apercevant :

Le pavillon des États-Unis

Hérodote dit de l'Égypte qu'elle est la terre des prodiges[103]. Oui, mais l'affirmation date de plusieurs siècles avant la découverte du Nouveau Monde. De nos jours, c'est l'Amérique qui est devenue la mère de l'étrange et la mine des prodiges. Pendant longtemps en concurrence avec l'Europe, elle a fini par la devancer et continue à occuper une place de choix dans la course au progrès et aux inventions : les témoignages en sont si nombreux qu'un livre et même plusieurs n'y suffiraient pas.

Ce pays aime la singularité et l'extraordinaire, afin de s'attirer tous les regards et de s'assurer en permanence d'une position privilégiée. Ce pavillon ressemble à un club où les enfants de cette éminente nation s'assemblent pour discuter et bavarder. Ils y trouvent toutes les facilités qui leur permettent d'économiser leurs peines et leur temps, et de raccourcir les distances. Tout Américain s'y sent comme chez lui, parmi ses amis, ses journaux, ses guides, des secrétaires capables de transcrire ses paroles en sténographie*, et des machines à écrire qui lui épargnent l'usage de la plume (*typewriter**). Là lui parviennent les cotations en bourse entre quatre et six heures de l'après-midi et il peut s'informer le matin du cours des actions à New York et Chicago. Il n'y a dans ce palais aucun objet exposé sinon une liste gravée sur les pilastres de l'une des portes et indiquant les diverses sections où l'Amérique s'enorgueillit d'avoir présenté ses productions industrielles, ses inventions et tout ce qui témoigne de son développement, tant sur le plan concret qu'abstrait.

Ce pavillon se compose de trois étages et d'un rez-de-chaussée qui comprend des bureaux d'informations, de poste et de télégraphe, et une banque afin que les citoyens américains n'aient en rien à

Le pavillon des États-Unis

Pour la construction du pavillon des États-Unis situé le long de la Rue des Nations, l'architecte américain Charles Allerton Coolidge (1858-1936) s'associa à l'architecte français Georges Morin-Goustiaux (1859-1909). Cet élève de Julien Guadet avait de solides réseaux outre-Atlantique puisqu'il venait de construire l'hôpital français de San Francisco (1894) et le siège de la compagnie d'assurances La New York à Paris (1898). Il avait aussi été délégué de la Ville de Paris lors de l'Exposition universelle de Chicago en 1893. Ancien associé de Henry Hobson Richardson, Coolidge avait commencé sa carrière à Boston avant de s'installer à Chicago où il bénéficia de la fièvre de construction qui précéda l'Exposition universelle et conçut à cette occasion les nouveaux locaux de l'Art Institute de Chicago. Il se détacha alors du primitivisme néoroman de Richardson pour adopter le style «beaux-arts», un classicisme à la fois simple et grandiose largement inspiré de l'enseignement de l'École des beaux-arts de Paris mais complètement renouvelé aux États-Unis par le recours à des échelles monumentales. C'est ce style, devenu depuis l'Exposition de Chicago le style national américain, qu'il adopta pour représenter son pays à l'Exposition universelle de 1900. Destinées à exprimer la grandeur de la nation américaine, les proportions majestueuses du bâtiment, avec son immense recourir aux autres. On y trouve un grand registre où ils inscrivent leur nom, leur adresse, leur lieu d'hébergement ce qui leur donne l'occasion de se connaître entre eux et de se réunir pour réaliser des affaires. Deux ascenseurs* du dernier modèle et bien supérieurs à ceux qu'on voit en Europe leur permettent de gagner du temps et de ne pas se fatiguer à monter et descendre. Au premier étage, on trouve non seulement des salles de lecture qui mettent à leur disposition tous les journaux américains et la plupart des grands journaux européens, mais aussi des chambres meublées officiellement par certains États désireux de montrer les ressources naturelles et les activités humaines qui font leur renommée. Quant au deuxième étage, c'est le domaine réservé au délégué général, à son assistant, à son secrétaire et au personnel d'administration du pavillon. Le troisième étage, lui, est destiné aux réunions, aux cérémonies officielles, avec des salles pour les jurys, les conférences spécialisées, les associations féministes et la chambre de commerce américaine de Paris.

Le pavillon est surmonté d'une énorme coupole dont l'intérieur, peint de couleurs vives, représente le drapeau américain selon une courbe concave du plus bel effet et au-dessous de laquelle se côtoient un restaurant américain et un café qui lui ressemble.

Ce qui mérite mention à propos du troisième étage, c'est qu'un riche Américain du nom d'Anthony Pollok* étant mort lors du naufrage d'un paquebot transatlantique en partance pour l'Europe, ses héritiers prélevèrent sur sa succession la somme de 100 000 francs, qu'ils consacrèrent à un prix qui serait offert, dans le pavillon des États-Unis, au meilleur appareil capable de sauver des gens de la noyade, et cela à condition qu'il soit exposé à Paris. Voyez quel degré d'ingéniosité ils ont atteint dans les actions profitables au bien de l'humanité ! Ah ! Si seulement ces lignes pouvaient parvenir aux fils de quelques familles riches de notre pays et les amener à rivaliser entre eux dans cette voie, au lieu de se livrer à des agissements qui leur valent une déplorable réputation, les réduisent, très vite, à la misère et les jettent sur le pavé, faisant d'eux le sujet de tous les ragots, un objet de honte et de déshonneur.

Le pavillon est tout entier construit en bois. Son plan, son architecture, ses matériaux, sa construction, ses peintures et décorations, tout cela provient d'Amérique et a été réalisé par des Américains. Les crédits alloués par cette République pour l'édification de ce palais et la participation aux diverses sections de l'Exposition se montent à 3 250 000 francs. Le nombre des exposants parmi ses ressortissants est de 7 000. Ils se sont particulièrement distingués dans les domaines suivants : les métaux, les mines, le textile, les vêtements, la mécanique, l'électricité, l'agriculture, l'industrie chimique, les habitations privées, les moyens de locomotion, les sciences, les lettres et diverses industries (notamment celles de l'ameublement, avec toutes ses variétés), sans oublier l'armement (sur terre et sur mer), les instruments de dessin, les productions florales et fruitières, les congrès, l'économie sociale, la marine marchande, les forêts, la chasse et la pêche, etc.

Ne pouvant détailler tout ce qui s'y trouve exposé, nous nous bornerons à quelques remarques sur l'agriculture, qui constitue la base de la richesse en Égypte. Les Américains disposent d'une section spéciale de trois étages dans la galerie des Machines. On y trouve une exposition très intéressante sur les machines agricoles et leur essor extraordinaire. Certaines combinent plusieurs instruments amalgamés mais qui rendent de grands services aux propriétaires de vastes exploitations. Ainsi de la moissonneuse qui peut également réunir les céréales en gerbes et les lier avant de les transporter là où le conducteur de cette machine le trouvera bon. Quant à l'étage supérieur, encore plus important, il comprend une salle où l'on vous offre des dégustations gratuites (pour l'amour de Dieu !) ; aussi les visiteurs viennent-ils s'y regrouper harmonieusement, comme autour d'une source pure, même si, à mon exemple, ils ignorent tout de l'agriculture. Ils peuvent consommer des boissons, examiner une cuisine du dernier modèle où l'on prépare chaque jour divers mets américains ainsi que des pâtisseries. Tout cela est confectionné à base de maïs, afin que les millions de gens qui visitent l'Exposition puissent vérifier les avantages de cette céréale, ce qui devrait permettre à l'État américain d'en exporter en plus grande quantité vers l'Europe. Le chef de cette cuisine, amiral dans les armées, a pour adjoints deux négresses expertes en gâteaux et pâtisseries au maïs.

Le gouvernement français avait accordé à cette nation dynamique un espace d'une superficie de 15 000 pieds carrés, disséminés à travers divers secteurs de l'Exposition. Mais les exposants

Le pavillon de l'Autriche
(architecte : Ludwig Baumman),
photographie argentique. *Paris
1900, Exposition universelle*,
Paris, E. Le Deley, 1900.

américains, alternant protestations et prières, supplications et sollicitations pressantes, ont réussi à obtenir 25 371 m² en plus du terrain sur lequel ils ont édifié leur pavillon.

Parmi les productions métallurgiques où ils se sont signalés : une pyramide d'or pur d'une valeur de 1 million de dollars, soit 200 000 livres égyptiennes. Quant à l'électricité et à la mécanique, ils s'y sont taillé la première place. Rien d'étonnant à cela, puisqu'ils comptent dans leurs rangs Edison, l'auteur d'inventions stupéfiantes, aussi innombrables qu'insurpassables. Dans cette section, on peut contempler tous les perfectionnements apportés au téléphone, au télégraphe et à tous les instruments où intervient l'énergie électrique.

Ce qui est surprenant, c'est qu'ils sont les seuls à avoir participé à toutes les sections, même à la section coloniale et cela malgré leur entrée toute récente dans le colonialisme, puisque c'est seulement d'hier que date leur occupation de l'île de Cuba, arrachée aux Espagnols. À dire vrai, après avoir fait le tour du pavillon des États-Unis et des autres parties dépendant des États-Unis, j'ai admiré cette nation qui, bien qu'apparue dans un passé proche, a fait profiter l'humanité de progrès auxquels n'est parvenue aucune des grandes et anciennes nations.

Dès ma sortie du pavillon des États-Unis, je me suis retrouvé à nouveau en Europe pour découvrir :

Le pavillon de l'Autriche

Le royaume d'Autriche (*Austria*) qui l'a édifié en a importé tout le décor et les ornementations de leur lieu d'origine afin que rien n'y soit français si ce n'est le terrain de 600 m² sur lequel il se dresse.

Ce palais se distingue de ses concurrents par une exposition dédiée à la presse, soit 1 200 journaux autrichiens exprimant les tendances des nombreux partis et diverses communautés qui composent ce royaume. Rédigés dans plus de 20 langues, ils témoignent de l'importance de l'opinion publique dans ces contrées. Quant aux revues et magazines spécialisés, scientifiques ou artistiques, ils occupent eux aussi une place considérable. J'ai pu y voir les premiers numéros de ces

Le pavillon de l'Autriche

Pour l'Exposition universelle de 1900, l'Empire austro-hongrois fit le choix du baroque pour son pavillon consacré à l'Autriche le long de la Rue des Nations. L'architecte en était Ludwig Baumman (1853-1936), architecte en chef du commissariat autrichien à l'Exposition universelle, appelé à une brillante carrière officielle puisqu'il devint par la suite l'architecte de la Hofburg (1904) et de

l'imposant ministère de la Guerre (1907). Il s'agissait d'un compromis esthétique traduisant le refus de l'éclectisme qui avait guidé l'urbanisation de la Ringstrasse à Vienne et une certaine distance par rapport aux artistes contestataires de la Sécession viennoise, mais permettant aussi de faire référence à une période glorieuse de l'histoire politique du pays. Le pavillon mêlait les références à l'ancienne université de Vienne et au manège d'hiver de la

Hofburg, tous deux conçus par Fischer von Erlach, le plus prestigieux des architectes baroques viennois. En revanche, l'Empire laissait place à la modernité de la Sécession viennoise pour l'aménagement intérieur confié à Max Fabiani, un brillant élève d'Otto Wagner, qui, en collaboration avec la célèbre entreprise de mobilier franco-viennoise Portois et Fix, fut choisi pour y mettre en valeur les riches collections artistiques impériales.

journaux, conservés pour mémoire, mais je n'y ai trouvé aucun journal en langue arabe ou turque bien que la Bosnie-Herzégovine soit actuellement sous domination autrichienne.

Ce pavillon est également le seul à posséder une exposition sur la poste et le télégraphe. Il n'échappe évidemment pas aux personnes bien informées que les Autrichiens ont eu un rôle prépondérant dans le développement des communications postales et télégraphiques à travers l'Europe et qu'ils comptent à leur actif beaucoup d'inventions utiles dans ce domaine, parmi lesquelles la transmission d'un ensemble de télégrammes au même moment sur le même fil télégraphique vers des destinations variées.

L'Autriche s'étant fait une célébrité grâce à ses sources minérales, toutes ces eaux différentes y sont exposées et chaque responsable d'une source s'ingénie à vous en démontrer les avantages et les vertus, comme s'il s'agissait de l'Eau de la vie.

La plus belle des salles, réservée à la Dalmatie, contient d'anciennes armes de toutes espèces, d'un travail superbe, des étoffes brodées, des tapisseries et des soieries qui ressemblent aux ouvrages qui se font en Orient, ainsi que des bracelets, bijoux, colliers, pendants d'oreilles sertis de pierres précieuses qu'on croirait venus des pays arabes.

L'Autriche s'est bâti cinq autres annexes dans l'Exposition : l'une dans le palais des Forêts et de la Sylviculture, l'autre constitué par le pavillon du Tyrol, élégant, distingué, à mi-chemin entre la forteresse et le joli castel, avec sa ceinture de quatre tours et son jardin riant et si odoriférant que le visiteur se croit transporté dans cette contrée florissante. Fabriqué dans des bois précieux, provenant de ce pays, il sera transporté au Tyrol après l'Exposition pour que rien ne se perde de ce qui a été dépensé. Certaines de ses salles sont l'ouvrage d'apprentis de l'École des métiers et ne comptent que peu de pièces exposées, dont deux ont attiré mon attention :

– un guéridon à chandelier, incrusté d'ivoire, de nacre, d'écaille dans le style oriental le plus achevé, que l'on connaissait bien jadis en Égypte au temps des mamelouks. Ses panneaux ont même un air tout à fait égyptien si bien qu'un visiteur de chez nous croirait qu'il a appartenu au sultan Qaytbay[104] ou été volé du musée des Antiquités arabes[105] au Caire ou est sorti tout droit des ateliers de Parvis, Hatun, Muluk, Nahuha[106], entre autres ébénistes qui font revivre aujourd'hui les arts manuels de nos ancêtres. Rien en lui ne décèle qu'il vient d'un pays européen et constitue une de leur production locale sinon qu'on l'a étiqueté comme provenant du Tyrol et fabriqué dans la petite ville de Cortina d'Ampezzo* qui est la seule, dans cette région du Nord, à s'être spécialisée dans cette industrie. Son prix se monte à 800 francs ;

– une table pliante à laquelle s'applique exactement ce que je viens de dire du guéridon. Son prix est de 900 francs.

Ici on est en droit de s'interroger sur la présence de cette industrie dans ce pays, les raisons qui en font une activité florissante à ce jour, et sur les liens éventuels qu'entretenaient le Tyrol et l'Égypte à une certaine époque. Il y a là de quoi s'étonner, voire se sentir honteux et confus : en effet pourquoi cette industrie est-elle restée admirablement vivace dans les pays du Nord alors que ses artisans en Égypte l'ont laissé péricliter tout comme le patrimoine splendide qu'ils ont hérité du passé, jusqu'au moment où un Européen – tel le *khawaga* Parvis – est venu le leur rendre ?

Parmi les productions dans lesquelles s'est distinguée l'Autriche à l'Exposition : les appareils de chirurgie, ce qui n'est guère étonnant vu le prestige et le rang dont jouissent les médecins autrichiens que les malades du monde entier viennent consulter. Elle a également démontré sa supériorité dans la fabrication des énormes machines de dragage qui aplanissent les montagnes et désagrègent les rochers au fond des mers. Parmi ces dernières, la plus importante est un gros bateau à vapeur muni de godets et accompagné d'une seconde embarcation analogue à une péniche ou un chaland. Les godets y déversent le gravier qui est acheminé à travers un conduit raccordé à un autre, installé au-dessus de wagonnets en attente sur un chemin de fer. Ces wagonnets se relaient pour transporter les matériaux extraits des fonds marins dans la direction désirée, loin de la côte. La force de propulsion est maintenue grâce aux machines qui effectuent leur travail au fond des mers, puis à travers les godets, jusqu'au rejet des graviers à la distance voulue.

Les frais de participation de l'Autriche à l'Exposition se montent à 7,5 millions de francs. À ses côtés se dresse un édifice à l'architecture orientale :

Intérieur du pavillon de l'Autriche, diapositive colorisée, 8,2 x 10 cm, 1900. Brooklyn Museum, collection Goodyear.

Double page suivante.
Léon et Lévy, *Le Pavillon du Tyrol* (architecte : Jean Deininger), photographie argentique, 1900.

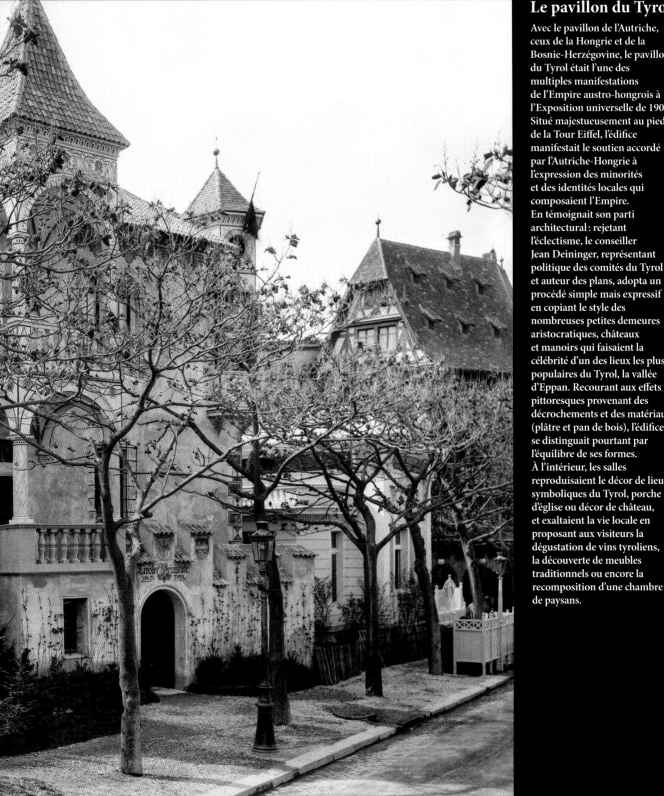

Le pavillon du Tyrol

Avec le pavillon de l'Autriche, ceux de la Hongrie et de la Bosnie-Herzégovine, le pavillon du Tyrol était l'une des multiples manifestations de l'Empire austro-hongrois à l'Exposition universelle de 1900. Situé majestueusement au pied de la Tour Eiffel, l'édifice manifestait le soutien accordé par l'Autriche-Hongrie à l'expression des minorités et des identités locales qui composaient l'Empire. En témoignait son parti architectural : rejetant l'éclectisme, le conseiller Jean Deininger, représentant politique des comités du Tyrol et auteur des plans, adopta un procédé simple mais expressif en copiant le style des nombreuses petites demeures aristocratiques, châteaux et manoirs qui faisaient la célébrité d'un des lieux les plus populaires du Tyrol, la vallée d'Eppan. Recourant aux effets pittoresques provenant des décrochements et des matériaux (plâtre et pan de bois), l'édifice se distinguait pourtant par l'équilibre de ses formes. À l'intérieur, les salles reproduisaient le décor de lieux symboliques du Tyrol, porche d'église ou décor de château, et exaltaient la vie locale en proposant aux visiteurs la dégustation de vins tyroliens, la découverte de meubles traditionnels ou encore la recomposition d'une chambre de paysans.

Marius Bar, *Le Pavillon de la Bosnie-Herzégovine* (architecte : Carl Panek), photographie argentique, 1900. Paris, BNF.

Le pavillon de la Bosnie-Herzégovine

Nombre d'artisans bosniaques accomplissent leur travail devant le public qui afflue pour visiter ce charmant pavillon et y admirer de merveilleux ouvrages, dérivés des arts arabo-musulmans. La population de ce pays est de 1,5 million d'habitants parmi lesquels 30 000 catholiques, 600 000 orthodoxes, le reste, un tiers environ, étant composé de musulmans. Toutes ces communautés sont de race slave et parlent la langue slave. Toutefois, les musulmans, qui forment l'aristocratie du pays, laquelle s'est convertie à l'islam lors de la conquête ottomane, et la plupart des citoyens, y parlent fort bien le turc.

J'ai vu leurs objets artisanaux en cuivre ciselé, en bois sculpté, leurs broderies sur soie, brochées de lettres et de formules en arabe, et j'ai pu constater qu'elles égalaient les productions, bien connues chez nous, fabriquées à Istanbul. Le palais contient des vues de la capitale connue sous le nom de Saraya (le palais) Wo, que les Européens transcrivent Sarajevo*. À leur droite et à leur gauche, les photographies des plus beaux paysages du pays : les chutes d'eau de la région d'Yaitze* et les sources de Buna*. Ils ont aménagé un jet d'eau qui jaillit véritablement à côté des images et un éclairage électrique qui les met si bien en lumière qu'on se sent véritablement transporté dans ces régions, surtout que tout le personnel du palais – hommes, femmes, gardiens, plantons – porte le costume national turc.

À l'intérieur est représenté un luxueux harem de style islamique ainsi que des maquettes de maisons bosniaques actuelles appartenant à des gens ordinaires. On y trouve des statuettes de cire figurant des hommes, des femmes, des domestiques, revêtus de leur costume bien connu et vaquant à leurs occupations habituelles. Le harem lui-même est orné de panneaux de bois façonnés au tour, d'une grande délicatesse, et qu'on appelle moucharabieh au Caire.

Mon regard a été particulièrement attiré, à l'étage supérieur – parmi les publications du ministère de l'Instruction – par de nombreux ouvrages témoignant d'un essor intellectuel en pleine expansion. L'étage inférieur, quant à lui, est dédié à la mise en valeur des progrès matériels. Cependant j'y ai trouvé trois livres écrits en arabe (dont l'absence aurait été préférable) : un livret pour l'apprentissage du turc, un recueil de salutations et un ouvrage sur la couverture duquel on pouvait lire ce titre : *Hashiyat haddad al-nusul, ala marat al-wusul, Sharh marqiya al-wusul*[107] par le magistrat scrupuleux et le mollah méticuleux, l'honorable Mustafa Sadki, mufti de la ville de Mostar – imprimé à l'imprimerie du gouvernement à Saray, Bosnie, en l'an 1316.

Je suis sorti en priant pour que cette nation poursuive son développement tout en restant fidèle à ce qui a survécu de son passé, mais je ressentais le plus profond chagrin. Et, apercevant à quelques pas le pavillon de la Hongrie, la Bosnie m'est apparue encastrée entre l'Autriche et la Hongrie et condamnée à subir leur domination. La puissance est à Dieu, Il l'octroie à qui Il veut.

Le pavillon de la Hongrie

Ce royaume, on le sait, dépend de l'Autriche, cependant il jouit d'une indépendance interne qui lui est propre. Son gouvernement, parfaitement autonome, possédant son parlement et ses ministres, n'est lié à l'Autriche que par leur regroupement sous l'autorité d'un seul empereur. C'est la première fois que la Hongrie dispose d'un pavillon à part dans une Exposition. Voilà pourquoi elle a voulu se distinguer parmi les nations d'abord par l'élégance du bâtiment, conçu pour attirer visiteurs et curieux. C'est un imposant édifice qui tient à la fois du palais, de l'église et du monastère, et n'est cependant rien de tout cela. Il contient près de 2 500 objets précieux parmi lesquels de la poterie et des armes utilisées en Hongrie à l'époque préhistorique. Dès l'entrée, on se trouve face à la réplique d'anciens tombeaux, somptueux, faits de marbre et de bronze, édifiés pour leurs monarques, leurs reines et leurs preux aux XVIe et XVIIe siècles.

Le palais est entièrement bâti avec des arches ; son musée expose des instruments de guerre, employés par les chevaliers et des monnaies anciennes, ainsi que le squelette d'un homme découvert au XIXe siècle et dont on suppose, au vu des restes d'animaux énormes, d'amulettes et de fétiches trouvés avec lui, qu'il pratiquait des rites païens.

Ce qu'on y voit de plus beau est la chambre des cavaliers, mieux connus sous le nom de *hussards*, soit « les vingtièmes », le gouvernement hongrois ayant enrôlé dans ses guerres continuelles avec

Le pavillon de la Bosnie-Herzégovine

L'Autriche-Hongrie prit le parti de scinder sa contribution à l'Exposition universelle de 1900 en quatre pavillons, le premier pour l'Autriche, le deuxième pour les provinces ottomanes (ou pavillon de la Bosnie-Herzégovine, confié à Henri Moser [1844-1923]), un troisième pour la Hongrie et le quatrième pour le Tyrol. L'idée était de montrer le respect de la diversité des cultures chapeautées par l'Empire, mais aussi d'illustrer son rôle civilisateur. Le fait de confier le commissariat de ce pavillon à ce célèbre horloger russe d'origine suisse était tout à fait judicieux puisque cet érudit et collectionneur fasciné par la culture orientale était depuis 1892 le représentant

des deux provinces ottomanes à Paris. Pour concevoir le pavillon, Moser fit le choix d'un important architecte bosniaque, Carl Panek. Suite à un différend avec Moser, ce dernier quitta le chantier, laissant à son assistant le soin d'achever le bâtiment. Son projet s'inspirait d'un manoir bosniaque traditionnel, en l'occurrence la maison de Husein Kapetan Gradascevic, alors l'un des plus célèbres personnages de l'histoire de la Bosnie pour avoir pris la tête du soulèvement contre l'occupation turque et donné pendant quelques courtes années son indépendance à la Bosnie. En écho, des peintures allégoriques d'Alfons Mucha célébraient dans le hall l'histoire du peuple bosniaque.

Se distinguant de l'architecture imposante et savante du pavillon de l'Autriche qu'il jouxtait le long de la Rue des Nations, le pavillon de la Bosnie-Herzégovine adoptait une allure modeste, d'inspiration régionaliste et pittoresque, qui associait, à l'image de la culture hybride du pays, détails occidentaux et éléments orientaux. Relevée par Zaki, la part importante accordée à l'instruction dans le pavillon de la Bosnie-Herzégovine était destinée à mettre en avant le rôle civilisateur de l'Empire austro-hongrois. Zaki évoque aussi de façon clairvoyante la difficile place occupée par la Bosnie dans l'Empire dont l'emplacement géographique du pavillon Rue des Nations est l'écho.

Le pavillon de la Hongrie

Avec les pavillons de l'Autriche, de la Bosnie-Herzégovine et du Tyrol, le pavillon de la Hongrie témoignait de la présence de l'Autriche-Hongrie à l'Exposition universelle et illustrait sa bienveillance vis-à-vis de la diversité des cultures rassemblées dans l'Empire. La conception de ce pavillon fut dirigée par le directeur technique de la section hongroise, le peintre Camille Fittler, qui confia le bâtiment à deux jeunes architectes hongrois, Zoltan Balint et Louis Jambor, appelés à devenir célèbres pour leurs réalisations où se mêlaient Art nouveau et traditions locales. À Paris, ils conçurent un édifice fondé sur l'association de multiples fragments décoratifs empruntés aux édifices hongrois les plus populaires, matérialisant le développement de l'art monumental de leur pays : tandis que la façade opposée à la Seine évoquait le style roman, celle donnant sur la Seine était consacrée au gothique ; la troisième à la Renaissance et la quatrième à l'âge baroque. De même, le décor intérieur était constitué de copies de monuments hongrois de différentes époques ; le rez-de-chaussée reconstituait ainsi un Moyen Âge idéalisé et le premier étage recomposait des intérieurs Renaissance et baroque. Ces espaces accueillaient de très abondantes collections artistiques et historiques, qui illustraient la richesse culturelle de la Hongrie. L'apogée du parcours était la salle des Hussards, ornée des monumentales toiles du peintre hongrois Paul Vago, hommage à l'histoire de ces cavaliers dont le berceau était la Hongrie. Il convient de souligner la présence de très précieux ouvrages anciens qui rappelaient implicitement les débats autour de la langue hongroise qui agitaient alors Vienne et les autorités autrichiennes.

les Turcs un vingtième de la population[108]. Elle comprend une collection magnifique d'armes, d'armures, d'épées, de yatagans, de heaumes, de cuirasses et de selles. Chaque salle a un plafond qui diffère des autres par sa décoration, où l'on voit suspendues des bannières dont ils ont fait butin au cours des batailles.

Dans d'autres endroits de l'Exposition, la Hongrie a présenté les œuvres d'un écrivain talentueux auquel ils vouent la plus grande considération en raison de ses œuvres de fiction qui dépassent les 100 volumes. Ils les lisent tous dans l'édition intégrale. Plus encore : ces livres ont été traduits et l'on pourrait composer une importante bibliothèque rien qu'en réunissant les textes originaux et leurs traductions.

La Hongrie excelle dans la fabrication du mobilier, c'est ce qu'on a pu observer en comparant ses productions à celles des autres pays, tout comme elle s'est fait remarquer par les diverses roches qu'elle expose ailleurs que dans son pavillon, notamment les roches salines.

La somme dépensée par le royaume pour sa participation à l'Exposition s'élève à 2 millions de francs. De là, nous allons passer à l'extrême Occident et pénétrer dans :

Le pavillon de la Grande-Bretagne

On s'y croirait transporté dans les îles britanniques : le palais, en effet, est d'un extérieur plein d'une simplicité rehaussée d'une gravité décente et tranche avec les couleurs vives et les lumières des pavillons voisins. Mais il renferme tout le confort nécessaire à votre bien-être et force l'admiration du visiteur. Car il y voit des images reproduites sur les tentures de soie d'une valeur inestimable et des tableaux sans pareils exécutés par les artistes les plus habiles. Une salle à l'étage supérieur est tapissée de pans de velours précieux (qu'on pourra transporter ailleurs après l'Exposition) à la différence des autres étages dont les peintures murales, où prédomine le jaune vif, ne tarderont pas à disparaître sous les pioches des maçons. On y voit une collection, sans égale dans le reste de l'Exposition, de porcelaines chinoises datant des débuts de cet art et montrant son évolution progressive jusqu'à son aboutissement le plus parfait quant à la beauté des reliefs et des motifs décoratifs. Dans une autre salle : un lit simple et trois tapis persans, le reste étant couvert de nattes oblongues semblables à celles que les Africains emploient en Égypte. Quant à leurs tapis les plus précieux, ils évitent de les étaler sur le sol afin que les allées et venues, matin et soir, des hommes arrivant au pas de charge et des femmes qui flânent ne les abîment pas.

On a aménagé le pavillon pour y accueillir l'héritier au trône d'Angleterre lors de sa visite à l'Exposition. C'est pourquoi on n'y entre pas à la légère, on ne le prend pas d'assaut en gros bataillons, mais on y pénètre par petits groupes bien ordonnés : un petit détachement a-t-il terminé sa visite, il est remplacé par un autre, après autorisation du gardien.

Qui aurait pu imaginer que le pavillon d'une puissance aussi considérable serait d'une telle simplicité ? En fait, c'est la tradition chez eux, toujours et partout. Si vous désirez saisir les preuves de leur grandeur, cher lecteur, suivez-moi vers leurs colonies. Les Anglais ressemblent à un homme à qui Dieu aurait prodigué richesses et crédit, octroyé biens et propriétés aux revenus prospères, et que l'on voit habiter une modeste demeure, mais où ne lui manquent ni le luxe ni la douceur de vivre.

Les colonies anglaises

S'étendant sur un terrain de près de 7 000 m², face au Trocadéro, elles sont entourées par les pavillons du Japon, de l'Égypte, du Transvaal, des Colonies néerlandaises et de l'Algérie.

Elles se divisent en deux sections contiguës : l'une dédiée à l'Inde, l'autre au reste des colonies. Ce qui est étrange, c'est que l'édifice qui les abrite est construit en bois importé de Suède alors que l'Inde et les colonies anglaises sont célèbres pour leurs vastes et abondantes forêts. Mais un motif économique est intervenu, à savoir que les frais de transport des bois à partir de la Suède sont très modiques en comparaison de ce qu'aurait coûté leur acheminement depuis l'Inde et les colonies.

Les frères Neurdein, *Le Pavillon de la Hongrie* (architectes : Zoltan Balint et Louis Jambor), photographie argentique, 1900. Paris, BNF.

Double page suivante.
Le pavillon de la Grande-Bretagne (architecte : Edwin Lutyens). Album de 238 photographies sur papier gélatinoargentique et impressions photomécaniques de l'Exposition universelle de Paris, 1900. Paris, BNF, collection Félix Potin, vers 1900.

Le pavillon de la Grande-Bretagne

C'est à Edwin Lutyens (1869-1944), l'un des plus grands architectes britanniques, alors au début de sa carrière, que la Grande-Bretagne confia le pavillon de l'Exposition universelle de 1900 destiné à prendre place Rue des Nations. Déjà célèbre pour avoir rénové l'habitat anglais en modernisant les traditions de confort et de pittoresque britannique, Edwin Lutyens fut chargé de copier presque littéralement un simple manoir anglais, appelé alors Kingston House. Érigé par une influente famille anglaise à la fin du XVIᵉ ou au début du XVIIᵉ siècle dans un style élisabéthain, celui-ci avait été redécouvert puis restauré au XIXᵉ siècle. Ce bâtiment associant simplicité architecturale et éléments décoratifs fantaisistes, telles l'avancée des baies ou les cheminées en brique, constituait un parfait exemple de l'architecture seigneuriale anglo-normande des XVIᵉ et XVIIᵉ siècles. La simplicité de ce pavillon apparemment en contraste avec la grandeur économique et politique de l'empire anglais surprit les visiteurs de l'Exposition, à l'instar de Zaki, mais elle était la meilleure façon de mettre en valeur l'opulence des pavillons consacrés aux colonies britanniques.

Camille Piton, *Fête des chrysanthèmes, septembre 1900, pavillon du Japon*, aquarelle, 1900. Paris, BNF.

Pour l'Inde, les ressources de sa richesse et de son industrie n'étant que trop connues, je me bornerai à signaler peu d'éléments, mais qui en disent long. J'y ai vu tous les parfums, les aromates, les condiments et les épices qui ont fait la célébrité de l'Inde en tous lieux et cela, outre les joyaux, les armes, les pierres précieuses, les perles de nuances diverses et l'écaille avec ses formes étranges devant lesquelles on s'arrête perplexe et stupéfait. Le Pendjab vient au premier rang pour les objets en argent, en cuivre enjolivé d'émail, en bois et les soieries ; Madras pour l'orfèvrerie, le travail très délicat des bois odorants, les ustensiles en cuivre et la poterie. J'y ai remarqué de la vaisselle en bois qu'on croirait en or incrusté de pierres précieuses. Quant à la région de Missour, elle s'est signalée par ses soieries, ses broderies, ses tapisseries et les tables incrustées d'ivoire, et celle du Bengale* par son travail de l'ivoire, ses sculptures, sa bijouterie en fil d'argent et sa verrerie fine.

À l'intérieur de ce palais : un portique monumental, splendide, représentant l'arche d'un pont célèbre à Burma. D'une taille qui permet facilement à un cavalier monté sur son coursier de passer en dessous, elle est sculptée dans des bois précieux, aux reliefs admirables, merveilleusement évidés et dans lesquels sont pratiqués des mihrabs, des arceaux, des anfractuosités et des niches aménagées pour accueillir des statuettes incarnant leurs dieux multiples.

J'ai pu y voir le portrait de son Altesse le *nizam*, terme équivalant chez eux à notre khédive[109]. Il s'agit du seigneur Haydar Abad al-Deken, un de ces grands rois de l'Inde qui ont su préserver leur autonomie tout en restant liés par certaines contraintes au gouvernement central. Je l'ai vu habillé à l'occidentale de la tête aux pieds, rien en lui ne révélant un roi d'Orient si ce n'est son énorme turban indien. En cela, il ressemble aux Turcs et aux Égyptiens qui se sont empressés d'adopter la mode occidentale et d'abandonner leurs habits orientaux.

En somme, après quelques minutes passées dans ce pavillon, le visiteur est au fait de la situation de l'Inde et de sa population, de ses productions, de ses cultures, de sa flore, de ses minéraux, de sa faune et de toutes ses ressources. Mais le plus étonnant, c'est que le gouvernement indien ayant proclamé l'incapacité où il était d'assumer les frais nécessaires à sa participation à l'Exposition, en raison de la disette et de la peste qui frappaient le pays, l'accablant de charges et l'obligeant à quémander, une fièvre d'orgueil s'était emparée d'un député de la Chambre des lords, M. H. Seymour

King, qui mit un point d'honneur à offrir un don de 12 000 livres anglaises de sa fortune personnelle. Mais lorsque le comité d'organisation anglais eut présenté les plans de ce palais et sa conception architecturale à la Direction française de l'Exposition, cette dernière exigea certains changements et amendements que les architectes anglais acceptèrent mais qui déplurent au donateur, lequel retira son argent. Le projet risquait fort de partir en fumée lorsque le gouvernement indien, informé de l'affaire, déclara qu'il était prêt à payer les 12 000 livres sur ses fonds publics.

Quant à Ceylan, c'est une île célèbre chez les Arabes sous le nom de Serendib. Nous nous donnerons la liberté d'en parler plus en détail, vu le peu de connaissances que l'on possède à son sujet, surtout que nous avons pu trouver dans le pavillon qui lui est consacré un grand nombre de données et de productions dont nous avons profité pour en savoir davantage, en quelques heures, sur son passé, son présent et son avenir. Mais que le lecteur ne nous en demande pas trop car un compte rendu exhaustif de tout ce que nous avons vu exigerait un épais volume, lequel au demeurant ne rendrait pas entièrement justice au sujet.

Cette île était habitée autrefois par la tribu sauvage des Wadah, dont il reste encore aujourd'hui, dans les forêts les plus reculées et au fond des cavernes, quelques rares descendants. Si nous avions étudié la langue serendibienne, nous aurions pu lire leurs pensées et leurs croyances dans les textes qu'ils ont transcrits sur des feuilles de palmier. Nous aurions su comment leur dieu Bouddha s'est réincarné 550 fois et aurions pris connaissance également de leur doctrine philosophique, morale et religieuse, qui compte 400 millions de fidèles. Ils se vantent de ce que le père de l'humanité a posé le pied dans leur île en descendant sur cette terre. La trace en serait encore visible au sommet d'une de leurs montagnes.

Bordée par l'océan Indien, cette île, située à la frontière occidentale du sud de l'Hindoustan, compte une population de 3,5 millions d'habitants. Le nombre des Occidentaux n'y excède pas les 7 000 âmes, y compris la garnison anglaise.

Bâti sur le modèle d'un temple bouddhique, le pavillon vous fait passer en revue l'ensemble des ressources naturelles de l'île. Vous y voyez ainsi des arbres qui vous permettent de mesurer l'extraordinaire luxuriance de son sol, des fleurs d'espèces et de couleurs variées, et par-dessus tout des animaux étranges en abondance (lions, panthères, singes, chimpanzés, tortues, écureuils, porcs-épics, cerfs, éléphants, fennecs, chevreuils aux pattes blanches, chauve-souris, sangliers, chats sauvages, civettes), sans compter de nombreuses espèces d'oiseaux, de chouettes et d'insectes.

C'est là que j'ai vu la collection la plus extraordinaire de pierres précieuses, sans équivalent pour le nombre, la grosseur et la pureté de leur eau, avec tout à côté des perles dans leurs coquilles. Parmi les métaux : le graphite utilisé pour les crayons et que l'on appelle la plombagine*. Le montant des exportations pour cette seule matière rapporte à Ceylan 12 millions de francs chaque année.

L'arbre bienfaisant que l'on bénit dans ces contrées est le *nargil*, que nous connaissons sous l'appellation de « noix de l'Inde » (ou noix de coco) : ils en tirent une huile employée dans la fabrication du savon ; ils la font entrer dans la confection de gâteaux et de confitures délicieuses. Et de ses déchets, on nourrit le bétail. En un mot, l'île de Ceylan tire de cet arbre des bénéfices qui se montent à 40 millions de francs. De ses fibres et de ses feuilles, on tresse des cordes, des corbeilles et des paniers, et son bois est employé dans la construction des maisons.

EXPOSITION DE 1900
Pavillon des Indes néerlandaises

Le pavillon des Indes néerlandaises.
Supplément du *Petit Journal*, 30 septembre 1900.

Le pavillon des Indes anglaises. Supplément du *Petit Journal*, 30 septembre 1900.

Le caféier a également représenté une source de richesse et de prospérité immense pour ce pays. Mais un insecte parasite s'y attacha si bien qu'il ravagea tous ses plants. Voilà pourquoi le gouvernement anglais songea à d'autres genres de plantation qui pourraient compenser les grosses pertes subies par les habitants. Il attira leur attention sur le thé après les avoir fait bénéficier des revenus nés de l'introduction du quinquina dans leur pays. Ils suivirent docilement ce conseil. Les terres plantées d'arbustes de thé, de 10 *feddans* en 1867, atteignirent les 264 000 *feddans* en 1898. En 1878, l'île exportait 232 livres de thé et en 1899, 129 894 156 livres. En 1883, on consommait en Angleterre du thé provenant pour 65 % de Chine, pour 33 % de l'Inde et 1 % de Ceylan. De nos jours, le thé importé de Chine est tombé à 9 %, celui d'Inde se monte à 54 % et celui de Ceylan a atteint 37 %. Cependant ses cours ont chuté à Londres comme jamais auparavant.

J'ai vu les Français admettre, dans ce pavillon, la supériorité du modèle anglais en matière de colonisation, reconnaître que leurs voisins sont insurpassables dans ce domaine et reprocher à leur gouvernement le retard pris sur ce terrain.

Quant au Canada, c'est la colonie anglaise la plus importante en Amérique. Ayant appartenu d'abord à la France, c'est de ce pays que sont originaires la plupart de ses colons. Puis la Grande-Bretagne en fit la conquête et obtint qu'ils lui fassent acte d'allégeance. Sa population est de 5 millions d'habitants qui parlent aussi bien le français que l'anglais.

Ses productions occupent les quatre cinquièmes de la section réservée aux colonies anglaises. Les Canadiens, en concurrence avec les Américains et les Européens dans tous les domaines – agriculture, industrie, commerce –, ont montré une habileté si remarquable que leur pays est devenu un paradis qui les submerge de biens et de bénédictions. Dieu leur a octroyé d'immenses forêts et des métaux en abondance. Le savoir et les sciences y ont réalisé des avancées telles que les nations du premier plan les envient et que la place éminente qu'ils se sont taillée (malgré leur histoire toute récente) fait l'admiration des responsables de l'enseignement en Europe.

Et je me tenais là, moi, en tant qu'Égyptien, avec ma culture orientale, stupéfié, perplexe, désolé, me disant en moi-même que la roue du temps, décidément, ne cessait de tourner, favorisant les uns au détriment des autres !

J'ai pu voir les produits de cette étonnante nation côtoyant ceux de l'Angleterre dans toutes les sections de l'Exposition : ils témoignent tous de sa maîtrise et des grands progrès accomplis, alors que bien souvent ce parallèle entre une petite nation et une grande rabaisse nécessairement la première. De même, elle a su s'élever à un rang honorable dans les domaines suivants : les beaux-arts, les lettres et les sciences ; la fabrication des machines ; l'électricité ; l'architecture privée et les moyens de locomotion ; l'agriculture ; la floriculture et l'arboriculture fruitière ; les forêts et la pêche ; l'alimentation ; les mines et la métallurgie ; la décoration intérieure et le mobilier ; l'industrie textile ; les produits chimiques ; les industrie diverses tels la papeterie, la bagagerie, le caoutchouc (surtout dans la fabrication des chaussures) ; l'hygiène et les actions caritatives.

Pour l'Australie occidentale, on croirait rêver en apprenant que c'est seulement depuis trente ans que les savants et les explorateurs l'ont apprivoisée et en ont découvert les nouveaux espaces – comme c'est le cas actuellement au centre de l'Afrique –, et que dans un intervalle de temps minime, elle a accompli des progrès gigantesques et sans précédent. Rien n'étant plus parlant que le témoignage des chiffres, en voilà quelques-uns : en 1830, elle était peuplée de 1 767 habitants, en 1890 de 46 290, en 1899 de 171 022, soit moins que la population d'un gouvernorat égyptien[110]. Néanmoins, je vais vous raconter les prodiges que j'ai pu y admirer.

Le visiteur aperçoit en entrant un énorme bloc de houille de 4,5 t, d'une qualité supérieure selon les experts, découvert en 1891. Il ne fait aucun doute que, lorsque toutes les mines seront

Les pavillons des colonies anglaises

À l'instar du pavillon de l'Égypte et des pavillons des colonies françaises, les deux pavillons des colonies anglaises se situaient dans les jardins du Trocadéro. Si les principaux pays sous domination anglaise (les Indes anglaises, le Canada, Ceylan, l'île Maurice et l'Australie occidentale) y étaient représentés, ceux-ci ne furent pas également mis en valeur. Les colonies furent en effet réparties en deux palais, le premier étant consacré exclusivement aux Indes, la perle des colonies britanniques, et le second rassemblant indistinctement les autres. Tandis que le pavillon des Indes, conçu à partir des moulages des principaux monuments du pays, possédait symboliquement un caractère hindou indéniable, l'autre édifice n'avait pas, selon les témoins de l'époque, de style « défini ». Cette façon de procéder était-elle une façon pour les Anglais de nier l'identité spécifique de ces colonies ou au contraire de manifester à leur égard un respectueux détachement ? Bien que les sources ne donnent pas de noms d'architectes pour ces deux réalisations, on peut penser que leur architecture fut influencée par Edwin Lutyens, l'architecte du pavillon de la Grande-Bretagne appelé à concevoir quelques années plus tard la ville de New Delhi.

EXPOSITION DE 1900

Pavillon des Indes anglaises

EXPOSITION DE 1900
Pavillon du Canada

Le pavillon du Canada (architecte : Jean-Omer Marchand). *Le Petit Journal*, 11 novembre 1900.

exploitées, les richesses de la région n'en soient centuplées. N'oublions pas que la puissance et la richesse de l'Angleterre trouvent leur source dans sa position géographique et la présence dans ses profondeurs de ce minerai appelé curieusement le « pain de l'industrie », et que l'Australie ressemble désormais à l'Angleterre sur ces deux points. L'avenir réserve-t-il aux pays d'Orient une deuxième Angleterre aussi influente en Orient que la reine des mers l'est en Occident ?

J'ai également vu dans leur pavillon de gigantesques troncs d'arbres taillés dans leurs profondes et sombres forêts où il n'est pas rare qu'un arbre atteigne 100 pieds de haut ; des échantillons de laine d'une qualité remarquable, ce qui n'a rien d'étonnant puisque c'est la patrie des meilleures espèces de pelage, d'où les ateliers du monde entier importent la majeure partie des toisons de chèvres et de moutons. Qui ne sait, par ailleurs, que la viande y est tellement abondante que d'énormes quantités en sont exportées vers l'Europe et ailleurs, congelées selon des moyens qui la protègent de la putréfaction et la placent devant le consommateur aussi fraîche que si elle venait d'être découpée dans un animal de boucherie, égorgé quelques heures plus tôt.

Grâce aux vertus de la raison et du travail, ce pays a réussi à se dispenser presque entièrement des produits venus d'ailleurs. On y trouve de grandes usines de toutes sortes : chaussures, savons, cires, cigarettes, huiles, confitures, pâtisseries, sellerie, véhicules divers, brosses, cadres, bagages, ameublement, etc. J'ai pu constater qu'il en résultait des productions témoignant d'un développement continu.

Mais que valent ces industries auprès de cette activité qui les surpasse toutes par sa richesse, sa beauté, sa splendeur et la séduction qu'elle exerce sur les esprits ? Son effet est tel, je l'ai observé, que, face à l'or exploité dans cette colonie, le visiteur perd la raison ou presque. J'ai vu le métal brut dans toute sa diversité : veines d'or, barres brillantes, lingots qui vous mettent l'eau à la bouche et vous tiennent captivés. Où, je vous prie, pourrait-on voir (même en songe) un trésor pareil à celui que je voyais de mes yeux à l'Exposition ? Le plus étonnant, c'est qu'il ressemble aux trésors enfouis dont nous parlent les contes merveilleux : entouré de talismans et de sentinelles, il est, en effet, protégé des intrus par des auxiliaires, en l'occurrence tous humains, à savoir les gardiens du pavillon. C'est ainsi que, tel un héros de roman ou de légende, je contemplais les masses d'or comme elles se présentaient dans le sein de la terre – mêlées de quartz ou débarrassées de ses dépôts – mais toutes encore à l'état naturel, sans trace de travail humain. Je n'avais d'autre pouvoir sur elles que mes regards (les regards courent, mais le bras, lui, est trop court, hélas), et je bénis Dieu, le seul à mériter nos bénédictions dans le malheur, tout en me rappelant les vers du poète plaintif[111] :

> Si tu lances tes yeux un jour en éclaireurs
> À ton désir, tu n'en tireras que langueur,
> Car tu verras ce que ne pourras posséder
> Et ce que ne sauras patiemment espérer.

Je me consolais, en cette occasion, de l'incapacité de ma main par l'intempérance de mes œillades et la licence sans frein que je me suis donnée de décrire ce spectacle afin que le lecteur soit associé à mes espoirs déçus et m'excuse mille fois.

La découverte, dans la colonie de ces prairies d'or, remonte à 1893 seulement. La population a mis un soin extrême à extraire ces trésors : chaque jour voit grandir leur cupidité et le métal, loin de tarir, voit sa production atteindre 400 millions de francs en sept ans ! Que valent, auprès de cela, les sept années d'abondance de Pharaon et de Haman[112] ? Que le lecteur n'aille pas s'imaginer que ce chiffre éloquent soit hyperbolique : il figure parmi les statistiques officielles et ne doit pas vous étonner, les prairies d'or dépassant le million de kilomètres carrés.

J'ai vu les filons d'or naturels sous leurs aspects les plus divers comme on les a trouvés dans leur cachette, et le plus bizarre est celui où la nature semble avoir imité les délicats ouvrages des dentellières. La valeur de certaines de ces veines équivaut à la plus grosse somme que puisse remporter un joueur chanceux à la loterie de la Banque du crédit foncier, soit 100 000 francs. Cependant la nature est bien plus fiable que les fallacieux mirages de la Banque : ainsi ai-je pu admirer d'autres veines dont la valeur atteint au double, voire au triple de cette somme, soit 300 000 francs ! Considérées comme une rareté sur les marchés de l'or (ou plutôt ceux des records !), elles passent aux yeux des connaisseurs (notamment les auteurs et lecteurs désargentés) pour ce que l'Exposition universelle compte de plus extraordinaire. J'ai vu une pépite d'or pur pesant 713 g, d'une valeur de 2 290 francs, découverte dans la poche d'un homme qui s'était jeté dans un fleuve pour s'en emparer après avoir réussi à résister au courant. Mais bientôt trahi par ses forces et submergé par les flots, il succomba, victime de son désir de faire fortune (Dieu lui accorde Sa miséricorde !). Nous sommes tous cet homme-là ici-bas.

J'ai vu aussi les deux moitiés d'un même filon découvert par deux mineurs. Après l'avoir partagé en toute équité et comme la différence entre les deux moitiés se révélait de 38,50 francs, ils décidèrent de les tirer au sort. Le plus gros morceau, de 997 g, valait 2 680 francs. L'État leur acheta ces deux lots, approuvant leur bonne foi et l'intelligence du partage qui ne lésait aucun des deux. J'ai vu de mes yeux et serré dans mes mains, de toutes mes forces, six barres d'or pur, mais sans pouvoir les soulever ni les déplacer d'un cran. À ma place, Antar[113] ou tout autre champion épique aurait lui aussi déclaré forfait. Le montant total de ces barres est de 11 563 livres anglaises. Représentant la production d'un mois dans une seule mine, il est à l'origine de la fortune faramineuse de onze familles. En somme celui qui entre dans ce pavillon en sort, comme moi, semblable à un ascète qui aurait renoncé à tout dans cette vie, ou aurait achevé de perdre l'esprit : il aurait vu en effet de ses yeux et touché de ses doigts, dans l'espace le plus restreint, la plus grande masse d'or de cette Exposition, voire du monde entier. Comment ne pas dédaigner après cela tout ce qu'on lit ou entend sur les trésors cachés, leurs talismans et leurs dragons ? La fiction tient-elle devant la vision concrète ? Très concrète, ma foi, puisque l'or exposé par cette colonie bénie ou maudite s'élève à 3 millions de francs !

J'ai vu là une pyramide, non pas comme nos pyramides, car celle-là est d'or scintillant et représente par ses dimensions le volume de l'or extrait de cette contrée ensorcelée. Elle est couverte de signes gravés, qui ne sont pas des hiéroglyphes, mais des chiffres nous informant que la production de ce métal précieux était en 1899 de 1 643 875 onces valant 6 246 728 livres anglaises et que l'ensemble de la production entre 1886 et 1899 se monte à 4 336 679 onces d'une valeur de 16 479 383 livres, bien que le rendement de la mine, la première année de sa découverte, en 1886, n'ait guère dépassé 303 onces d'une valeur de 1 147 livres. Examinez, je vous prie, cet accroissement qui fait chavirer la raison et hâtons-nous de quitter ensemble ce lieu de tentation.

Cependant, comme dit notre proverbe populaire, « fuyant les Arabes et leur échappant enfin, je suis tombée sur les Turcs et les Maghrébins[114] », car je m'apercevais déjà que les merveilles de la mer, exposées dans un autre coin, surpassaient encore celles de la terre. Outre ce que cette contrée recèle de trésors dans ses profondeurs, ses mers enferment des richesses incommensurables, les perles notamment. Ainsi ai-je vu une salle immense qui, des murs au plafond, des colonnes aux frises, est entièrement faite de grosses perles nacrées, admirablement agencées qui ne peuvent que vous éblouir. Au milieu : la statue d'un de ces pêcheurs qui plongent jusqu'au fond des mers pour

Les frères Neurdein, *Le Pavillon du Transvaal* (architecte : Ch. Heubès), photographie argentique, 1900. Paris, BNF.

Approuvé :

Le Commissaire Général de l'Empire Chinois

Chsaperon

L'architecte de la Section Chinoise

J Mapon detombit

EXPOSITION UNIVERSELLE
DE
1900

SECTION DE L'EMPIRE CHINOIS

FAÇADES PRINCIPALES

Echelle de 0,01ᵐ par mètre

recueillir les perles. Revêtu d'une tenue adéquate en caoutchouc[115] qui protège son corps de l'eau, il est muni des poids qui lui permettent de descendre rapidement jusque dans les profondeurs. Sur sa tête est posée une grande cloche qui le laisse libre de ses mouvements et dans laquelle sont percés trois hublots qui facilitent le repérage des perles, que celles-ci soient devant le plongeur, à sa droite ou à sa gauche. Au-dessus de la cloche se trouve un appareil relié à un long tuyau résistant qui descend avec le plongeur, tandis que l'autre bout reste à terre et lui permet de renouveler l'air et de demeurer dans l'eau aussi longtemps qu'il le souhaite.

Je ne m'étendrai pas davantage sur les perles pêchées par ce malheureux et qui ne profitent qu'aux millionnaires, car ainsi va le monde! Mais je veux mentionner la Croix du Sud, car «elle résume à elle seule toute la chasse[116]». Cette croix prodigieuse est composée de sept grosses perles rangées de suite en ligne droite, la deuxième étant encadrée de droite et de gauche par deux perles de même dimension. La configuration ainsi obtenue a l'aspect d'une croix naturelle. Cet objet rare, découvert dans les pêcheries de perles en 1894, à l'intérieur d'une seule coquille intacte comme il l'est actuellement et parfaitement amalgamé, a été sauvegardé pour sa beauté, la pureté de son eau, l'étrangeté de sa forme qui compte parmi les caprices de la nature. Ce trésor vaut à lui seul 2 000 livres anglaises.

Vue générale sur les colonies anglaises

Leur section se distingue par son sérieux sans mélange: en effet, les attractions, théâtres, échoppes et autres lieux de divertissements ont été écartés afin que cet espace, conçu comme une leçon pédagogique, profite à tous points de vue au visiteur qui en sort plus savant et plein d'enthousiasme.

Cela dit, les gouvernements des diverses colonies se sont entendus pour aménager à côté des pavillons un restaurant «colonial», où ne sont admis que des produits – plats et boissons – provenant de l'une ou l'autre de ces colonies. Il a obtenu un succès éclatant, notamment parce qu'il nous a donné l'occasion, à sa manière, d'en savoir plus sur les divers usages culinaires dans ces colonies. Dieu les favorise!

Je n'irai pas au-delà. Peut-être parlerai-je plus loin des productions anglaises dignes d'intérêt, venant de Grande-Bretagne, au cours de mon propos sur les autres salles et pavillons où les diverses nations ont présenté, dans des espaces voisins, les échantillons de leurs industries. Je signale simplement au lecteur que la charpente du palais de la Grande-Bretagne est faite, non en bois, mais en fer recouvert d'une couche de plâtre, qui lui donne l'apparence d'un bâtiment de pierre. Puis, j'aperçus à côté de lui:

Le pavillon de la Belgique

C'est un édifice fastueux, majestueux et impressionnant que cette petite monarchie dynamique a voulu à la ressemblance de l'hôtel de ville d'une de ses cités célèbres: Audenarde* où la virtuosité des architectes belges atteint sa perfection. Sa réplique à Paris est en tout point conforme à l'original. Comme presque tous les édifices de l'Exposition, il est bâti en bois recouvert de plâtre et de mortier, selon un mode de construction que l'on attribue à Bagdad, mais son revêtement est conçu de façon à donner aux visiteurs l'illusion de la pierre dure et des monuments anciens. Quant à l'original, il est dû au génie d'un architecte de Bruxelles[117] appelé Van Pede, et que l'on surnomme l'«Amant des pierres», surnom bien mérité car son amour ou plutôt sa passion pour l'art d'enchâsser les pierres, de les décorer de motifs foliés ou floraux, d'y sculpter des animaux (comme le serpent qui a chassé l'homme du paradis), tout cela témoigne aux yeux de celui qui contemple ce palais, son ornementation, ses piliers, d'une ferveur telle qu'on s'écrierait presque: «Ciel, voilà bien le travail d'un adorateur des pierres et des idoles!»

Sur sa façade principale, un grand portique encadré par des arcades et surmonté d'un balcon au-dessus duquel se dresse un beffroi, véritable dentelle de pierre que domine un preux chevalier. La Belgique s'est bornée à démontrer dans ce pavillon ses performances en matière d'architecture. Et de fait, tous ceux qui le voient reconnaissent sa supériorité dans ce domaine. Quant à ses autres réalisations disséminées à travers les diverses sections, elles attestent également de ses avancées dans le commerce et l'industrie.

Le pavillon de la Belgique

Le pavillon de la Belgique était situé Rue des Nations, entre ceux de la Grande-Bretagne et de la Norvège. Sa réalisation fut confiée aux architectes belges Ernest-Thierry Acker (1852-1912) et Gustave Maukels (1886-1933) ; Acker connaissait bien la France pour avoir suivi dans les années 1880 les cours de l'École des beaux-arts de Paris et ceux de l'atelier de Julien Guadet. Les décors extérieur et intérieur du pavillon sont une copie de l'hôtel de ville d'Audenarde, petite cité industrielle, perle des Ardennes flamandes, de style gothique flamboyant. Cette référence était vraisemblablement destinée à rappeler l'époque glorieuse de Charles Quint, écho du passé qui suggérait adroitement la richesse économique, grande mais discrète, du royaume belge, fondée sur l'exploitation industrielle et commerciale du Congo, alors propriété de Léopold II.

Le pavillon de la Norvège

L'emplacement du pavillon de la Norvège, sur la Rue des Nations entre la Belgique et l'Allemagne, témoignait du rôle économique détenu alors par ce petit pays scandinave. Par contraste, son architecture qui reprenait le modèle des chalets en pin traditionnels de la Norvège affichait une grande simplicité, à peine compensée par une volumétrie pittoresque et l'usage de couleurs vives. Il fut réalisé par un jeune architecte d'Oslo, Holger Sinding-Larsen (1869-1938), qui se spécialisa ensuite dans l'exaltation architecturale de la ruralité nordique, et Petter Andreas. Symboliquement, l'édifice avait été conçu en Norvège et remonté à Paris par des ouvriers locaux. Les aménagements intérieurs contribuaient également à souligner l'originalité et la simplicité des modes de vie du pays : l'exposition d'engins de pêche ou la présentation des activités sportives et du système d'exploitation des forêts mettaient en valeur une vie simple et proche de la nature. Celle-ci pouvait du fait des conditions climatiques prendre une dimension quasiment épique, comme le rappelait la présentation des souvenirs de l'expédition au pôle nord du célèbre explorateur Fridtjhof Nansen.

À l'étage inférieur, un hall occupé par deux salles réunit les vues les plus splendides des cités belges, avec toutes les informations adjacentes : catalogues, programmes, prospectus, livrets, notamment des informations concernant la promotion de leurs marchandises dans les autres pays, et jusqu'en Allemagne, en Angleterre et en France. Tout cela séduit les visiteurs, tentés dès lors de visiter ce pays et d'y dépenser leur argent. C'est ainsi qu'ils réussissent à attirer gains et profits.

Quant à l'étage supérieur, on y trouve les salles de réception et de cérémonies et, au centre, un musée d'œuvres d'art exceptionnelles. Il faut rappeler ici qu'ils ont fêté l'inauguration de ce palais le 10 mai 1900. J'y suis venu plusieurs fois, mais comme les autres visiteurs, je n'ai pas été autorisé à pénétrer au-delà du rez-de-chaussée, ce qui excitait de jour en jour notre désir de voir ce qu'on préparait à l'étage supérieur, car l'homme est ainsi fait qu'il s'enflamme pour ce qu'on lui interdit ou, comme nous l'affirme la maxime : « L'homme n'aime rien tant que ce qu'on lui défend[118]. »

Ayant réussi enfin, non sans peine, à visiter cet étage le 5 juillet, j'y ai vu les ouvriers encore occupés à y disposer de superbes tapis, de précieuses tentures et des meubles anciens, chefs-d'œuvre exécutés par leurs aïeux et dont ils s'enorgueillissaient auprès des autres. Le plus étrange, c'est que toutes ces pièces rares, dues au génie des artistes du Moyen Âge, avaient été envoyés là par un des hommes les plus fortunés de Belgique, nommé Dsonzee*.

Cette monarchie ne tient pas de rôle dans le colonialisme. Le Congo belge en effet, au cœur de l'Afrique, jouit d'une autonomie complète. La politique européenne a décidé, de concert, que la souveraineté en reviendrait à la personne de l'actuel roi de Belgique, Léopold II. Cet État autonome ne participe pas à l'Exposition de Paris. Mais les Belges sont passés maîtres dans la fabrication de tout ce qui est nécessaire aux colonies et aux pays lointains, jusqu'à obtenir le monopole des wagons, appareils, rails et machines destinés à l'ensemble des chemins de fer en Chine. Voilà pourquoi la Ligue des industriels a décidé d'exposer dans l'aile gauche du Trocadéro leurs productions, en payant la taxe des colonies : notamment la verrerie, la verroterie, la clouterie, la ferronnerie, les cotonnades, etc. On n'y trouve rien qui atteste d'une industrie de qualité, mais bien d'un sens hors pair du commerce et des affaires.

Les frais alloués par la Belgique à sa participation à l'Exposition s'élèvent à 1 million de francs. De là, j'ai pénétré dans :

Le pavillon de la Norvège

Ce pays, comme on sait, est situé à l'extrême nord-est de l'Europe et forme avec la Suède une presqu'île connue sous le nom de Scandinavie. Ce sont deux royaumes liés ensemble mais possédant chacun son propre système et une totale indépendance dans leur politique intérieure, et cela à tous points de vue, comme c'est le cas pour l'Autriche et la Hongrie.

Ce qui les unit, c'est la personne de leur roi, l'actuel Oscar II, qui l'emporte sur tous les monarques de son temps par les encouragements, les dons, les faveurs qu'il prodigue aux hommes de sciences et jusqu'aux savants arabes et d'Orient.

Les habitants de ce royaume, à l'instar des Hongrois, sont très jaloux de leur indépendance et ne ratent pas une occasion de la revendiquer et de la défendre, si bien qu'ils ont dressé entre leur pavillon et celui de la Suède non pas une barrière mais plusieurs, à savoir : les pavillons de l'Allemagne, de l'Espagne, de Monaco et de la Grèce ; s'ils l'avaient pu, la distance aurait été aussi extrême qu'entre l'Est et l'Ouest.

Ce pavillon se singularise par ses couleurs vives (vert, rouge et blanc) selon la coutume en vigueur dans les campagnes de ces contrées nordiques, proches des glaces du pôle. Entièrement en bois de pin (de leurs forêts), mais sans revêtement de plâtre contrairement aux autres pavillons, sa seule décoration se limite au découpage des bois et à leur ordonnance selon des formes très plaisantes. L'une de ses caractéristiques, c'est d'avoir été fabriqué entièrement en Norvège, puis amené par blocs détachés à Paris, où a eu lieu leur assemblage. Le résultat : ce pavillon ravissant qui séduit tous les regards. À la fin de l'Exposition, il sera transporté à nouveau dans son pays pour y être utilisé. La somme allouée par leur Chambre des députés pour la participation à l'Exposition est de 555 000 francs.

Le pavillon de la Norvège (architecte : Holger Sinding-Larsen), photographie argentique. *Paris 1900, Exposition universelle*, Paris, E. Le Deley, 1900.

Parmi les traits spécifiques de cette nation figure l'habileté de ses fils en matière de natation et de navigation. Ils n'ont guère de rivaux pour la sylviculture, l'exploitation des bois des forêts et autres activités annexes. Voilà pourquoi leur pavillon se signale par une exposition dédiée à tout ce qui touche à ce sujet ainsi qu'aux perfectionnements apportés à la mise en valeur des mers. L'une des choses qui attirent l'attention du visiteur, c'est la statue du Dr Nansen, l'un de leurs navigateurs qui est parvenu aux abords du pôle nord et dont la réputation s'étend à l'Orient et à l'Occident. En voyant son buste en marbre à côté de son navire, le *Fram* (qui signifie « de l'avant »), vous avez l'impression qu'il vous raconte les péripéties de son étonnant et mémorable voyage, avec ses curiosités et ses moments de détresse, que vous entendez de sa bouche comment il a utilisé les chiens, les instruments techniques et tout l'attirail dont il disposait tandis que le cernaient de tous côtés les monticules de glace et les affres du froid, lesquels brûlent (oui, brûlent !) les membres et foudroient hommes et bêtes.

Il convient de rappeler à ce propos, aux gens de l'élite comme aux foules, que l'empereur d'Allemagne, Guillaume II, célèbre pour sa grande intelligence et ses vastes connaissances, et supérieur à ses pairs par son courage et sa détermination, reçut en grande pompe et avec d'incroyables honneurs ce héros valeureux, allant jusqu'à dire à ses enfants, au cours de la réception : « Mes enfants, vous êtes encore trop jeunes pour comprendre la prouesse accomplie pour vous par cet homme que vous voyez aujourd'hui devant vous. Mais lorsque vous le saurez plus tard, vous vibrerez d'émotion et d'enthousiasme à l'idée que vous l'avez vu de vos yeux. Ainsi, conservez dans votre cœur sa noble image et réservez-lui une place de choix. » En vérité, voilà ce que doivent être les rois, les pensées et les discours !

Quant à moi, que le sort aveugle n'a pas fait fils de l'empereur et qui n'ai pas eu la chance de voir l'illustre Nansen, je n'ai pas oublié, face à son noble portrait, ces mots pleins de sagesse. Qui ne peut voir la chose, qu'il se contente de sa trace, dit-on. Au lecteur donc de se fier à mon rapport.

J'ai pu observer dans le pavillon les techniques employées pour la pêche des poissons de taille considérable comme la baleine, la capture des oiseaux rapaces, des espèces sauvages, terrestres et marines. Vivais-je un rêve, ou étais-je le jouet d'une illusion ? Mais je peux assurer au lecteur que

Intérieur du pavillon de la Norvège, photographies argentiques, 15 x 20 cm, 1900, Paris. Bibliothèque de l'INHA, collections Jacques-Doucet.

Le phoque [*sic*]. Ahmad Zaki, *L'Univers à Paris*, 1900, p. 221. Paris, BNF.

Page du catalogue du pavillon de la Norvège. Reproduite dans *Le Pèlerin*, 1900.

je sentais l'odeur de la mer et de ses produits. Ce qui a retenu plus que tout mon attention, c'est le veau marin qu'on appelle phoque* en français : un animal massif, proche de l'otarie, avec des membres antérieurs comme des pattes de taureau, des canines pareilles aux défenses d'un éléphant ou d'un ogre (voir l'image ci-contre[119]).

On peut voir aussi des photographies de leurs habitations à diverses époques et de leurs moyens de transport, notamment les traîneaux* tirés par les chiens sur les déserts de glace.

Oscar II, roi de Norvège, s'est rendu célèbre, disions-nous, pour son amour de la science et des savants. Rien d'étonnant donc à ce que son pays soit tout entier un immense Ukaz[120] et que le ministère de l'Instruction se soit taillé la part du lion dans le pavillon. On y voit les publications envoyées par leurs nombreuses écoles, qui comptent plus d'une vingtaine de catégories, au point que la cuisine, la navigation, la pêche ont chez les Norvégiens leurs écoles spécialisées.

La Norvège a démontré sa supériorité dans plusieurs sections de l'Exposition. Elle l'emporte sur les autres nations pour les produits alimentaires (confitures, conserves en tous genres) dont les exportations vont croissant, atteignant en 1897 la somme de 72 199 180 francs, ainsi que pour la fabrication de la bière dont les touristes dans leur pays et les visiteurs de l'Exposition vantent très fort la limpidité et la saveur.

Autres spécialités : les métaux, les pierres, la fabrication des tapis, noués à la main de façon à ce que chaque pièce soit unique en son genre. Considérez, je vous prie, ce que cette activité exige d'harmonie entre le travail de l'intellect et celui de la main pour créer à chaque fois une pièce nouvelle ! Ces ouvrages n'étant accessibles qu'aux plus fortunés, une société – soutenue moralement et financièrement par le gouvernement, son crédit et son argent – s'est formée pour aider les pauvres à se procurer du mobilier. Elle obtint un grand succès et rendit d'inestimables services.

Bien que réputés pour leur douceur et leur pacifisme, les gens de ce pays semblent avoir prêté l'oreille au précepte divin : « Prémunissez-vous contre eux de tous les renforts possibles[121]. » Voilà pourquoi ils ont perfectionné également leur industrie d'armement, dont ils ont exposé des échantillons dans le palais des Armées de terre et de mer. Dieu les protège et les élève !

En sortant, je me devais, selon moi, de visiter la Suède et prie les Norvégiens de m'excuser : la politique me fait obligation de réunir les deux nations. Il suffit que je leur aie donné la préséance.

Le pavillon de la Suède

Il retient l'attention par son caractère imposant, surtout qu'il est surmonté d'une tour élancée qui dresse sa flèche au cœur du ciel à une hauteur de 31 m.

Les femmes de ce pays ont une adresse exceptionnelle dans la broderie et les ouvrages de tapisserie. J'en ai vu plusieurs, dans le pavillon, exécuter ces travaux délicats devant les visiteurs et visiteuses, tandis que nombre d'orfèvres s'occupent à confectionner bijoux et parures selon des formes qui répondent à notre goût et reposent notre regard (surtout à nous autres Orientaux), qu'on le fixe sur le travail, la brodeuse ou les bijoutiers. Pourquoi s'en étonner, puisque les tissages de ces contrées nordiques, et avec elles, la Norvège, la Finlande et la Bulgarie, imitent, pour les motifs et les couleurs, l'art de la broderie et de la tapisserie, dans lequel s'est illustré l'Orient[122], à tel point qu'il m'a semblé qu'un seul maître et une même technique pouvaient bien être à l'origine des deux lignées. À supposer que la Bulgarie ait emprunté cet art aux Turcs, comment est-il parvenu jusqu'à l'extrême Nord où il perdure jusqu'à présent, alors qu'il est sur le point de disparaître en Orient devant l'invasion des produits et styles venus d'Occident ? Il y a là une sagesse à méditer…

Autre objet de méditation : un grand tableau représentant le palais royal à Stockholm, la capitale. Jusque-là, rien d'étonnant par rapport aux autres pavillons. Mais « la cause une fois révélée, la surprise est… décuplée[123] ». Car le peintre est en l'occurrence le prince Eugen, fils du roi de Suède et de Norvège. Il l'a exécuté à la perfection pour montrer la maîtrise que se doivent d'atteindre les fils de rois dans les sciences et les arts, la recherche de la gloire s'obtenant par l'effort et le labeur, et non grâce à la naissance et à l'héritage. Où sommes-nous, nous autres, par rapport… ?

– Taisez-vous, malheureux !… Chut ! Chut !

– (…)

J'ai vu des images de leurs nuits en hiver et en été, qui vous dispensent presque de les voir au naturel : la première représente un lieu situé à 100 km au nord du cercle polaire : on y voit un adolescent de Laponie* gardant un troupeau de rennes[124] en attendant le reste de la caravane. On voit les étoiles surmontées d'un halo blond et au fond de l'horizon des lances de flammes éblouissantes se déployer dans le ciel comme des feux d'artifice, preuve que l'aurore boréale est toute proche – effet dont l'électricité peut donner le meilleur équivalent.

Quant au deuxième paysage, il représente Stockholm la nuit du 24 juin, à la fête de la Saint-Jean[125]. On y voit la capitale à minuit, paisible, silencieuse et comme assoupie, aucun passant sur les quais du front de mer, les vagues se succédant régulièrement et ondulant, sous l'effet des courants qui traversent les mers de ces contrées. Pas une barque à la surface de l'eau, pas un nuage dans le ciel. Tout cela par la puissance de l'électromagnétisme. La clarté de la lune qui baigne le toit et le bas des maisons va s'obscurcissant, annonçant la fin de la nuit et l'approche du jour, mais cette aube trompeuse, à mi-chemin entre ligne des ténèbres et ligne de lumière, ne dure que quelques instants, tandis qu'à l'Occident, une boule de feu s'embrase dans un soleil rayonnant, lequel dans ces parages ne se couche jamais. Spectacle qui frappe de stupeur les touristes qui s'y rendent et le contemplent pour la première fois.

Autre trait particulier de ce palais : l'office suédois des Postes et Télégraphes l'a relié par téléphone à toutes les sections de l'Exposition où la Suède est présente. Les communications y sont gratuites pour tous et le central du réseau est installé dans le palais de l'Électricité. Vous le savez, ce pays s'est rendu célèbre par la fabrication des appareils téléphoniques et en possède presque le monopole sur l'ensemble du globe, au point que les appareils employés par les sociétés anglaises établies en Égypte sont importées de Suède en raison de leur qualité supérieure et de leur prix raisonnable. Le réseau téléphonique a pris dans ce pays des proportions inimaginables : selon les statistiques, en effet, le tiers des habitants disposent du téléphone dans leur maison et leur boutique. Aucune nation ne les approche sur ce plan-là.

Le pavillon de la Suède

Monumentalement situé, à l'instar du pavillon de la Norvège, Rue des Nations, le pavillon de la Suède fut confié à l'un des grands architectes du pays, Ferdinand Boberg (1860-1946). Bien qu'unis depuis 1805 dans le royaume des Bernadotte, les deux pays cherchaient à manifester leur singularité. Ainsi, prenant le contrepoint de la simplicité du chalet norvégien, ce pavillon adopta une architecture originale, voire excentrique, jouant sur l'imbrication de volumes variés et complexes : tours, clochetons, passerelles aériennes, piliers élancés faisaient oublier la simplicité du matériau employé, le traditionnel bois de Suède. Comme le pavillon de la Norvège, le pavillon avait été édifié en Suède, puis remonté à Paris. Les aménagements intérieurs étaient principalement consacrés à la vie quotidienne traditionnelle de ce pays scandinave (objets en bois, engins de canotage et pilotage, étoffes, joaillerie). Ses paysages étaient monumentalisés par deux grands dioramas qui impressionnèrent Zaki. Ainsi que le remarque ce dernier, le pavillon était équipé d'un téléphone qui le reliait aux diverses expositions de la Suède : contrastant avec l'univers rural du pavillon, cette ligne téléphonique matérialisait de façon symbolique l'avancée technologique du pays dans le domaine des communications. Oscar II, descendant du Français Jean-Baptiste Bernadotte, élu prince héritier en 1810 sous le nom de Charles XIV Jean de Suède, fut le premier chef d'État à découvrir l'Exposition universelle, et sa popularité en France lui valut un accueil particulièrement cordial de la population et des autorités françaises.

Ce pavillon, construit uniquement en bois, à l'intérieur comme à l'extérieur, a été bâti par la Société des menuisiers à Stockholm, puis ils l'ont découpé en morceaux qu'ils ont transportés par voie maritime puis fluviale jusqu'au cœur de Paris devant le quai où il dresse sa silhouette élégante. D'un coût de 150 000 francs, il s'étend sur 550 m². À la fois judicieux et patriotes, ils ont envoyé dans la capitale française douze ouvriers suédois seulement pour monter ces morceaux et les agencer sans recourir en rien à la France ni à sa main-d'œuvre.

Parmi les curiosités qu'il renferme en son centre : une collection raffinée de pièces rares, de joyaux, de gemmes que les habitants ont offerts à leur actuel souverain à l'occasion de ses fêtes. J'y ai vu une plaque qui contient le texte du discours (d'une éloquence subtile, dit-on) que les francs-maçons présentèrent à ce frère couronné lors de la cérémonie de son jubilé franc-maçon, soit le 50ᵉ anniversaire de son admission dans cette association. La plaque sur laquelle est gravé le discours est en argent pur, emblème de la pureté des intentions et d'une conscience sans tache.

Oscar II est le premier souverain à avoir visité l'Exposition. Il fut suivi du shah d'Iran, sa Majesté Muzaffar al-Din. Souhaitons-lui de travailler, lui aussi, au progrès de son pays et à la promotion des sciences, pour faire la fierté de l'Orient et devenir le digne héritier du trône de Chosroès.

Le prix du sauvetage des naufragés

À la page 164, j'ai mentionné le prix qu'avaient créé les héritiers de l'Américain Anthony Pollok pour récompenser l'inventeur du meilleur dispositif de sauvetage des victimes d'un naufrage. J'ai appris par des journaux parus récemment que les esprits ingénieux en compétition pour remporter cette somme fabuleuse – 100 000 francs – étaient au nombre de 435. Le jury s'étant réuni pour examiner les systèmes proposés, on découvrit malheureusement qu'aucun ne répondait aux besoins des naufragés, ni aux intentions des donateurs. Aucun candidat ne fut jugé digne de recevoir le prix, à l'exception d'un certain Roper*, de Londres, dont l'invention fut estimée supérieure à celle de ses émules. Le jury lui attribua donc un dixième de la récompense, soit 10 000 francs, et décida de consacrer le reste à un nouveau prix décerné, lui, à un inventeur, assez favorisé du sort pour découvrir un moyen apte à assurer la sécurité des navires, de leur équipage et de leurs passagers en cas de mer déchaînée. Un programme détaillant le règlement de ce concours fut donc établi par les jurés, avec les conditions à observer par tous les candidats. Il sera publié à l'échelle du monde le 1ᵉʳ janvier 1901 et diffusé auprès de tous les gouvernements.

Que j'aurais aimé que fût retardée de quelque temps la catastrophe qui a frappé l'Égypte ce mois-ci, à savoir le naufrage d'*Al-Charqeyya* (ou plutôt qu'il n'arrivât jamais !). Mais le destin l'a voulu ainsi et il n'est de force qu'en Dieu ! Maintenant, une question : un Égyptien pourrait-il remporter ce prix ou s'engager dans cette entreprise sans être devin, je réponds : « Non, mille fois non !... »

(Ajouté le 25 septembre 1900 à Alexandrie)

Les prix destinés aux savants (à l'Exposition)

La grande passion des Européens, c'est d'encourager les savants financièrement, l'argent étant la grande roue du progrès. En Orient, l'époque des califes est révolue et ne reviendra pas, à moins que les rêves ne deviennent réalité. Quant à nos hommes riches, ils ne sont occupés qu'à grossir leur fortune, bien ou mal acquise, puis à la dépenser (surtout leurs enfants, plus tard) à des futilités qui ne font rejaillir sur eux et leur pays que discrédit et faillite.

Il ne reste plus aux écrivains qu'à citer les belles actions de leurs homologues en Occident, d'y revenir à chaque occasion, dans l'espoir qu'ils secouent leur torpeur ou que se réveille en eux la générosité de leurs ancêtres afin qu'ils puissent se prévaloir au moins d'un bienfait le jour où fortune et progéniture[126] ne seront d'aucun profit.

Je me bornerai ici à mentionner un seul de ces bienfaiteurs occasionnels de l'Exposition – ou de ceux qui trouvent chaque jour une occasion de bienfait alors que nos riches y trouvent une occasion de parcimonie et de gaspillage – qui a fini par leur forger une réputation détestable parmi les nations.

Le métropolitain de Paris [*sic*].
L'Illustration, 1900.

En France, un homme riche du nom d'Osiris[127] (qui tient de son homonyme, le dieu de la Prospérité et du Bien chez les Anciens Égyptiens) avait déjà offert, à l'Exposition précédente de 1889, un don de 100 000 francs pour un prix récompensant une production qui conjuguerait l'habileté à l'audace. Le lauréat en fut l'architecte qui avait conçu la salle des Machines.

Puis, à l'occasion de cette Exposition, il fit un nouveau don de 100 000 francs, destiné au concepteur du projet le plus beau ou le plus utile qui s'y trouverait, et il laissa au syndicat des journalistes de Paris le choix d'en décider. Cet acte de générosité ne lui suffit pas : conscient que ce prix ne se répéterait pas et qu'il ne pourrait inciter de façon continue la création de grandes œuvres, il opta pour un type de fondation qui, je l'espère, devrait avoir quelque écho chez nous, où l'on consacre trop souvent des legs faramineux à l'entretien de certaines tombes, ce qui n'a fait qu'accroître le nombre des paresseux qui s'adonnent au plaisir et au vice, en privant la nation du travail de leurs mains et de leur intelligence, avec les répercussions désastreuses que l'on sait.

La fondation en question, attribuée à l'Institut de France*, comprend des propriétés et des biens importants dont le revenu s'élève à 32 000 francs par année. Les conditions fixées par le fondateur attestent de sa vaste intelligence, de la noblesse de son esprit et de l'ambition de ses vues en faveur de l'humanité. Il me semble avoir ainsi immortalisé son nom, plus digne d'éloges que celui du dieu que vénéraient nos premiers aïeux. En effet M. Daniel Osiris a décidé que ses biens seraient gelés tous les trois ans jusqu'à ce que leurs intérêts atteignent 100 000 francs, ce prix allant à l'invention la plus importante ou à la plus belle œuvre produite au cours des trois années précédentes (dans les sciences, les lettres, les arts, les techniques ou plus généralement à toute création profitable à l'humanité). Il déclara que son vœu le plus cher serait que le prix soit décerné à des chirurgiens ou à des médecins qui seraient parvenus à découvrir un traitement apte à guérir – ou à alléger les souffrances – des maladies réputées incurables à ce jour, même s'ils ne faisaient qu'ouvrir la voie vers des remèdes permettant plus tard de les combattre.

Il posa comme condition que l'Institut se réunisse en assemblée générale tous les trois ans pour désigner le lauréat et, comble de générosité, il leur recommanda de ne pas se contenter des candidats qui se présenteraient, mais de partir en quête des gens de mérite et de talent, ces derniers se caractérisant en général par leur modestie et leur amour de la solitude. Ce bienfaiteur, prenant d'abord en considération son pays et ce qu'il lui devait, réserva ce prix aux seuls Français. Il ajouta que, dans les cas où plusieurs personnes auraient participé de façon effective et complémentaire au même projet, le prix se verrait partagé entre eux à proportion de l'effort fourni. Puis, considérant l'humanité en général, il stipula que le prix irait au plus méritant, Français ou non, si la date du concours venait à coïncider avec la tenue d'une Exposition universelle. Dans ce cas, elle ne devait aller qu'à un seul lauréat, pour qu'il puisse pleinement en profiter. Si l'Exposition devait être organisée un ou deux ans après la date de remise du prix, il proposait d'attendre et d'ajouter les intérêts de son montant initial qui s'élèverait ainsi à 133 000 ou 166 000 francs.

Telles doivent être les âmes énergiques ! Et telle, la générosité ! Car c'est cela qui donne vie à une nation.

Compte rendu de l'Exposition : démonstration chiffrée de sa grandeur

Certaines personnalités éminentes parmi les savants et les hommes les plus en crédit de notre pays m'ont prié de faire bénéficier les lecteurs de *L'Univers à Paris* d'un complément d'information sur le gigantisme de l'Exposition, en annexe aux renseignements, déjà copieux, fournis dans ces lettres. J'ai pensé que le mieux serait de conter à mon lecteur comment se passaient mes journées, le tout mêlé de quelques statistiques provenant de sources autorisées.

L'Exposition occupe une étendue si vaste qu'il est impossible à un visiteur d'affirmer qu'il l'a parcourue en entier et y a vu tout ce qu'elle englobe. Des dizaines d'années n'y suffiraient pas et où trouver

GRAND CAFÉ-RESTAURANT DE L'AQUARIUM

l'esprit qui pourrait en maîtriser la totalité ? Je suis prêt à parier que les organisateurs eux-mêmes n'oseraient pas relever le défi et même que les responsables d'une section ou d'une salle ne s'y risqueraient pas non plus. Le phénomène n'a d'ailleurs rien d'étonnant : ne nous arrive-t-il pas d'acheter vêtements et meubles pour notre usage personnel et d'oublier ensuite leur emplacement et jusqu'à leur existence, d'où l'achat des mêmes objets à nouveau lorsque la nécessité s'en fait sentir ?

Panonceaux, pancartes, listes, signaux et autres éléments d'information sont offerts à votre regard sur le sol, les murs, ou suspendus aux plafonds par des fils, qu'il s'agisse d'édifices à un étage ou davantage. Dès lors comment voir et connaître l'ensemble de fond en comble ?

Vous entrez par l'une des portes de l'Exposition. Vous vous tracez un itinéraire à suivre. Mais vous voilà bientôt comme le peuple d'Israël durant ses années d'errance : tout vous attire et vous ne savez plus où donner de la tête ni où aller.

L'Exposition ouvrant ses portes à huit heures, vous voyez son enceinte envahie à ce moment précis par des bataillons de balayeurs, de nettoyeurs, de fournisseurs, de livreurs, d'épiciers, de bouchers, de poissonniers, de jardiniers et *tutti quanti*. Seuls maîtres des lieux, ils investissent pelouses, bâtiments, villages, avec leurs auxiliaires, leurs véhicules, leurs bêtes, pour procéder aux arrangements nécessaires à cet espace immense. À dix heures sonnantes, l'Exposition apparaît dans toute sa splendeur, fascinant les regards, séduisant les esprits. Vous y passez alors une heure – trois quarts d'heure à vous orienter, à vous bousculer et à vous déplacer, un autre quart à visiter et à observer, après quoi arrive le moment du déjeuner. Et alors, gare, car si vous ne vous hâtez, vous serez condamné à rester le ventre vide ! Et tant pis pour vous.

La superficie de l'Exposition, ai-je appris, s'étend sur plus de 1 080 000 km², dont près de la moitié – 470 000 m² – est réservée aux bâtiments. Si je vous dis que cette superficie est occupée pour moitié par des restaurants et leurs dépendances diverses, je ne serai pas loin de la vérité. Car il est très rare, vous le constaterez, qu'un palais, un pavillon, un village, un kiosque, une chaumière ou tout autre endroit couvert, n'ait pas son restaurant dans un coin quelconque, en dessous, au-dessus ou à côté, à moins qu'il ne se destine tout entier aux mangeurs et aux buveurs !

N'oublions pas que les Européens de la classe moyenne et populaire, en particulier les campagnards, viennent à l'Exposition avec leur casse-croûte et se restaurent à l'ombre des arbres, sur les pelouses. S'il vous arrive, par une grâce du ciel, de ne pas vous oublier le nez fourré dans des objets exposés et de pénétrer dans un restaurant à un moment de grande affluence, vous dénicherez peut-être une place libre et un serveur qui vous apportera de quoi apaiser votre faim. Chaque restaurant, en effet, possède son armée de garçons, empressés à vous accueillir, alertes à vous servir. Cependant leur nombre est bien inférieur à celui des clients qui affluent en masse. Difficile donc de trouver un siège vacant, une main oisive, une bouche muette ne réclamant pas son repas ou qui ne soit occupée à mâcher, à avaler, à dévorer. Tous ces gens sont follement pressés comme s'ils avaient à se ravitailler avant de quitter ce bas monde. L'expérience m'a appris à commander trois ou quatre plats à la fois et à en écrire les noms au garçon, qui se

Le grand café-restaurant de l'aquarium (rive droite, entre le pont de l'Alma et le pont des Invalides), lithographie. Paris, BNF.

Moreau, *Restaurant Le Pavillon bleu* (architecte : René Dulong), photographie argentique, 1900. Charenton-le-Pont, Médiathèque de l'architecture et du patrimoine.

retire pour me les apporter, non en une fois mais successivement, d'autres clients l'ayant également chargé de leur commande. De cette façon, j'ai le temps de savourer chaque plat sans avoir à supporter l'amertume de l'attente. J'économise ainsi quelques moments précieux que je peux consacrer à la visite de l'Exposition à l'heure des repas.

Je la voyais alors, contrairement au spectacle qu'elle offre d'habitude, transformée, dans toute son étendue, avec ses chemins et ses édifices, en un immense restaurant où se tenaient rassemblés, par dizaines de milliers, les mangeurs prêts à l'assaut, leurs prunelles saillantes fixées sur les assiettes, les lèvres béantes, le cou tendu, jusqu'au moment où, les garçons étant accourus avec les plats commandés, ils se jettent dessus comme des forcenés, engloutissant leur contenu dans l'abîme de leur gosier après avoir actionné leurs mâchoires, triturant, mastiquant à l'envi et arrosant le tout avec force boissons licites ou illicites.

Puis chacun se précipite vers la sortie, abandonnant sa place aux clients en attente qui la guettent avec la plus vigilante impatience. À deux heures de l'après-midi, tous les restaurants ferment leurs portes au nez des malheureux retardataires qui se voient informés de cet arrêt où qu'ils se trouvent. Le même spectacle se renouvelle entre six et neuf heures, chaque soir. Pour moi, j'essayais chaque jour de déjeuner dans un restaurant différent pour faire ainsi le tour du monde, mangeant, buvant et rendant grâce. Ce qui me permettait de rester dans l'enceinte de l'Exposition et d'économiser mon temps, sans avoir à acheter un autre billet.

C'est en déplacements que j'ai perdu la majeure partie de mon temps, à cause des distances énormes et de l'absence de transports rapides au sein de l'Exposition.

L'Exposition accueille certains jours un demi-million, voire jusqu'à 600 000 visiteurs, soit environ le nombre d'habitants du Caire. Comme vous le savez, la population parisienne dépasse les 2,5 millions d'habitants, alors que le nombre des véhicules en tous genres qui y circulent n'est que de 50 000 voitures. D'où une insuffisance notoire de moyens de locomotion vers – ou de – l'Exposition. Malgré la multitude de sociétés nouvelles créées pour l'occasion, malgré la foule grouillante des paysans, arrivés massivement avec leurs carrioles pour pallier le manque de transports, la Ville de Paris, ses habitants, les responsables à la mairie et au gouvernement ont continué à pousser les hauts cris et à déplorer l'inefficacité des compagnies d'omnibus, de tramways tirés par des chevaux ou roulant à la vapeur ou à électricité, sans compter celles des bateaux à vapeur. Résidant à la périphérie de la ville ou près du terminus d'une ligne de transport, le visiteur doit se lever de bonne heure et prendre son billet parmi les premiers pour obtenir une place dans les transports en commun, sinon il lui faudra attendre la deuxième ou troisième voiture, et le tout à l'avenant. S'il habite loin du terminus, il perd un temps infini, à moins d'emprunter ce moyen idéal, efficace et économe que Dieu a octroyé aux hommes, à savoir ses deux jambes, car perdre une demi-heure à pied vaut mieux qu'en perdre deux ou trois à attendre, sans compter que la difficulté va croissant à mesure que l'heure avance.

Quant à utiliser une voiture, vous devez y repenser à deux fois, sauf si vous appartenez à la classe des gens fortunés ou que vous soyez forcé, malgré votre budget, de confesser que « le temps est plus précieux que l'argent ».

N'allez pas croire que l'affluence des visiteurs à l'Exposition ait un effet quelconque sur la capitale. Car Paris continue à être la cité fameuse et universellement connue, alors que l'Exposition est une ville éphémère et enchantée, côtoyant la première, mais jouissant d'un mode d'existence autonome.

⸻

Cette ville enchantée de plus de 100 000 habitants – parmi lesquels des commerçants, des ouvriers, des artisans, des exposants, ainsi que leurs commis et leurs auxiliaires, deux fois plus nombreux – accueille *grosso modo* quatre fois plus de visiteurs en moyenne chaque jour. On y trouve tout ce qui existe sur la surface du globe, dans les mers, dans les profondeurs de la terre ou dans les airs. Toutes les espèces humaines – Blancs, Jaunes, Noirs, Rouges – s'y côtoient. Tout y est représenté : de l'abécédaire recopié par les enfants de quatre ans à l'école maternelle, jusqu'aux machines grandioses et effrayantes qui déplacent en un jour des milliers de passagers à travers des milliers de kilomètres, celles qui réalisent en une minute ce que des milliers d'ouvriers mettent un jour voire une semaine à accomplir, ou celles qui anéantissent en une seconde des milliers d'individus – machines devant lesquelles on se sent à la fois désemparé, interdit et terrifié. Sans oublier les trésors les plus précieux de l'humanité, conservés dans les musées du monde entier.

Je prie le lecteur de bien vouloir me suivre pour se figurer quelque peu le gigantisme de cette ville fabuleuse. C'est le 12 juillet 1893 que fut décidée la tenue de cette Exposition. Toutes les nations dynamiques manifestèrent leur intérêt, et tous les esprits entreprenants, lesquels méritent pleinement le nom d'« humains », travaillèrent à faire montre de leurs compétences sur le plan international. Chacun, selon son rang hiérarchique, participa à son organisation. En 1895, on dénombrait 1 500 organisateurs, tous parmi les plus qualifiés. C'est alors que les représentants des divers pays s'installèrent à Paris pour surveiller les travaux. Dans leur sillage arrivèrent les exposants : 30 000 d'abord, puis 50 000, 75 000 et enfin 100 000, ou peut-être davantage. La correspondance avec la direction générale de l'Exposition se multipliant, il y eut près de 2 millions de lettres expédiées par ses bureaux et probablement autant de courrier, sinon plus, en sens inverse. De ce grand service administratif dépendent 25 000 agents parmi lesquels des fonctionnaires, des opérateurs et des concessionnaires.

Quant à ceux qui se sont adressés à ce service pour visiter l'Exposition au cours des derniers mois de l'année 1899, soit dans le trimestre précédant l'inauguration officielle, leur nombre dépasse les 90 000. 130 000, pour leur part, ont demandé, documents et photographie à l'appui, à obtenir

Le Grand Globe céleste, affiche,
lithographie, 110 x 75 cm, 1900.
Paris, BNF.

des billets gratuits – demandes qui ont été étudiées, classées avec report de la photographie sur les billets, tamponnés et enregistrés. Sans compter les autorisations rejetées et celles accordées à la fin du mois d'août dernier.

De 1896 à 1899, 2 000 ouvriers permanents ont été employés dans les deux parties de l'Exposition : les Champs-Élysées et le Champ de Mars. Ce sont eux qui forment le contingent de base. Ils

Les frères Neurdein, *Le Grand Globe céleste, vue aérienne*, photographie argentique, 1900. Paris, BNF.

Restaurant devant le Palais lumineux, lithographie (graveur : Georges Redon). *L'Exposition de Paris (1900) avec la collaboration d'écrivains spéciaux et des meilleurs artistes*. Paris, Imprimerie générale Lahure, 1900, p. 370.

sont secondés par des auxiliaires temporaires, beaucoup plus nombreux, répartis à travers toute la France et dans le monde entier, et chargés de casser les gros blocs de pierre, de faire fondre les masses de fer (en France), de sculpter des portes aux proportions énormes et proprement inouïes (en Indochine), de modeler dans des moules géants un temple païen (dans l'île de Gao), etc. Le travail accompli par un ouvrier au sein de l'Exposition complète donc celui d'une vingtaine d'autres, de sorte qu'au total 500 000 artisans au moins, durant quatre ans, ont participé à l'édification de cette cité enchantée.

Quant aux blocs de pierre ayant servi à l'édification du Grand et du Petit Palais, certains pesaient plus de 8 t soit environ 180 de nos quintaux, et ont été taillés, pour plus de rapidité et de précision, à l'aide de scies en diamant. Plusieurs mines de charbon et de fer, mises à contribution à cette occasion, se sont retrouvées totalement à sec. Car songez que la quantité de fer utilisée dans la grande salle des fêtes atteint à elle seule 250 000 kg pour une surface couverte de 220 000 m² et que son transport a nécessité 20 000 wagons de marchandises, soit un train de 140 km de long si l'on avait disposé ces voitures à la file, autrement dit l'équivalent d'un train dont la tête serait au Caire et la queue à Damanhour[128] !

Pour la brique, le verre, les peintures, les vernis, le plâtre, le gypse, le mortier, on en a fait l'emploi requis par cette énorme proportion de fer. J'en veux pour seul témoignage la Tour Eiffel dont la rénovation a nécessité 50 ouvriers mobilisés à cet effet pour une durée de six mois, sans interruption, et 60 000 kg de pots de peinture.

Le plus curieux, c'est qu'en dessous de cette cité, il en existe une autre, invisible, mais qui vous plonge dans la perplexité dès qu'on vous en informe. En effet, sous l'Exposition sont creusées de véritables rues d'une largeur de 2,60 m et qui font 2,70 m de haut à la voûte. Leur réseau, long de

1 500 m, est composé de galeries souterraines construites sous le Champ de Mars et réservées aux canalisations d'eau, à la vapeur et à l'électricité. Il en va de même pour les deux culées très profondes qui servent d'appui au pont Alexandre-III – constructions souterraines, insoupçonnables, dont le volume équivaut à lui seul à 15 000 m³.

Voilà donc quelques exemples chiffrés du gigantisme de cette cité enchantée, mais le raffinement et le sens de la séduction, si caractéristiques des Français, y sont encore mieux représentés. Prenant prétexte des allées et venues des belles élégantes entre pavillons et palais, ils ont accordé aux jardins verdoyants près de 110 000 m² dont 40 000 m² de pelouses incomparables. On y trouve 3 000 arbres, 2 800 bosquets fleuris et 100 000 plantes de 500 espèces botaniques, auxquelles on apporte des soins quotidiens très minutieux jusqu'à les renouveler au besoin et qu'on arrose avec près de 200 000 l d'eau par jour.

L'Exposition doit avant tout sa renommée aux deux sources d'énergie – la mécanique et l'électrique – par lesquelles fonctionne cette cité fantastique. La première est expédiée aux machines, ateliers, usines et tout ce qui en dépend, durant la journée, et grâce à la seconde, dès le coucher du soleil, l'Exposition brille de tous ses feux. Des moteurs générant de l'énergie de ces deux sources complémentaires ont été exposés dans la section des machines. Certains, d'une puissance de 2 000 chevaux-vapeur, sont capables, mis ensemble, de produire chaque minute l'équivalent de 20 000 chevaux-vapeur, voire le double au besoin.

L'Exposition connaît la nuit une vie plus intense, d'où une consommation en électricité supérieure à celle d'une ville de 400 000 habitants. Toutes les formes d'éclairage y sont mises à contribution (lampes à huile, à pétrole, à gaz, à l'acétylène), mais l'électricité s'y taille, sans conteste, la part du lion. Considérez plutôt les données suivantes :

Louis Bombled, le Grand Palais, travaux de la coupole centrale, lithographie, 1898. Paris, BNF.

3 116 grosses lampes et 26 fanaux illuminent la Porte monumentale, 174 grands réverbères éclairent les Champs-Élysées, 2 154 les Invalides, 508 le pont Alexandre-III, 450 la salle des Fêtes ; au Palais lumineux, on dénombre 10 000 petites lampes, mais dont l'éclat peut croître indéfiniment par l'effet du verre et du cristal ; le palais de l'Électricité possède, en plus de ses 12 fanaux géants, 5 000 luminaires, et le Château d'eau 1 100 lampes, reliées par plus de 80 km de fils électriques à des appareils produisant des colorations et des miroitements fascinants. En additionnant ces divers éclairages, on obtient un lustre absolument inouï, dont la puissance équivaudrait à 7 millions de bougies ! Quant à l'énergie produisant toutes ces illumina-tions nocturnes et décoratives, elle suffirait à soulever la Tour Eiffel (qui, comme on sait, pèse 7 300 000 kg et mesure 324 m de haut), à la soulever donc, en vingt-cinq minutes à 300 m du sol.

À ce propos, j'ajouterai que, pour fournir à ces besoins énormes, la consommation de l'Exposition en charbon de roche atteint chaque jour 200 t, et celle de l'eau nécessaire au fonctionnement des machines 150 000 l/h. Imaginons qu'on laisse tous ses robinets ouverts pendant dix heures et voilà le Champ de Mars inondé et disparaissant tout entier – soit 50 ha – sous un lac de 4 cm de profondeur. Et supposons qu'on dispose et allume sous cette vaste étendue les 200 t de charbon consommées chaque jour par l'Exposition, elles auraient la capacité de chauffer toute cette eau à une température excédant les 20° !

L'EXPOSITION DE PARIS

Louis Bombled, le Grand Palais, installation des quadriges de Georges Récipon, lithographie, 1898. Paris, BNF.

Mais la consommation en eau n'est pas liée à la seule électricité. Il nous faut tenir compte aussi des fontaines, jets d'eau et cascades artificielles, comme celles du Château d'eau où leur largeur peut atteindre une dizaine de mètres et leur hauteur une trentaine, tout cela nécessitant en une heure 4,5 millions de litres.

Cette cité a ses propres gardiens, aidés de leurs auxiliaires. Car son activité continuelle ne s'apaise que vers trois heures du matin, avec l'extinction de toutes les lumières. Cependant, les rondes de nuit se poursuivent, effectuées par 300 vigiles, sans compter les gardiens préposés à la surveillance de certaines Sections et des trésors inestimables qu'elles renferment. Aux rondes des vigiles succèdent celles des pompiers, par mesure de précaution extrême. Silence et repos demeurent donc inconnus à cette cité opulente et fastueuse, même aux heures dédiées ordinairement au sommeil.

Dès la pointe du jour, soit à cinq heures, les jardiniers se lèvent pour balayer, arroser et tout remettre en ordre, après quoi les contrôleurs prennent la direction des portes et à six heures l'agitation bat son plein avec l'arrivée des fournisseurs, de leurs commis et marchandises, et surtout des garçons de café et de restaurants, du personnel des salles de spectacle avec leurs accessoires. À huit heures, c'est au tour des mécaniciens d'insuffler la vie à cet organisme démesuré: des cliquetis s'élèvent aussitôt dans l'air, suivis d'un vacarme énorme accompagné de secousses incessantes, preuve que les moteurs de toutes les machines électriques et à vapeur se sont mises en marche. À huit heures pile, les habitants «officiels» de cette cité merveilleuse se tiennent devant les portes. Parmi eux,

Les frères Neurdein, *La Porte monumentale* (architecte : René Binet), photographie argentique, 1900. Paris, BNF.

400 contrôleurs pour vérifier les entrées, 1 100 gardes pour les palais et pavillons, 200 jardiniers pour l'arrosage, 600 gendarmes pour le maintien de l'ordre, 200 cavaliers et 500 soldats de la garde républicaine, quelques policiers montés à bicyclettes, une équipe de plongeurs, 60 pompiers, soit 3 000 hommes au total, tous en uniforme, auxquels s'ajoutent au moins 1 500 garçons de café, le personnel travaillant dans les restaurants et les salles de spectacle exotique[129], les voituriers de chaises roulantes, les facteurs, les cheminots, et près de 1 000 vendeurs de tickets aux guichets, ce qui donne un nombre officiel de 12 000 personnes, payées en moyenne 15 francs par jour.

Quant au nombre des visiteurs, il avoisine les 200 000 par jour et, d'après les experts en statistiques, leur total, à la fin de l'Exposition, oscillera entre 40 et 45 millions, ce qui ne doit pas nous étonner puisque du 15 avril au 15 juin, 1 468 419 visiteurs venus de l'étranger ont débarqué à la gare du Nord, 1 371 840 aux deux gares de Strasbourg et de la Bastille[130] durant le seul mois de mai, et 1 009 272 aux gares de Saint-Lazare et de Montparnasse en juin. En outre, on a dénombré 103 481 Parisiens partis de la gare Saint-Lazare pour la station des Invalides un dimanche du mois de juin.

Beaucoup de gens des campagnes française, belge et allemande se sont entendus pour faire des économies pendant plusieurs mois et amasser un pécule qui leur permettrait de visiter l'Exposition ensemble : ils s'y sont rendus par petits groupes successifs, arborant à leur chapeau des signes distinctifs de reconnaissance afin de se retrouver au milieu de la foule. Le prince de Bukhara, à ce

René Binet, *La Porte monumentale de nuit*, aquarelle, 1900. Paris, BNF.

qu'on raconte, aurait imposé une taxe à ses sujets pour pouvoir faire le voyage à Paris et participer à l'Exposition : des caravanes parties des déserts arabes lui apportaient l'argent de leur commerce amassé sur plus de quinze mois. Autres faits curieux : un Viennois, de condition moyenne, ayant fabriqué à son usage une chaise à roues suffisamment large pour contenir son épouse et ses deux enfants, la poussa devant lui jusqu'à l'Exposition ; une usine importante en Écosse, songeant au meilleur moyen de récompenser ses ouvriers les plus consciencieux et les plus dynamiques, en choisit 2 000 parmi les meilleurs pour les envoyer, à ses frais, à l'Exposition ; dans le port français de Boulogne, 200 pêcheurs s'associèrent pour économiser à partir de leur modeste gagne-pain la somme nécessaire pour visiter l'Exposition ; une centaine d'élèves des écoles suédoises, mettant de côté leur argent de poche, purent eux aussi faire leur pèlerinage à ce haut lieu, afin d'acquérir un énorme savoir en peu de temps et à moindres frais ; deux jeunes gens parièrent avec un groupe d'amis d'aller à pied des confins de l'Autriche au cœur de l'Exposition en roulant devant eux un gros tonneau bien solide sur les chemins pentus des collines et des montagnes, et en le protégeant des risques qu'il courait de se fracasser en dévalant des hauteurs. Pari tenu. Des jardiniers danois, des vignerons portugais, des mineurs hongrois, des artisans autrichiens empruntèrent eux aussi en groupes les mêmes moyens de transport pour jouir de ce qu'offraient les deux volets de cette Exposition magnifique. Voilà pourquoi son enceinte grouillait quotidiennement d'une foule de 200 000 à 400 000 visiteurs de toutes conditions, ethnies et contrées.

Le Tour du Monde

Le Tour du Monde, par Alexandre Marcel
(1860-1928), situé à l'angle du quai d'Orsay
et de la rue de la Bourdonnais, faisait partie
des nombreuses attractions populaires
proposées aux visiteurs de l'Exposition
universelle, à l'instar du panorama
transsibérien, du théâtre de la Loïe Füller
ou encore du Guignol. Le principal
divertissement qu'il offrait était, au deuxième
étage, un panorama des vues monumentales
des villes du monde entier, réalisées par
le célèbre peintre-voyageur Louis-Jules
Dumoulin, et son architecture fut conçue
pour refléter cette diversité architecturale.
Passionné par les cultures orientales et

extrême-orientales, Alexandre Marcel fut
chargé de sa réalisation, ainsi que des
pavillons de l'Espagne et du Cambodge.
L'architecte, qui ne s'était alors encore jamais
déplacé en Asie, conçut un édifice qui
s'articulait autour de quatre tours évoquant
successivement l'art hindou, l'art japonais,
l'art islamique et l'art portugais. À ces
reconstitutions étaient associés des éléments
authentiques puisque l'entrée principale était
constituée à partir des pièces d'un temple
rapporté du Japon. Le prix faramineux
de cette architecture que Zaki mentionne
lorsqu'il évoque l'exemple de la porte
indienne qui aurait coûté 100 000 francs

est confirmé par un journal de l'époque qui
constatait que l'investissement n'avait pas été
rentable pour la compagnie concessionnaire.
Mais la participation de Marcel contribua
à le faire connaître au-delà des frontières
françaises. Le roi Léopold II, qui le chargea
peu après de l'aménagement du château
de Laeken (1902), y fit remonter le porche
japonais du Tour du Monde et copier la tour
japonaise. La renommée de Marcel en
Belgique lui permit d'être introduit dans
les milieux «coloniaux» et conduisit le baron
Empain à le solliciter pour la conception
du quartier d'Héliopolis et de son palais
hindou au Caire.

Voici maintenant la liste de ce qu'on mange et boit à l'Exposition en un mois :

– en kilogrammes : 900 000 de viande, 25 000 de poisson, 50 000 de volaille, 200 000 de beurre, laitages et fromages, 9 000 œufs, 30 000 de pain, 60 000 de sel, 4 000 de poivre, 3 000 de moutarde ;

– en hectolitres : 56 000 de vin, 26 000 de bière, 3 000 d'alcool et de liqueur.

Sans compter d'autres denrées qui n'ont pas été comptabilisées et qu'on ne saurait peser ou mesurer. Pour concrétiser les choses, disons qu'en un jour normal, il se consomme 100 000 l de bière (l'équivalent de 400 000 bocks[131]) et que les mets de résistance principaux correspondent à 20 000 *ratl*[132] de pain, 100 bœufs et 300 agneaux !

La richesse de cette cité incomparable se calcule en milliards et défie les estimations. Ainsi, les chefs-d'œuvre réunis au Grand et Petit Palais et dans les pavillons des autres nations sont d'une valeur si faramineuse qu'on se refuse à y croire. Ainsi n'en parlons pas.

Sachez qu'une seule porte, dans un seul édifice (le Tour du Monde), imitant exactement celle d'un temple en Inde, a coûté plus de 100 000 francs. L'exposition des bijoux à elle seule vaut plusieurs millions : on y trouve une pierre de la variété rubis* estimée à 300 000 francs. Je ne vous ai que trop parlé plus haut de l'amoncellement des millions dans la section réservée à l'Australie. Il faut y ajouter un diamant, provenant de la colonie du cap de Bonne-Espérance, assuré par la compagnie Securitas pour 10 millions de francs (une part modeste de sa valeur).

Le peintre Marché peignant les décors du panorama Le Tour du Monde, photographie argentique, 1899. Nemours, château-musée.

Les frères Neurdein, *Le Tour du Monde* (architecte : Alexandre Marcel), photographie argentique, 20 x 24,5 cm, 1900. *Le Panorama, Exposition universelle.* Paris, Librairie d'Art Ludovic Baschet, 1900.

Henri Deneux, *Le Village suisse,*
vue d'ensemble, photographie
argentique sur verre, 8 x 9 cm,
1900. Ministère de la Culture,
Médiathèque de l'architecture
et du patrimoine.

Quant au montant de l'assurance versée pour les deux palais – le Grand et le Petit –, il s'élève à 80 millions, bien que les trésors renfermés dans le second soient bien supérieurs à cette somme, a-t-on pu affirmer. L'exposition de la Ville de Paris est assurée à 4,5 millions de francs et le total pour certaines expositions rétrospectives* atteint les 20 millions. Ajoutez à cela les assurances contre les incendies, vous obtiendrez un total de 210 millions pour les trois genres d'assurance. Et cependant, certaines pièces ont été jugées tellement inestimables qu'aucune compagnie ne s'est hasardée à en garantir la sécurité : elles sont donc restées sous la surveillance de leurs propres gardiens. Tel est le cas du pavillon de la Hongrie, par exemple. En fait, pour être franc, une éva-luation même approximative de cette Exposition est impossible.

En revanche, son budget, lui, est sans mystère : il s'élève à 100 millions de francs (60 venus des bons, 20 du gouvernement et 20 de la Ville de Paris) à quoi s'ajoutent les revenus des concessions et des enchères. Quant aux dépenses, il faut compter 35 millions pour les deux palais, 60 000 pour les jardins et les plantes, 1 million pour les décorations du pont Alexandre-III. Dépenses faites avec largesse et munificence : c'est ainsi qu'une seule nuit d'illuminations a pu coûter 50 000 francs, voire davantage. Les crédits alloués par les nations étrangères désireuses de participer à l'Exposi-tion ont atteint les 46 millions : l'Autriche déboursant la somme astronomique de 7,5 millions, suivie de l'Allemagne (6,6 millions) et des États-Unis (7,05 millions), crédits qui, de fait, sont entrés dans les caisses de l'Exposition.

Les bénéfices réalisés à partir de l'éventail varié des attractions, des petites concessions et autres privilèges octroyés, ont été considérables. Aux enchères organisées pour la publication du catalogue* officiel, les droits ont été adjugés au plus offrant pour 353 000 francs. Ajoutons à tout cela que le prix du mètre carré de terrain vide au Champ de Mars a dépassé les 1 000 francs; que la concession du palais du Vêtement a rapporté 450 000 francs et celle du Village suisse 300 000, qu'une salle de spectacle du côté du Trocadéro s'est engagée à payer 120 000 francs pour être autorisée à ouvrir deux portes donnant sur l'enceinte de l'Exposition.

La régie exige une taxe de 4 000 à 5 000 francs de tout vendeur – de saucisses ou de timbresposte – pour l'admettre à l'intérieur de l'enceinte, et la direction des spectacles du Tour du Monde a obtenu son privilège pour un capital de 2 millions, les petites salles de la rue de la Gaîté étant régies, quant à elles, par une société au capital de 200 000 francs.

Après cette pléthore de chiffres, considérez la masse des échanges d'intérêts et des transactions financières entraînées par cette Exposition. Il en résulte à l'évidence, pour les richesses et les activités humaines, une expansion impressionnante. Nul doute que le pays et les individus à qui l'on doit cette œuvre gigantesque ne soient parvenus à l'apogée des compétences scientifiques et culturelles, et possèdent une réelle capacité à surmonter les obstacles matériels et intellectuels. Profitable à tous points de vue, cet événement dont le souvenir restera gravé dans les esprits et les cœurs constitue la consécration la plus grandiose au XIXe siècle qui s'achève cette année.

Retour à la charrue fonctionnant à la vapeur

Dans ma neuvième lettre, publiée le 28 août 1900, j'ai fait mention de cette charrue[133], considérée par les experts en agriculture et en mécanique comme l'une des meilleures réalisations techniques de l'Exposition, et j'en ai proposé une description détaillant autant que possible ses avantages. L'étonnant dans cette affaire, c'est que les Égyptiens, qui auraient dû s'en préoccuper tout particulièrement, puisque cette invention leur a été attribuée (on est rétribué parfois malgré soi) et que ses avantages profiteront d'abord à leurs champs, n'ont pas prononcé un mot à ce sujet, à l'exception de quelques rares lecteurs qui m'ont demandé un complément d'information. Quant au reste de la nation et à sa presse, ils sont restés dans la plus complète léthargie.

L'Égypte ne devrait-elle pas rougir de cet oubli ? Le journal *Al-Bachir* (*L'Évangéliste*), imprimé à Beyrouth et, comme on sait, organe des pères jésuites, tout dévoué à la doctrine catholique et à la littérature arabe, peut se vanter à juste titre et devrait être remercié pour avoir saisi l'intérêt du sujet et décrit la charrue à partir de ce qu'en disait *L'Univers à Paris*. Prenant enfin conscience de la chose, *Sada al-Ahram* (*L'Écho des Pyramides*)[134], dont les presses sont à Alexandrie, la mentionna en septembre dernier, citant *Al-Bachir* qui citait *L'Univers à Paris*. N'était-il pas de son devoir d'être le premier journal à diffuser la nouvelle puisqu'il en avait pris connaissance avant *Al-Bachir* et aurait dû avoir, plus que lui, le souci des intérêts de l'Égypte ? Il mérite pourtant d'être salué puisque, à l'encontre des autres journaux égyptiens, il a été le seul à en parler, quoique un peu tard. « Nul n'est prophète en son pays » : cette maxime dit vrai, car j'ai vu beaucoup d'étrangers en Égypte se passionner pour cette charrue à la lecture de l'*Egyptian Gazette*[135] qui lui avait consacré un article complet en français dans son numéro du 19 octobre et des jours suivants. Or cet article s'en tenait à la description et aux explications que nous avions déjà fournies en arabe à nos lecteurs.

Souhaitons que la presse égyptienne, enfin revenue de sa somnolence et de ses absences, consacre un peu de son temps et de ses pages à des sujets de cette importance, leur dédiant un centième de l'espace qu'elle réserve habituellement aux potins et autres niaiseries ou à ses querelles internes et assauts de vanités. Tâche plus conforme à sa vocation. Dieu veille à la réussite de chacun !

Retour à la machine à cirer les chaussures

Je rappellerai aussi que, dans ma lettre du 4 août, j'ai fait allusion à cette machine[136]. Que les lecteurs me permettent d'exprimer ma satisfaction : j'ai en effet devancé le célèbre *Journal des débats*, qui s'imprime à Paris et dont la célébrité en France équivaut presque à celle du *Times* en Grande-Bretagne. C'est dans leur numéro du 21 septembre dernier qu'ils ont signalé cette invention. Je n'ai rien à ajouter si ce n'est que cette remarque et la précédente ont été motivées par la réputation des journaux mentionnés et l'importance des deux inventions examinées. Que certains, et même beaucoup, aient repris les informations que j'ai réunies en les amplifiant, cela ne peut que me réjouir, bien qu'ils ne citent pas leur source première – habitude dont les écrivains en Orient sont coutumiers et point n'est besoin de m'expliquer davantage car je dédaigne de m'y abaisser.

Mais je prie le Ciel qu'il augmente le nombre de nos chercheurs dignes de ce nom et qu'ils s'associent à bâtir à l'Orient une réputation aux fondements solides.

Certains passionnés de mécanique m'ayant demandé l'adresse de la société en question, la voici :

Société française de cireurs automatiques

23, rue de la Chaussée-d'Antin, Paris*

Le pavillon de l'Allemagne

Les Expositions sont d'ordinaire un terrain de combat et de compétition où rivalisent entre eux industriels et commençants, terrain qui s'étend à tout ce qui a trait aux idées et aux affaires. Lorsqu'elles sont internationales, on voit s'élargir le champ de bataille – bataille au demeurant pacifique où le vainqueur gagne le droit de se glorifier et où le vaincu tire profit de l'exemple et de s'être frotté à autrui. L'un et l'autre peuvent donc déclarer :

Dès lors qu'ensemble nous visons au même but,
Qu'on distingue entre nous le vainqueur du vaincu[137].

Les Expositions ont joué un rôle prépondérant dans le progrès des peuples et cela à un degré tel, à l'époque présente, qu'il donne le vertige à notre imagination. Une fois décidée à organiser cette exposition gigantesque, la France a convié toutes les nations à y participer afin de célébrer le XIXe siècle en rendant hommage à l'ensemble des découvertes accomplies, notamment aux inven-

tions qui avaient permis de rapprocher le lointain et de placer dorénavant l'impossible au nombre des possibles. Le monde entier ayant répondu à l'appel, les nations pleines de vitalité se sont empressées de travailler nuit et jour pour mettre en évidence les derniers progrès auxquels elles étaient parvenues et les motifs de gloire qu'elles pouvaient en tirer.

L'Allemagne (la voisine de la France et son adversaire) fut la première à répondre, bien décidée à prouver aux yeux de tous, à cette occasion, qu'elle s'était hissée au premier rang parmi les nations, qu'elle l'emportait sur le terrain tant de l'épée que de la plume et n'avait pas de rivale dans la sphère de la science et du travail. Des milliers de commissions se formèrent dans les capitales des États, leurs cités, leurs bases, pour guider la nation entière vers la voie qui lui assurerait, et à jamais, cette prééminence tant convoitée. Quant aux journaux, toutes tendances et obédiences confondues, ils apportèrent leur concours au projet. Les hommes de lettres et d'éloquence s'activèrent dans la presse et les tribunes. Les personnalités respectées usèrent de leur crédit dans les clubs et les assemblées. Tous dans le même but : s'unir pour la réalisation d'un grand dessein, quasi inaccessible. Les ministres et gouvernants se mêlèrent aux gens de commerce, d'industrie et d'agriculture, les encourageant, les incitant ou plutôt leur faisant un devoir d'obtempérer. À l'origine de cette opération de grande envergure, un homme peu ordinaire, qui représente à lui seul des milliers d'individus. Il est l'Occidental, en qui se vérifient ces vers du poète oriental[138] :

Entrée de la section allemande.
L'Illustration, 14 juillet 1900.

Qu'en un seul être le Créateur Tout-Puissant
Résume l'univers n'est pas fort surprenant.

Ce grand homme, ce héros magnanime, c'est l'empereur Guillaume II, leur illustre porte-drapeau, leur monarque couronné, le détenteur du sceptre de leur puissance, le chef de leurs armées victorieuses, le successeur en Occident de la tradition établie par Harun al-Rachid et al-Mamun[139] : car à de vastes connaissances dans toutes les sciences et les arts, il joint la volonté de rehausser la dignité des savants, de leur apporter sa protection et son appui, de les rapprocher de son auguste personne, de leur prodiguer ses faveurs continues. D'un homme de cette trempe, il n'est pas étonnant qu'on raconte qu'il ne cesse de s'entretenir courtoisement avec les humbles et les grands afin de placer son peuple à la tête des autres peuples de même qu'il a, politiquement parlant, hissé son État au premier rang, si bien qu'il réalise au mieux cette parole :

Ignorer ce que dit autrui, nous le pouvons.
Eux ne peuvent négliger ce que nous disons[140].

Ainsi demanda-t-il que soit ouvert un crédit de 6,25 millions de francs pour la participation de son pays à l'Exposition universelle. Puis s'apercevant, grâce à une perspicacité et sagesse peu communes, que cette somme énorme n'était à la hauteur ni de ses vastes conceptions, ni de sa détermination ambitieuse, qui visait à un triomphe dans tous les domaines, il la porta à 6 609 000 francs, soit 231 115 de nos livres égyptiennes. Sur son ordre un concours fut organisé, invitant les architectes allemands les plus talentueux à dessiner les plans du pavillon qui devait représenter leur pays à la Rue des Nations. Lorsqu'ils lui présentèrent le produit de leurs conceptions, l'empereur réunit sous sa présidence effective (et non simplement honorifique) une assemblée des plus grands savants. Assis parmi eux à Berlin, ce monarque pouvait être comparé à l'Abbasside al-Mamun à Bagdad et aux souverains omeyades à Cordoue[141], participant avec eux à la réflexion, discutant, examinant avec minutie, corrigeant, approuvant, explications et preuves à l'appui, jusqu'au moment où le choix se fixa sur l'un des projets. S'isolant alors avec ce dernier, il se chargea d'y apporter lui-même des retouches qui provoquèrent l'approbation admirative des connaisseurs, non parce qu'il était l'empereur, mais parce qu'ils reconnaissaient en lui un expert faisant autorité, à qui son intelligence supérieure et l'élévation de ses vues avaient permis de trouver la solution idéale.

Tels doivent être les rois et les gouvernants.

Le directeur de l'exposition allemande s'est fait le porte-parole fidèle de l'empereur et des visées de l'Allemagne, lorsqu'il a déclaré : « Certains font courir sur notre compte des allusions déplaisantes, de viles calomnies, fabriquées de toutes pièces. Mais tous pourront bientôt vérifier l'inanité de ces mensonges, et cela dès qu'ils verront nos productions l'emporter haut la main dans tous les secteurs. »

Et effectivement le peuple allemand, se dressant comme un seul homme, a démontré que ces attaques n'étaient que pures calomnies, nées du sentiment d'impuissance de ceux qui ne peuvent se mesurer avec lui dans le terrain de l'industrie et du commerce, la calomnie ayant toujours été l'argument du vaincu sur n'importe quelle arène.

Non content de cela, l'empereur procéda lui-même au choix de tout le personnel destiné à travailler dans la section allemande, leur intimant l'ordre de le tenir au courant de tout ; il surveilla toutes leurs activités, s'assurant que les productions allemandes, les officielles comme les autres, seraient bien, selon son vœu, profitables au plus haut point, mais, plus encore, éblouissantes, afin de compter parmi les curiosités mémorables, exemplaires, dont parleraient tous les visiteurs. Conformément à sa volonté, le pavillon de l'Allemagne fut conçu comme un témoignage de tout ce que son vaste empire avait produit en matière de découvertes et de littérature, l'édifice réunissant à la fois les œuvres ayant contribué à libérer l'esprit et à l'orner, et celles qui firent avancer la science au bénéfice de l'humanité.

Selon le procédé déjà adopté pour les autres nations, je m'en vais vous décrire cet imposant édifice avant de passer aux productions allemandes elles-mêmes.

L'Allemagne a expédié ses ouvriers pour bâtir ce palais d'une superficie avoisinant les 700 m² et qu'elle a voulu à l'image de ses différents styles architecturaux, passés et présents. Fait unique, auquel nulle nation n'a pensé : chacune des quatre façades présente un aspect particulier. Mais toutes nous renvoient au faste, au grandiose, au solide, sans se refuser pour autant à l'orné et à l'agréable.

On n'y entre pas à l'étourdie, mais par petits groupes successifs. Une fois franchi le seuil, je me suis senti pénétré (comme tous ceux qui étaient avec moi ou qui m'avaient précédé ou me suivaient) d'une stupéfaction mêlée d'admiration et de respect. Le cœur rempli de déférence, j'observais ce qu'il contenait, mon maintien décelant, malgré moi, tous les signes de l'enthousiasme et de l'exaltation.

Le pavillon de l'Allemagne (architecte : Jean Radke), photographie argentique, 18,5 x 12 cm. Exposition universelle de 1900, album de 50 photographies. Brown University Library.

Le pavillon de l'Allemagne,
diapositive colorisée,
8,2 x 10 cm, 1900. Brooklyn
Museum, collection Goodyear.

La foule et les esprits superficiels et peu réfléchis sortent de ce palais à l'architecture splendide avec pour simple impression qu'ils ont été enchantés par son faste et son éclat. Mais en réalité, il se distingue par un trait tout à fait inattendu qui est d'avoir été conçu comme un guide exposant d'un point de vue théorique et pédagogique les découvertes les plus marquantes réalisées par les savants du pays. Et c'est dans les autres sections de l'Exposition qu'a été présentée la multitude des inventions pratiques tirées de ces conceptions. Outre une quantité de livres, j'y ai vu tout ce qui touche aux méthodes d'enseignement, aux techniques de l'imprimerie, du dessin, de l'illustration, de l'information, de la presse et de la publicité. On y trouve un tour d'horizon de ce qui se fait de mieux dans toutes les sciences et il ne reste plus au commerçant, au fabricant, au paysan et aux autres catégories sociales qu'à se laisser guider par le contenu de ces feuillets, le palais étant en vérité une exposition à la gloire du Livre – le Livre, c'est-à-dire de toutes les machines la plus puissante, de toutes les armes la plus efficace. Le palais se transforme donc en une école pour tout visiteur. Qu'il feuillette les ouvrages et il aura compris, en théorie, les progrès prodigieux accomplis par l'Allemagne. S'il désire ajouter à ces connaissances un savoir-faire pratique et s'informer des résultats splendides auxquels elle est parvenue, qu'il se dirige vers les autres parties de l'Exposition : il y verra de quoi forcer son admiration.

La première chose qu'on aperçoit en entrant, c'est une pyramide imposante dressée au milieu du hall central. Composée de caractères d'imprimerie, elle porte à son sommet la statue de Gutenberg, cet inventeur qui fait la fierté de l'Allemagne auprès de tous les gens civilisés, l'invention qu'on lui doit étant le fondement même de la civilisation moderne.

Les murs de ce hall immense s'ornent de tableaux représentant les diverses étapes de la vie humaine depuis l'âge de raison et l'initiation à la lecture jusqu'au jour où la foule des humains sera jugée pour ses péchés et où chacun recevra sa juste rétribution. Au-dessus des têtes de l'assistance, au plafond, on peut apercevoir des allégories incarnant la Haine, l'Envie, la Guerre ainsi que les vices et travers qui résument les maux de la condition humaine.

Arrivé à l'étage supérieur, on se sent rasséréné, car on peut admirer des tableaux à la fois touchants et plaisants, représentant la Religion, la Patrie et la Justice, soit ce qui est à la source du bonheur et de la prospérité ici-bas. L'admiration va croissant lorsqu'on découvre les fruits de l'intelligence renfermés au cœur des volumes imprimés. À cet étage, il est donné aux heureux élus, possesseurs de tickets spéciaux très difficiles à obtenir, de voir les salles de réception où la beauté de la décoration atteint à son comble. En effet l'empereur l'a voulue d'un faste inimaginable et plein de séduction. Il a expédié à cet effet une collection de chefs-d'œuvre inestimables réunis par son aïeul Frédéric le Grand et que le public, notamment français, rêvait de découvrir depuis longtemps, car ils étaient dus au génie des plus grands maîtres parmi leurs ancêtres. Il y a là des tableaux, des bibelots, des tables, des meubles, des tapisseries, des tapis, bref toutes sortes de pièces de musées devant lesquelles on reste ébloui et médusé. J'en voyais beaucoup qui les dévoraient littéralement du regard et, le cœur serré, ne pouvaient s'en rassasier. Sur leur visage se lisaient tous les signes du regret, du dépit et de l'admiration la plus totale. Ils semblaient dire : « Voici un butin qui vaut bien l'Alsace et la Lorraine ! » Car l'Allemagne en a fait l'acquisition en temps de paix, par la force des espèces sonnantes et trébuchantes, tout comme elle a envahi ces deux régions en temps de guerre par la force des armes.

Écrivains et gens cultivés ont apprécié la courtoisie de l'empereur, laquelle l'avait poussé à envoyer à l'Exposition ces objets inestimables que les Français brûlaient de voir depuis des années. À mon avis, il a fait ainsi d'une pierre deux coups : d'une part, il exauçait avec complaisance un vœu qui leur tenait à cœur ; de l'autre, il faisait montre de la supériorité de l'Allemagne, assez puissante pour s'arroger ces trésors et les conserver. Quant aux salles où ils étaient exposés, elles méritent qu'on en fasse l'éloge. Le plafond de l'une d'elles, qui semblait d'argent pur, était fait en réalité d'une matière beaucoup plus coûteuse : le platine. Parmi les objets qui intéresseraient les Orientaux (qui jusqu'à présent saisissent mal ce que valent peintures et sculptures) : un secrétaire superbe, couvert d'écaille, qu'on croirait plaqué d'argent et de cristal. Dans une de ces salles, j'ai vu un buste de Voltaire, le fameux philosophe français, grand ami de l'empereur Frédéric. De longues queues de visiteurs se pressaient pour le voir. On porte à la conservation de ces pièces rares un soin excessif, les réservant

Le pavillon de l'Allemagne

En 1900, la présence de l'Allemagne à
l'Exposition universelle de Paris ne pouvait
qu'avoir une importante dimension politique.
Comme l'indique justement Zaki, l'empereur
Guillaume II lui-même en suivit de près
l'organisation. Le Pavillon allemand fut du
reste confié à l'architecte impérial Jean Radke,
qui s'était déjà illustré au Pavillon allemand
de l'Exposition de 1893 à Chicago et dont
les plans durent recevoir la validation

impériale. De taille très imposante,
le bâtiment situé Rue des Nations
combinait deux chefs-d'œuvre de
l'architecture médiévale allemande :
le Rathaus de Munich inspira les façades
nord et est, et l'hôtel de ville de Nuremberg
les façades sud et ouest. À l'intérieur,
l'empereur avait choisi d'exposer les
principaux chefs-d'œuvre de l'art français
conservés dans ses collections. Ce geste,

renforcé par l'accent mis sur la présence
d'œuvres légères du XVIIIᵉ siècle, de Lancret
à Watteau ou encore Chardin, était une façon
d'affirmer les liens culturels entre les deux
pays, mais peut-être aussi une façon de faire
oublier la compétition qui se jouait par
ailleurs dans les sections techniques
et industrielles où, ainsi que Zaki le relate,
l'Allemagne étalait sans pudeur
sa prédominance.

Le pavillon de l'Allemagne, porche d'entrée, 1900. Paris, BNF.

à l'élite de l'élite, comme si les Allemands étaient pénétrés du dicton arabe : « Ce qui est exposé à tous les yeux est rabaissé », fût-ce à l'Exposition universelle.

En somme le visiteur circulant à l'étage supérieur voit le mouvement de l'esprit dans son évolution et sort du palais saisi d'admiration, surtout que, contrairement à ces nations secondaires qui transforment leur pavillon en un marché, un café, une salle de danse ou de spectacle et autres attractions dérisoires, il apparaît, lui, comme le palais de l'esprit, du savoir et du travail.

Dieu, à travers ses créatures,
nous propose des signes.

Généralités sur ce qu'expose l'Allemagne

Les Allemands ont participé à la plupart des sections de cette Exposition et ont égalé ou plutôt surpassé la plupart des exposants par leur goût très juste, la précision de leur travail, leur capacité à fixer l'attention et à fasciner les intelligences.

On dirait qu'ils ont voulu faire du *colossal* leur valeur première et l'élire pour devise de toutes leurs productions. Ainsi leur pavillon se distingue-t-il par l'aspect *colossal* de son architecture, de son escalier monumental, taillé dans le marbre, de ses lustres suspendus aux plafonds, de ses tableaux décorant les murs. Tout comme leurs peintures et leurs motifs décoratifs au palais des Beaux-Arts se distinguent par leurs proportions *colossales*. En témoignent les épaisses tapisseries et les lourds tapis qui assourdissent les bruits et forcent les visiteurs à un maintien plein de gravité, comme si un oiseau était posé sur leur tête[142].

Ce caractère *colossal* se manifeste très clairement dans les divers produits industriels exposés à la section des Invalides où l'on peut voir, au centre de l'espace réservé à l'Allemagne, de gros blocs de pierre accumulés les uns sur les autres et surmontés d'un aigle *colossal* aux ailes déployées qui s'attaque avec ses serres à un énorme dragon. Autour de cet aigle, emblème héraldique de la nation, se regroupent des magasins appartenant aux propriétaires d'usines comme s'ils voulaient se mettre sous la protection de ses ailes et en tirer leur puissance, leur dynamisme et surtout leur aspect *colossal*.

À la section des machines exposées par les différentes nations, le visiteur se sentira attiré et saisi par les modèles les plus *colossaux*. C'est dire qu'il s'orientera vers le stand de l'Allemagne. De même, c'est bien la constante du *colossal* que l'on retrouve dans la métallurgie allemande, au palais des Métaux. Si l'on fait un tour du côté des productions agricoles, on constate que celles de l'Allemagne, par leurs dimensions *colossales*, anéantissent tout ce qui les entoure, à savoir tout ce que les terres des autres pays ont fait fructifier grâce au labeur de leurs paysans qui ont creusé, planté, cultivé, moissonné. Et comme si ces gens-là craignaient que cet effet *colossal* ne disparaisse à la tombée du jour, ils lui ont créé durant la nuit un flambeau qui l'emporte sur tous les luminaires : à savoir un phare construit sur le modèle de l'un de ceux qu'ils ont en Allemagne et qui projette, dans toutes les directions, au cœur du ciel, des rayons électriques d'un éclat tel que les lumières des autres phares ont l'air d'une lampe à huile à côté de ce puissant fanal. Imaginez un peu ! Ce peuple a réussi à forcer les neuf dixièmes des visiteurs à reconnaître qu'il se singularisait par le *colossal*. C'est pourquoi leur succès a été total dans cette Exposition universelle.

Lorsqu'un observateur examine les productions allemandes, il ne peut qu'être stupéfait par l'ingéniosité de l'ordonnance générale qui force les allants et venants à s'arrêter et à leur donner la préférence. Même pour ce qui est des objets délicats, la joaillerie de luxe, vous en voyez les échantillons harmonieusement assemblés, selon un ordre qui tient votre regard longtemps fasciné

et dont on ne se détache que par crainte du temps précieux qui s'écoule et par avidité pour les autres curiosités qu'il vous reste à voir. Que de fois on a vu Parisiens et Parisiennes tomber en arrêt, médusés, devant ces parures, colliers et chaînettes venus d'Allemagne, les préférant à ceux qui font la célébrité de Paris et dont cette capitale a le quasi-monopole : voilà du moins ce que j'ai entendu dire, car pour moi, je ne suis guère expert en ces matières.

Les jouets eux-mêmes, leur aspect et leurs gestes mécaniques ont ravi les petits Français (et les autres) : les lèvres alanguies, les traits épanouis, leurs menottes mignonnes tendues vers eux, ils riaient tout joyeux, alors que les jouets venus d'ailleurs, qui intéressent leurs rêves puérils et avec lesquels ils s'endorment, sont loin de leur procurer ne serait-ce que la moitié de ces émotions.

En somme, l'opinion publique a été unanime pour décerner la première place à l'Allemagne dans tous les domaines. À supposer qu'on ne puisse se fier au jugement du public en pareilles matières et qu'on dénie la maxime des Anciens – « C'est sur la langue de la plus commune humanité que s'écrit la vérité[143] » –, nous ne pouvons qu'approuver le soutien apporté à ce jugement par le tribunal habilité à trancher ces questions : les jurys composés d'experts de différentes nationalités ont en effet décerné la palme de la victoire à l'Allemagne dans toutes les compétitions et lui ont octroyé des récompenses que nulle autre nation n'a obtenues, ni pour le nombre, ni pour l'importance, ni pour

Montage de la grande machine allemande dans l'exposition de l'électricité au Champ de Mars. *L'Illustration*, 1900.

la note. Impossible de contester les arrêts de ces juges sous le prétexte qu'ils se laisseraient abuser, comme les gens ordinaires, par des apparences flatteuses et par une belle ordonnance. Ainsi a été prouvée leur indéniable supériorité dans toutes les industries où leur avancée a été si fulgurante qu'ils ont rapidement rattrapé les autres pour les devancer ensuite de très loin.

Ils ont imprimé des catalogues *colossaux* détaillant toutes leurs productions et ce qui mérite d'être mentionné à ce propos, c'est qu'ils ont fondu des caractères gothiques tout exprès pour cette occasion afin que le contenu des livrets soit rehaussé par l'originalité sans précédent de cette typographie décorative.

Rien d'étonnant, dès lors, à ce que les sources de richesse jaillissent de partout dans leur pays, que les capitaux y affluent, leur assurant une prospérité qu'on ne leur connaissait pas et qu'ils ne connaissaient pas il y a vingt ans. Les journaux français se sont même plaints de ce que beaucoup de leurs compatriotes investissaient leurs économies en Allemagne en vue de profits conséquents. Rien d'étonnant non plus à ce que les Allemands ordinaires, voyageant en chemin de fer, dédaignent les voitures de seconde classe alors que les Anglais fortunés s'accommodent fort bien de la troisième classe (dans leur pays!), lui donnant même la préférence. La plupart des touristes qui allaient visiter en hiver les pays auxquels Dieu a octroyé certains avantages, comme l'Égypte, le sud de la France et l'Italie, étaient le plus souvent anglais, américains ou russes. Mais les Allemands se sont acquis à présent une place sur ce terrain. Ne les voyez-vous pas débarquer en groupes sur les bords du Nil dans des bateaux qui leur sont réservés? Tout cela grâce aux bienfaits du savoir, de l'industrie et du commerce, piliers de la richesse et de la prospérité.

Un grand salut donc à tous ceux qui connaissent le prix de ces valeurs et ont travaillé à en faire bénéficier leur patrie. Si seulement ces paroles pouvaient avoir quelque écho dans les

maisons d'Égypte et parmi les habitants. Dieu ! Faites qu'ils prêtent l'oreille à ces conseils et suivent les plus profitables !

Florilège de certaines productions allemandes

Une nouvelle des plus stupéfiantes qui laissera peut-être le lecteur incrédule, c'est que l'éclairage à l'électricité de la plus grande partie de l'Exposition a été officiellement confié aux Allemands. Or vous connaissez la haine que les Français portent aux Allemands, leur amour-propre et leur chauvinisme. Mais la nécessité a ses exigences !

Cependant la stupéfaction s'évanouit lorsqu'on apprend que les Allemands ont un quasi-monopole sur l'électricité dans le reste du monde et que l'une de leurs grandes sociétés distribue l'électricité, en Allemagne, aux petits villages, aux hameaux et coins perdus, et répond à tous les besoins en chaleur et en lumière de ses usagers. Rien de surprenant dès lors à la victoire qu'ils ont remportée dans ce domaine sur les autres pays. Ils ont présenté, à l'Exposition, une machine qui génère cette force magique et prodigieuse. Une machine *colossale*, plus grande et plus volumineuse que toutes les machines qu'on peut y voir. À elle seule, elle suffit à l'éclairage de l'ensemble de la ville de Paris car sa puissance est de 20 000 chevaux ! Elle a été achetée par l'Amérique à un prix faramineux dont je ne me souviens plus car le chiffre s'est égaré parmi les notes et les commentaires que j'ai rédigés à Paris. L'Allemagne a fait montre d'une supériorité impressionnante, *colossale*, par rapport aux autres pays. Elle a été la première, entre autres prodiges inouïs, à créer un moteur gigantesque pesant plus de 25 t pour faciliter les transports à l'intérieur de l'Exposition comprenant une passerelle mobile (et *colossale* !) qui a servi à amener et à mettre en place les appareils de la galerie des Machines. Cette passerelle compte parmi les miracles de la mécanique et de l'électricité : un seul homme (pour ne pas dire un enfant) suffit à sa mise en marche et à son fonctionnement. Alors, dégageant un bruit très léger, assez proche d'un ronflement, elle commence à soulever avec une extrême facilité des masses inimaginables, s'avance doucement, les fait tournoyer sans peine aucune, voire avec élégance, avant de les déposer à l'endroit convenu. Cette machine a été saluée unanimement comme tenant du prodige et l'Allemagne reconnue pour son génie inventif hors pair. D'où un premier succès *colossal* qui, loin de lui suffire, a été suivi de succès sans nombre à vous faire perdre le nord.

Ainsi a-t-elle exposé dans la section des Machines un engin de 30 000 kg, ainsi qu'une scie géante circulaire à la circonférence tellement énorme que les exposants ont dû recourir, pour la transporter jusqu'à Paris, à un wagon de chemin de fer utilisé pour les canons Krupp, vu l'incapacité des compagnies ferroviaires ordinaires à déplacer des installations aussi *colossales*.

Autre curiosité : lors de ma visite à la section de l'imprimerie, j'ai vu une presse exposée par la direction d'un journal français qui est sans rival (chez eux) : ses tirages atteignent en effet le million d'exemplaires par jour et, chaque semaine, il fait paraître un supplément littéraire illustré, dont on imprime des centaines de milliers et qu'on distribue partout à un prix dérisoire (8 sous ou 2 millièmes environ ou un peu moins). Mes lecteurs ont sans doute deviné que je faisais allusion au *Petit Journal**. Cette presse, formée de cylindres successifs rattachés les uns aux autres, occupe au sol une superficie d'au moins 6 m de long et fonctionne à la vapeur. Les caractères sont rassemblés puis placés sur des plaques cylindriques en acier capables de supporter la pression et les quantités à imprimer. Ensuite sont placés à côté de cette machine énorme de gros rouleaux de papier fabriqués tout exprès. On introduit le bord du rouleau dans la fente de la machine qui le fait tourner et le transmet d'un cylindre à l'autre jusqu'à sa sortie à l'autre bout, imprimé de diverses couleurs ou exclusivement en noir.

Chaque exemplaire est alors séparé des autres grâce à une lame mécanique et plié selon un mode mécanique. Il ne reste plus qu'à les livrer aux marchands ou à les envoyer sous pli aux abonnés français et aux quatre coins du monde. Cette presse avait suscité en moi une grande admiration mais, ayant fait quelques pas, voilà que j'aperçois une machine allemande en tous points semblable, effectuant exactement les mêmes opérations et dont le seul défaut était de réduire à néant l'admiration qui venait de saisir le visiteur au vu de sa voisine. Ce nouveau modèle, en effet, l'emportait de loin pour la rapidité, la précision, l'économie. Ayant observé que la presse française occupait une superficie considérable et s'étendait sur une longueur qu'on pouvait exploiter à d'autres fins utiles, vu le prix du mètre carré, voyant d'autre part que la mise à profit de la hauteur, fût-ce jusqu'au ciel, se révélait facile à qui possédait 1 à 2 m² au sol, les inventeurs furent poussés par leur sens de l'économie à disposer tous les cylindres verticalement, ce qui permit d'utiliser la surface restante à l'installation d'autres machines. Par conséquent, il ne leur faut qu'une pièce de 10 m², alors que les Français ont besoin pour leur presse d'un espace deux fois supérieur. Quant au plafond, il peut s'élever indéfiniment, ce qui présente un avantage indéniable pour la santé.

Au nombre des curiosités également, une jeune fille que j'ai vue installée devant une relieuse (que je ne veux pas nommer en arabe), levant un pied et posant l'autre, pendant que la machine travaillait à relier les feuillets d'un livre à une vitesse stupéfiante. Pour être franc, ce n'était ni le livre ni la machine qui retenaient mon attention. Je voulais « prendre contact » (sauf votre respect) : le résultat s'est révélé très profitable pour mon désir de connaissance et le prestige en a rejailli sur les Allemands. Car, examinant le livre et le prenant comme prétexte, je m'étais aperçu qu'il s'agissait du *Guide de l'Exposition universelle* imprimé par le magasin du Bon Marché*, l'un des trois magasins sans pareils à Paris pour leur grandeur et le volume de leurs opérations. Me prévalant de ce prétexte, j'aborde la ravissante jeune fille pour avoir un brin de conversation avec elle. Hélas, elle ne comprenait pas le français et moi, je ne parle pas un traître mot d'allemand. Me voilà donc forcé de m'aider d'un interprète, bien à contrecœur. J'ai appris grâce à elle que la direction du magasin susmentionné imprime des centaines de milliers d'exemplaires de ce livret qu'elle offre en cadeau à sa clientèle pour augmenter ses ventes et faire connaître ses marchandises. J'ai su que cette machine venait d'Allemagne et, connaissant le sentiment d'hostilité que se portent Allemands et Français, je ne cachais pas mon effarement :

La galerie des Machines
électriques au Champ de Mars
(section française).
L'Illustration, 1900.

Comment ! Une maison commerciale, confier une tâche aussi importante, à Paris même, au cœur de l'Exposition, à celui que le peuple regarde comme un ennemi ! Ce à quoi elle répondit (toujours par l'entremise de l'interprète !) que cette presse était une des dernières inventions allemandes, que personne, ni les Français ni les autres, ne possédaient sa pareille pour la vitesse, la qualité du travail et la modicité du prix. Voilà ce qui les a forcés de signer, à contrecœur, un contrat avec le fabricant de reliures allemand afin que le livret offert en cadeau paraisse dans les meilleurs délais. Voyant ma mine étonnée et réprobatrice, elle me conseilla de m'enquérir des autres machines exposées autour de nous par d'autres pays et de comparer. J'ai pu constater qu'elle disait vrai et me suis éloigné, à la fois admiratif et dépité.

À mon entrée au palais de la Santé, j'ai été surpris, entre autres choses étonnantes, par les moyens de prévention contre les maladies et de préservation de la santé physique. Nul n'ignore que le savant auquel l'humanité entière est redevable de la vaccination contre les microbes est Pasteur* ; c'est pourquoi la grande salle lui a été dédiée. Mais que vaut le savoir sans le travail qui fait fructifier ses résultats concrets ? Eh oui ! Les Français, continuant à pâtir d'une dénatalité continue, ont cherché par tous les moyens à accroître le nombre de leur population. C'est ainsi qu'on a vu l'ex-président de la République, feu Félix Faure, se rendre en personne, accompagné de son cortège officiel, dans un hôpital, pour encourager une jeune fille qui venait d'accoucher,

Vue générale de l'exposition de la mécanique de la section allemande. *L'Illustration*, 14 juillet 1900.

Le palais des Armées de terre et de mer, carte postale, 10 x 15 cm, 1900.

la féliciter de ne pas s'être débarrassée de son nourrisson, comme font beaucoup de ses pareilles, de ne pas l'avoir abandonné au coin d'une rue à la merci des dangers avec pour seul recours la police qui pensera peut-être à le confier à un orphelinat. Elle, cédant au sentiment maternel, avait choisi de faire triompher la vie. En conséquence, le président avait voulu, par ses encouragements, exploiter les retombées avantageuses que pourrait avoir cet exemple mineur sur les taux de natalité. Il lui octroya une somme d'argent importante, espérant éradiquer par là cet usage adopté récemment et entré dans les mœurs : à savoir la pratique de l'avortement, répandue maintenant dans toute l'Europe, mais d'une façon inédite, scandaleuse et qui compte parmi les méfaits de la civilisation moderne.

Les gens du peuple en effet sont parvenus à un confort et à un degré de bien-être tel qu'ils se sont mis, leurs besoins se multipliant, à craindre les charges familiales et, au sein de leur prospérité, à redouter la pauvreté. Quant aux femmes des classes aisées, elles appréhendent les douleurs de la grossesse et de l'accouchement. Appréhension faible en comparaison de leur hantise du vieillissement et des sacrifices auxquels elles sont prêtes pour conserver leur teint éclatant, leur mine riante, leur taille fine. Sans parler des autres palliatifs propres à réparer les outrages de la nature et du temps par des artifices fallacieux et en trompe l'œil. Elles ont donc fait appel aux progrès de la médecine moderne pour « se châtrer », si l'on peut dire ! Car si la castration était une affaire d'hommes jadis et en Orient, c'est sur les femmes, de nos jours et en Occident, que se pratique l'ablation de l'utérus et cela, à la fin du XIXᵉ siècle et par l'entremise de médecins. On réduit ainsi à néant toute possibilité de grossesse et la femme conserve indéfiniment sa fraîcheur et son teint resplendissant. Les pionnières en la matière étaient ces créatures qui gagnent leur pain en faisant commerce de leur réputation. Puis cet usage s'est transmis aux femmes de la haute société qui désiraient rester belles et de là à celles de la classe moyenne qui craignent de tomber dans la misère. Quant à la classe inférieure, elle y viendra très bientôt, n'en doutons pas.

– Pourquoi cette digression ?

– Notre discours à bâtons rompus m'y a entraîné. Mais je reviens au palais de la Santé pour vous dire que j'y ai vu, entre autres appareils relatifs à la thérapie et à la longévité, trois chandeliers en

138. - PARIS-EXPOSITION. - Palais des Armées de Terre & de Mer

métal posés sur une simple table et que les visiteurs côtoyaient sans leur prêter attention, fascinés qu'ils étaient par la présentation des panonceaux explicatifs, l'agencement des bocaux et des appareils, les diverses espèces de microbes et autres objets d'attraction et de méditation. C'est par pur hasard que j'ai découvert en y regardant de plus près que ces chandeliers venaient d'Allemagne : d'une forme ressemblant à la célèbre Tour Eiffel, sans reliefs ni inscriptions sur les côtés, ils portaient chacun une simple feuille de papier. Si sur le premier, le plus petit, s'inscrivait le chiffre de la population allemande en 1816 (soit 26 millions), sur le deuxième, de taille moyenne, était indiqué à quoi se montait ce chiffre en 1855 et le troisième, le plus grand, ce qu'il en était en 1895, soit 52 millions. C'est dire que ce chiffre a doublé en soixante-quatorze ans, cependant que la natalité du pays qui a vu naître Pasteur va décroissant ! Ces chandeliers ne valent-ils pas plus, à eux seuls, que tous ces appareils, dispositifs, tubes et compositions médicamenteuses ? Oui, par Dieu, l'Allemagne aurait fort bien pu se contenter de ce résultat qui démontre clairement qu'elle cherche en tout ce qu'elle accomplit une mise en pratique concrète. Bien plus encore : il témoigne du soin extrême qu'elle apporte à la santé publique.

C'est ainsi que ses écoles spécialisées dans ce domaine comptent près de 40 professeurs chacune, disposent d'une résidence et d'un laboratoire, et sont grassement subventionnées par l'État. Les Allemands ont également créé des hospices pour le traitement des scrofuleux, alors que la France n'a rien d'équivalent ; c'est pourquoi on voit cette maladie maligne faire à elle seule 150 000 victimes chaque année, dont 300 chaque semaine, uniquement à Paris !

À côté des chandeliers dont nous parlions, sont rangés des tours, des pyramides, des colonnes, des cônes (toujours le *colossal*, le *colossal* ! même dans les modèles réduits) qui diffèrent par leur hauteur et indiquent le nombre d'habitants par grande ville allemande. On se sent également rasséréné et ravi à la vue des flacons multicolores aux formes géométriques variées, portant des informations sur les maladies les plus communes et leur traitement.

J'ai vu, au palais des Armées de terre et de mer, la maquette d'un hôpital militaire allemand de 84 610 m², d'une capacité de 30 lits, dont trois pour les officiers. À chaque lit sont réservés un espace d'au moins 9,5 m² et un volume d'air respirable d'au moins 38 m³. Les bâtiments y sont construits sur un huitième du terrain et les sept huitièmes qui restent sont occupés par les voies de circulation, les chemins de promenade et les jardins. Le coût du bâtiment pour chaque lit (prix de la terre non compris) se monte à 4 602 marks, somme qui inclut le mobilier et le linge. Ces deux éléments mis à part, le lit revient à 4 469 marks, l'hôpital disposant d'installations de chauffage, d'aération, de pompage d'eau à partir de puits, de chaudières à la vapeur, d'appareils d'éclairage électrique, de cuisine, de lessive, de bains ainsi que d'appareils d'aseptisation et de désinfection.

On y trouve également des tuyaux acheminant l'air pur à raison de 60 m³ pour chaque lit. En hiver, ils transmettent aux chambres un air chaud, à la température qui convient aux malades, tandis que des conduits aspirent l'air vicié pour le rejeter vers l'extérieur. Toutes les horloges y fonctionnent à l'électricité et un téléphone permet aux différents services de communiquer entre eux et avec l'extérieur, notamment avec la ville et ses différents secteurs. On y trouve aussi un laboratoire chimique pour les travaux en bactériologie et une salle d'opération qui constitue un modèle de perfection. Sans compter une chambre réservée à ce qu'on appelle la mécanothérapie – pour le massage et le traitement par électricité – ainsi qu'une pharmacie.

Tel est l'hôpital militaire de Potsdam*. Je ne crois pas qu'il ait son pareil chez les autres nations civilisées. Aussi voit-on les Allemands en tirer une grande fierté.

J'ai été surpris de constater que l'Allemagne n'avait exposé dans ce palais aucune arme de destruction, préférant comme les grandes nations garder ces sujets secrets et entourés d'une discrétion impénétrable. On n'y voit que des maquettes de navires et de cuirassés militaires comme si l'Allemagne posait à l'Impératrice des mers et cherchait à rivaliser avec l'Angleterre en pleine Exposition. Ce choix témoigne de la courtoisie des Allemands qui ont refusé d'imiter les autres nations et de faire montre des succès remportés lors de la guerre de 1870, afin de ne pas blesser l'amour-propre des Français en réveillant leurs rancœurs. Preuve de savoir-vivre qui a été reconnue par leurs adversaires et par le reste du monde.

Peut-être serait-il bon, à ce propos, de faire ici une digression en dressant un parallèle entre les données statistiques de l'Allemagne et celles de la France en particulier, puis entre elles et celles de l'Europe plus généralement, afin de mettre en relief les progrès stupéfiants de la première.

(1) La démographie

En 1885, la population allemande se montait à 52 279 901 habitants, ce qui correspond à une densité de 97 habitants au km². De 1885 à 1890, ce chiffre a augmenté de 0,5 %. En France, le nombre d'habitants atteignait 38 517 975 en 1896, soit 72 au km². Berlin compte 1 760 135 habitants, contre 2 511 629 pour Paris. En revanche, l'Allemagne possède 26 grandes villes dont la population dépasse les 100 000 âmes, tandis que la France en compte uniquement 11 de la même importance.

(2) Les soldats, leur santé, les taux de suicide

	En temps de paix	En temps de guerre
Le nombre de soldats en Allemagne en 1899	585 266	3 975 000
Le nombre de soldats en France en 1899	589 541	3 000 000

Le nombre de soldats analphabètes en Allemagne, en 1883, était de 1,25 %, soit quatre individus sur 500. Mais cette proportion est allée décroissant au fur et à mesure du développement réalisé par ce pays, atteignant 0,25 % soit moins d'un soldat sur 400, ou 3 ‰, tandis qu'en France ce chiffre se monte à 123 ‰.

À cette occasion, j'ajouterai qu'ayant calculé le pas d'un soldat allemand en comparaison des soldats d'autres nationalités, on a trouvé qu'il parcourait en une minute 91,2 m, le Russe 80,94 m, l'Autrichien 85,5 m, le Français et l'Italien 90 m chacun. Méditez sur cette avancée allemande très concrète, elle aussi !

Les nations européennes se sont si bien préoccupées de la santé de leurs soldats, que le taux de mortalité y a baissé de façon drastique, mais encore une fois, c'est l'Allemagne qui l'emporte haut la main sur ce terrain et il me suffira de tracer le tableau suivant pour qu'apparaisse le parallèle :

Nombre de décès sur 1 000		
En France	De 1862 à 1869	10,1
	De 1880 à 1884	8,4
	De 1885 à 1889	6,3
En Allemagne	De 1846 à 1863	9,7
	De 1873 à 1877	5,7
	De 1880 à 1889	3

En contrepartie, le taux de suicides est de 19 pour 30 000 parmi les soldats allemands, mais de 10 seulement chez les Français. En somme, vous le voyez, même pour le suicide, les Allemands viennent au premier rang !

(3) La marine

	Bateaux à vapeur	Tonnages	Voiliers	Tonnages
Flotte allemande en 1900	1 209	2 859 919	501	490 115
Flotte française en 1900	662	1 052 193	552	298 369
Acquisitions allemandes récentes (1898)	71	220 931	21	6 967
Acquisitions françaises récentes (1898)	16	21 732	39	48 201
Marine marchande en Allemagne (1898)	30 713	1 639 552		
Marine marchande en France (1898)	15 615	414 673		

Les plus grandes compagnies maritimes au monde sont celles qui font la traversée de Hambourg – où elles ont leur siège – jusqu'aux États-Unis. Viennent ensuite les compagnies de l'Allemagne du Nord à Brême*, puis au troisième rang la compagnie anglo-indienne dont le siège est à Londres, puis la compagnie Pentsolar (P&O)* installée également à Londres, suivie d'Elder et Damster, toutes deux à Liverpool, et enfin, les Messageries maritimes à Paris.

Les plus grands navires du monde sont

L'*Oceanic* (Angleterre)	d'une capacité de 17 247 tonnes
Le *Deutschland* (Allemagne)	15 500
Le *Potsdam* (Hollande)	12 522
Le *Saint-Louis* (Amérique)	11 629
La *Lorraine* (France)	11 200

(4) Les chemins de fer, les télégraphes et le téléphone

Réseau de voies ferrées en Allemagne (1898)	29 226 miles[144]
Réseau de voies ferrées en France	26 038 miles[145]

Même proportion pour les lignes du télégraphe :

Revenus des chemins de fer allemands (voyageurs et marchandises)	83 860 000 livres
Revenus des chemins de fer français (voyageurs et marchandises)	55 960 000 livres

L'un des signes révélateurs de l'essor extraordinaire pris par l'Allemagne est l'expansion des lignes téléphoniques. En 1894, 250 de ses villes étaient reliées entre elles et avec Berlin, la capitale, l'une des lignes mesurant plus de 1 000 km. On y dénombre 100 000 bureaux de téléphone et 23 000 abonnés uniquement pour Berlin (soit le nombre d'abonnés que compte toute la France !).

(5) La richesse nationale

Quant à la richesse des grandes nations en 1893, elle se chiffrait ainsi :

Les États-Unis d'Amérique	320 milliards de francs
La Grande-Bretagne	260
La France	225
L'Allemagne	161
La Russie	127
L'Autriche-Hongrie	82
L'Espagne	63
L'Italie	54

D'où des impôts annuels qui se montent en moyenne, par individu, en France, à 90 francs, en Angleterre à 59, en Allemagne à 57, en Russie à 29. Mais les plus favorisés en l'occurrence sont les habitants de la principauté de Monaco qui en sont exemptés et en ignorent jusqu'à l'existence.

D'autre part, la richesse moyenne, par individu, est de 218 francs en France, de 102 en Allemagne, de 30 en Russie. Les dépenses en tabac se montent à 8 francs et 10 centimes par tête en France et à 1,25 franc en terre d'Allemagne.

(6) Le budget et la dette intérieure

	Les recettes	**Les dépenses**
En France en 1900 (en livres anglaises)	183 709 382	138 018 861
En Allemagne en 1900 (en livres anglaises)	76 309 000	77 585 000
La dette générale allemande (en 1898)	115 244 000	dont les intérêts sont de 3 780 660
La dette générale française (en 1899)[146]	1 197 933 252	dont les intérêts sont de 32 381 269

(7) Les échanges commerciaux entre l'Allemagne et la France

Les exportations de l'Allemagne vers la France (en 1899) (en livres angl.)	13 785 640
Les exportations de la France vers l'Allemagne (en livres angl.)	17 137 160

Le plus étonnant, c'est que, tout en étant la patrie du vin, la France recourt aux autres pays dans ce domaine. La preuve : ses importations pour ce produit excèdent ses exportations.

(8) La colonisation

Contrairement à l'Allemagne qui n'est un pays colonisateur que depuis peu, le colonialisme français date de plusieurs siècles. Et cependant observez le tableau suivant :

Superficie	**Habitants**
Colonies françaises (en 1897) 2 881 900 km²	32 983 273
Colonies allemandes (en 1899) 1 021 575 km²	9 800 000

(9) Les sciences et l'industrie

En 1895, l'Allemagne comptait 21 universités réunissant 2 430 professeurs et enseignants, ainsi que 31 556 étudiants officiellement inscrits. L'instruction dans ce pays est obligatoire et plus généralement répandue que dans d'autres nations. Dans l'Antiquité, ce sont les Grecs qui se sont illustrés dans la philosophie, au Moyen Âge les Arabes, à l'époque actuelle les Allemands. Les progrès réalisés par leurs industries sont tels qu'ils en effraient et angoissent les autres pays qui dépassaient l'Allemagne il y a seulement vingt ans. En 1895, 36 % de la population y appartenaient à la paysannerie, 39 % y gagnaient leur vie dans les mines et les usines, 11 % dans le commerce et les métiers de la finance. En 1883, la superficie du pays était répartie comme suit : 48 % pour les terres cultivées, 20,3 % pour les herbages et pâturages, 25 % pour les forêts.

(10) La diffusion de la langue

En observant le tableau suivant, on remarque que la langue allemande s'est largement diffusée et que le nombre de ceux qui la parlent a augmenté (même s'ils restent moins nombreux que ceux qui pratiquent l'anglais ou le russe).

	XVIIᵉ siècle	XVIIIᵉ siècle	XIXᵉ siècle
L'anglais	8 millions	20 millions	120 millions
Le russe	17 millions	31 millions	100 millions
L'allemand	22 millions	27 millions	70 millions
Le français	20 millions	30 millions	50 millions
L'espagnol	18 millions	21 millions	45 millions
L'italien	12 millions	15 millions	32 millions

Ces chiffres sont tirés de sources françaises et anglaises autorisées, à savoir l'*Almanach Hachette 1900*, *Le Tout Savoir universel*, le *Whitakers's Almanach 1900* et autres revues. Les lecteurs le savent : mes connaissances en allemand sont nulles. Qu'il me suffise de dire que ces chiffres sont certainement fiables puisqu'ils proviennent du camp adverse !

Particularités des productions allemandes
Le commerce des livres

On trouve en Allemagne une société allemande de l'industrie du livre qui possède le monopole de tout ce qui touche à la publication des livres. Fondée en 1884, elle a prospéré et a réussi à acquérir de larges terrains à Leipzig*, dont la valeur s'élève à 200 000 marks[147] et sur lesquels elle a installé une maison d'un prix dépassant 1,5 million de marks. La sphère de ses affaires s'est étendue à d'autres pays, si bien qu'elle compte parmi ses 520 adhérents 102 imprimeurs étrangers, preuve de son influence hors des frontières de l'Allemagne.

Pour que le lecteur puisse mieux saisir la prééminence de ce pays dans le commerce du livre, je vous communique quelques statistiques empruntées aux plus fiables des sources françaises :

En Allemagne	7 083 libraires	issus de 1 352 villes
En Autriche	822	de 253
Dans le reste de l'Europe	1 008	de 225
Dans toute l'Amérique	159	de 50
Dans la pauvre Afrique	12	de 7
Dans la pauvre Asie	22	de 12
En Australie	7	de 6

Et voici un autre tableau montrant le nombre de titres édités par les libraires allemands :

En 1894, ils ont imprimé	22 570 ouvrages
En 1895	23 607 ouvrages

En 1896	23 339 ouvrages
En 1897	28 871 ouvrages
En 1898	28 739 ouvrages

Pour chaque ouvrage, ils impriment des dizaines, voire des centaines de milliers d'exemplaires, sans compter les livres de musique et de chansons qui n'entrent pas dans ces statistiques, mais ont leur propre tableau que voici :

En 1894, ils ont imprimé	10 814 œuvres musicales
En 1895	10 936
En 1896	13 111
En 1897	12 274
En 1898	12 597

Dans la seule ville de Leipzig, on dénombre près de 158 commissionnaires qui travaillent à la diffusion de ces livres auprès de 8 385 libraires. À Berlin, ils sont au nombre de 42 et sont en relation avec 440 marchands. À Stuttgart*, on en trouve 15 travaillant avec 666 libraires.

Leur presse a, elle aussi, connu les mêmes taux de progression ; en effet le nombre de revues et de journaux politiques édités en Allemagne a atteint les 7 500 titres en 1898. Le *Journal de Francfort* est le premier à avoir fait son apparition en 1615, puis est venu la *Magdebourg Zeitung* en 1626 et enfin la *Leipziger Zeitung* en 1660.

Et voici un autre tableau indiquant les chiffres des imprimés (ouvrages ordinaires et œuvres musicales) dans les grandes puissances et démontrant la supériorité de l'Allemagne :

En France	11 000
En Grande-Bretagne	6 000
En Italie	9 000
Aux États-Unis d'Amérique	5 000

Ce qui distingue l'édition en Allemagne, c'est qu'elle s'est acquis un quasi-monopole sur les livres orientaux. Nous savons mieux que personne les fouilles auxquelles se livrent ces gens-là en quête des vestiges de nos ancêtres, vestiges dont nous ignorons presque tout et jusqu'à l'existence. Eux, en revanche, les impriment, en tirent profit sur le plan financier, scientifique et moral. Quant à nous, enfants de ces nobles Arabes, héritiers de cette glorieuse lignée orientale, nous nous contentons de tirer fierté de cette grandeur révolue, que nous exploitons en parasites, nous abreuvant à leur mer, nous rassasiant de leurs restes.

Oui, les Allemands ont imprimé les ouvrages les plus importants de nos maîtres à penser en géographie, en histoire, en littérature et autres sciences. Là-dessus, viennent nos presses qui n'ont pas honte de les copier sans y faire référence. Et si seulement ils montraient la même exactitude dans la typographie et la correction ! Mais non, les livres imprimés d'abord en Allemagne, puis dix ans plus tard en Égypte, valent dix fois mieux du point de vue matériel et intellectuel que certaines élucubrations qui s'impriment chez nous. Parmi ces chefs-d'œuvre : *L'Histoire* d'Ibn al-Athir, *Le Souffle parfumé*, *La Vie de Saladin*, celle de Fakhri, *L'Élucidation des incertitudes*, *Le Discours décisif sur la relation entre la loi religieuse et la philosophie* d'Averroès, *Le Livre des animaux et des hommes* tiré des *Lettres des Frères de la pureté*, et bien d'autres encore. Pour tous ces ouvrages, l'écart est notoire entre l'édition réalisée, tout à leur honneur, par les Allemands, et la nôtre, déplorable.

Voici les titres de certains ouvrages arabes très précieux qu'ils ont imprimés sans que nous n'en sachions rien :

– *Les Vestiges laissés par les siècles passés* de Biruni

– *Les Plus Prodigieuses des Créatures* de Qazwini

– *La Grande Histoire (Histoire des peuples et des rois)* de Tabari

– *Les Meilleures Divisions dans la connaissance des régions,* ouvrage plus connu sous le titre *La Géographie de Maqdisi*

– *Les Ordonnances du gouvernement* d'al-Mawardi

– *Les Longues Anecdotes* de Dinuri

– *Les Chroniques de la chute de la dynastie des Bani Nasr (en Andalousie)*

– *L'Enseignement des exemples* d'Ibn Munqiz

– *Le Voyage* d'Ibn Jubayr

– *L'Histoire des rois musulmans en terre d'Éthiopie* de Maqrizi

– *Exposé sur les Arabes en terre d'Égypte* de Maqrizi également

– *Florilège* du même

– *La Généalogie des nobles et leur biographie* de Baladhri

– *Le Livre des pays* de Yaqubi

– *L'Histoire* d'Isfahani

– *L'Histoire* de Yaqubi

– *Les Histoires de La Mecque* d'al-Azraqi, d'al-Fakihi, d'Ibn al-Fasi, d'Ibn Zuhayra, d'Ibn Nahrawani

– *Le Livre des montagnes, des terres et des eaux* d'al-Zamakhchari

– *Description de la presqu'île des Arabes* d'Ibn al-Haiq

– *La Conquête des pays* de Baladhri

– *L'Histoire des vizirs seljouquides* d'Isfahani

– *L'Explication de l'ode d'Ibn Abdun sur l'histoire de l'Andalousie* par Ibn Badrun

– *Les Merveilles de l'Inde*

– *La Prise de La Mecque* d'al-Imad

– *L'Index* d'al-Warraq

– *Les Expériences des peuples* d'Ibn Maskawih

– *Les Chroniques du Maghreb* d'Ibn Adhari de Marrakech

– *Les Points d'observation des connaissances*

– *Routes et Royaumes* d'al-Astakhri

– *Routes et Royaumes* d'Ibn Khardazih

– *Le Dictionnaire des pays* de Yaqut al-Hamawi

– *Le Mushtarik* du même

– *Mettre en garde et surveiller* de Masudi

– *Les Connaissances* d'Ibn Qutayba

– *Abrégé des chroniques du Maghreb,* d'Ibn Adhari de Marrakech

– *L'Abrégé du Livre des pays* d'Ibn al-Faqih

– *La Bibliothèque sicilienne,* qui réunit des textes choisis tirés de quatre-vingt-cinq ouvrages arabes sur l'île de Sicile

– *Éclatantes Étoiles touchant aux souverains d'Égypte et du Caire* de l'Égyptien Taghri Bardi

– *La Géographie* d'al-Idrissi (comprenant la description de la presqu'île arabique, de l'Andalousie, de l'Égypte, du Soudan, et du Maroc)

– *L'Éthique* d'Aristote

– *L'Abrégé des lettres des Frères de la pureté*

– *L'Épître de Hay Ibn Yaqzan*[148]

– *Le Livre des fois et des croyances*

– *Les Secrets de l'arabe* d'al-Anbari

– *Les Addad*[149] du même

– *L'Explication de la grammaire de Zamakhchari* par Ibn Yaich

– *L'Ordre des mots dans la langue* de l'imam Yahyah al-Nawawi

– *L'Éloquent* de Thalab (qui compte parmi les sept ouvrages édités à Leipzig en 1876)

– *Au cœur de la généalogie* de Sututi

– *Le Dictionnaire des mots ambigus* d'al-Bakri (édition imprimée sur pierre dure et due à un savant allemand qui a recopié le texte de sa main et où on ne trouve pas une seule coquille)

– *Le Vingt et Unième Livre des chansons*

– *Le Recueil* d'Alqama al-Fahl

– *Le Recueil* de Sari al-Ghawani

– *La Poésie des satiristes*

– *La Hiérarchie des poètes*

– *Le Style orné en littérature*

– *Les Plus Belles Pages des poètes arabes*

C'est là un faible échantillon de ce qui s'imprime dans la seule Allemagne. Et nul n'est besoin de mentionner le volume des livres arabes rares et de grande valeur parus à Paris, en Italie, à Londres, etc.

Certes, nous pouvons comprendre le souci qu'ont les Allemands et autres peuples d'Europe à imprimer ces ouvrages utiles, pour le motif qu'ils traitent d'histoire, de géographie, de divers arts, voire de notre langue et de notre littérature. Nous pouvons nous dire aussi que c'est leur avancée dans la voie du progrès qui les y pousse. Et nous voilà consolés de notre retard dans ce domaine. Mais quelle excuse nous inventer à la supériorité qu'ils se sont acquise dans ce qui compte parmi les fondements mêmes de notre religion ?

Eh bien, oui. Les Allemands ont imprimé la Thora et l'Évangile en arabe dans leur pays, initiative que justifie plus ou moins la relation de l'Ancien et du Nouveau Testament avec leur religion. Ils ont fait plus en imprimant la Bible sumérienne ; et ici encore nous pouvons invoquer le lien de ce livre avec l'histoire de leur religion et les querelles entre doctrines.

Mais, mais, mais, que diront les grands savants de l'Orient, les plus éminents ulémas, qui n'ont d'autres fonctions dans la vie que le service de la religion musulmane et la défense de la noble foi, ne rougiront-ils pas de honte (face à eux-mêmes, à leur profession – source de leur prestige –, à leur Prophète et à leur Dieu), ne rougiront-ils pas, dis-je, lorsque je leur apprendrai que ces Allemands ont imprimé *Le Commentaire* du juge al-Baydawi à Leipzig en 1847, y ajoutant un index des mots étrangers, des termes, des noms propres d'hommes et de femmes, des toponymes et une notice sur les doctrines religieuses, les sectes et les passages de référence ? Voilà pourquoi cette édition, utile, facile à manier, est d'une valeur inestimable. Quant à la maison mère de la tradition – cœur de l'autorité islamique suprême[150] –, c'est seulement en l'an 1285 de l'hégire, soit avec un retard de vingt-deux ans, qu'elle a imprimé ce livre, en une édition moins complète, alors qu'elle se devait d'en produire une augmentée, révisée avec soin et visant à la perfection, puisqu'elle était postérieure et paraissait dans la plus grande capitale de l'islam.

Mieux : que diront ces grands savants de l'Orient et très éminents ulémas, qui n'ont d'autres fonctions dans la vie que le service de la religion musulmane et la défense de la noble foi, si je leur dis que ces Allemands ont imprimé le *Discours exact* de Bukhari en 1862 (autrement dit, il y a trente-huit ans), alors que Le Caire ne l'a imprimé sur pierre dure qu'en 1279 et en caractères d'imprimerie à Bulaq[151] qu'en 1280 (il y a de cela trente-neuf ans selon le calendrier lunaire), comme s'ils avaient veillé à nous emboîter le pas, et cependant la comparaison entre les deux éditions est tout à leur honneur.

Plus encore, que diront ces grands savants de l'Orient et très éminents ulémas, si je leur dis que ces mêmes Allemands ont fait paraître le glorieux Livre de Dieu dans une édition très soignée et très belle, vite épuisée – sur leur marché intérieur ? Cédant à l'impulsion de leur progrès intellectuel incessant, ils en produisirent une deuxième édition, puis une troisième et une quatrième, où ils sont parvenus au summum de la perfection[152]. Or, comme nous le répétons d'après nos maîtres en religion, qui citent le dit du Prophète : « Dieu aime à ce que Son serviteur, entreprenant une tâche, l'effectue à la perfection[153]. »

Mon Dieu, quel chagrin j'éprouve en comparant la beauté de leurs publications à ce qui se fait chez nous ! Nos éminents ulémas et défenseurs de l'islam nous répondront peut-être que Dieu l'a voulu ainsi, à savoir : que Son illustration et la glorification de Sa parole s'accomplissent à notre époque grâce à des non-Arabes d'Occident, comme elles se sont accomplies à l'apogée de l'islam grâce à des non-Arabes d'Orient.

Quelle débâcle, mon Dieu, mais quelle débâcle !

1. La photographie en Allemagne

La photographie – l'héliographie – connaît aujourd'hui, parmi l'ensemble des classes sociales, une diffusion qui dépasse tout ce qu'on observe dans les autres activités humaines. Aux progrès constants de cet art s'ajoute un maniement facile pour tous. On le voit donc pratiqué par le technicien qui s'y consacre, par le savant absorbé dans ses recherches, par l'amateur et le flâneur. Voilà pourquoi se sont créées partout dans le monde des usines spécialisées dans tout ce qui touche à la photographie. Mais, encore une fois à la pointe du progrès, les usines allemandes fabriquent et exportent un nombre incroyable d'appareils, d'engins techniques et de produits chimiques dans ce domaine. Les magazines illustrés allemands ont bénéficié des derniers perfectionnements en la matière, dont les inventions américaines et, grâce aux avancées éclatantes de la chimie allemande, cet art s'est hissé à un rang inégalé notamment pour ce qui est du papier photographique, si bien que tout le monde est forcé de se fournir chez eux.

2. L'industrie agro-alimentaire

On dénombre près de 350 exposants allemands spécialisés dans les industries agro-alimentaires dont une centaine qui ont présenté tout ce qui a trait à l'enseignement de l'agronomie, aux méthodes de l'exploitation agricole, à la création de laboratoires d'expérimentation pour obtenir des récoltes supérieures en quantité et qualité. Les visiteurs de cette section ont pu témoigner du souci extrême apporté par les Allemands au perfectionnement des machines agricoles dans le but d'accroître le rendement et par conséquent de profiter aux agriculteurs. Cela, à condition de ne pas affaiblir la terre, mais de lui fournir au contraire tous les éléments nécessaires à sa fertilisation. Il est évident, en examinant leurs productions, qu'ils ont réussi à obtenir les récoltes les plus saines, sans traces de produits chimiques grâce au respect constant des normes fixées par les professeurs de la faculté de médecine relativement au nettoyage des divers appareils et instruments.

La principale industrie est celle du sucre qu'ils extraient de la betterave uniquement. Chacun sait que ce sont les chimistes français qui ont découvert, il y a un siècle environ, comment extraire le sucre des plantes, à croire (comme pour Pasteur plus tard) qu'ils ont travaillé pour le profit des Allemands ! Ces derniers en effet leur ont emboîté le pas de si près et leur ont fait une concurrence si acharnée dans l'industrie sucrière qu'ils les ont surpassés, tous leurs agronomes ayant prêté la plus grande attention à cette culture, en progrès constant chez eux, comme le démontrent les statistiques affichées dans la salle des Machines et au Champ de Mars. Ainsi sont-ils parvenus à extraire le sucre des betteraves dans une proportion de 14 % et même 18, voire 19 % les années de bonnes récoltes.

Les plus grandes sucreries se situent en Saxe qui en possède 400, lesquelles ont produit en 1898 1 854 400 t de sucre (extraites de 13 millions de tonnes de betteraves, soit la production de 437 000 ha). Ces usines emploient 95 000 ouvriers des deux sexes et des machines construites selon les trouvailles techniques les plus récentes.

Rien d'étonnant donc à ce que l'Allemagne exporte du sucre pour plus de 200 millions de marks, à quoi s'ajoutent les appareils et les installations servant à ce type de distillation.

La plupart de ces usines fabriquent du sucre brut, qui est ensuite épuré, raffiné, avant d'être livré aux commerçants.

Au deuxième rang après l'industrie sucrière vient la fabrication des spiritueux, produits uniquement à partir de plantes naturelles, contrairement aux pratiques de certains pays qui y mêlent des éléments de distillation chimiques. 3 287 000 hl sont ainsi produits chaque année, dont 2 258 000 destinés à la consommation intérieure, 889 000 aux besoins de l'industrie et 32 000 à l'exportation. Après quoi vient l'industrie du séchage de la mousse de bière[154] qui rapporte annuellement 30 millions de marks, à quoi s'ajoutent l'industrie de l'amidon d'une valeur de 60 millions de marks et la fabrication de la bière à hauteur de 385 millions de marks. Quant aux déchets et résidus de ces deux dernières productions, ils en tirent un montant de quelque 93 millions de marks.

Aucun homme au monde n'ignorant l'importance de la bière allemande et de sa consommation, on ne s'étonnera pas d'apprendre que 801 brasseries y font fermenter l'orge avec le houblon nécessaire à sa préparation et que 12 000 fabriques spécialisées dans cette célèbre bière emploient 100 000 ouvriers. En 1897, la production de cette boisson était estimée à 70 millions d'hectolitres.

3. La chimie allemande

Les Français ont beaucoup blâmé ceux qui prédisaient que leur Exposition serait un moment triomphal pour l'industrie allemande. Se bornant aux reproches acerbes et méprisants, ils ont tourné le dos à la concurrence et à l'esprit d'émulation. Lorsque l'Exposition a ouvert ses portes au public, le verdict est tombé, conforme à l'écart constaté. Les esprits avisés ont été les premiers à se rendre à l'évidence et à proclamer, haut et fort, que la section industrielle allemande offrait le spectacle le plus extraordinaire. Oui ! Prodiguant leurs efforts, leur temps, leur argent, réunissant toutes leurs énergies, de l'empereur au plus modeste ouvrier, leur triomphe a été général, spécialement dans le domaine de l'électricité et de la chimie. Les témoignages dithyrambiques sur la section consacrée à cette dernière ont été unanimes : les gens ordinaires en sont ressortis éblouis, les experts français en la matière se sont avoués vaincus. Sans doute se mêle-t-il à leur admiration, malgré eux, une certaine gêne et une pointe de jalousie, surtout s'ils se rappellent que c'est l'un de leurs ancêtres, Lavoisier*, qui a inventé la chimie moderne[155],

Grand groupe électrogène dans la section allemande, carte postale, 1900.

Dynamos de la E. A. G. W. Lahmeyer & Cᵒ, Francfort-s/-Mein
Machine à Vapeur de la Maschinenbauges. Nuremberg

L'électricité au Champ de Mars
– les groupes électrogènes
(sections étrangères).
L'Illustration, 4 juillet 1900.

science qui n'a acquis son statut prestigieux que grâce aux adversaires ! Comme c'est le cas pour le sucre extrait de la betterave.

Cette section allemande se trouve au milieu de la salle réservée aux industries chimiques de tous pays. Exposés dans 28 vitrines de même dimension, superbes et du plus beau fini, au milieu desquelles se dresse une imposante pyramide de sel (toujours le *colossal* !), les produits de nos amis se répartissent en huit branches.

Dans la première (l'industrie chimique lourde), l'élément essentiel est un compte rendu sur les procédés de fabrication des sels de potasse qui ont fait la célébrité de l'Allemagne et dont elle a le quasi-monopole dans le monde. Ces exportations pour ce produit lui rapportent en effet près de 20 millions de francs chaque année. Et ce qui attirait tous les regards aussi dans ce secteur, c'était ce liquide jaune dans lequel fondent, comme un morceau de sucre dans de l'eau, tous les métaux (à l'exception du « fer dont la force est extrême[156] »). J'entends par là le chlore liquide obtenu grâce à l'énergie électrique et cela par la décomposition du sel marin (ou chlorure de sodium, selon la terminologie des chimistes) : la soude s'étant déposée au fond des tubes, le chlore s'y transforme en gaz au-dessus. Dès lors, rien de plus facile que de le liquéfier. On voit également au même endroit des spécimens de divers métaux d'une extrême pureté et qui témoignent de l'ingéniosité des Allemands dans l'art d'utiliser des températures très élevées pour la fonte et l'affinage des métaux. La preuve : l'emploi, en plus de ce nouveau métal qu'on nomme aluminium, d'un oxyde de métal connu. Il en résulte à l'intérieur du creuset une chaleur intense à laquelle rien ne résiste. On obtient alors, très facilement, des métaux épurés de tout résidu et dont, si réfractaires qu'ils soient, on fabrique des alliages solides.

L'une des spécialités de cette section, c'est aussi la fabrication de l'acide sulfurique. Afin que nos lecteurs puissent saisir l'importance de cet acide, nous leur devons une brève explication. Les savants s'accordent pour penser que « le degré de progrès des nations et leur rang dans la hiérarchie des peuples se mesurent à la qualité d'acide sulfurique produit par leurs usines ». Voilà pourquoi il nous faut montrer les réalisations de l'Allemagne dans ce domaine où elle surpasse les nations actuelles, sans oublier de mentionner le rôle précurseur joué sur ce terrain par nos ancêtres arabes. Car le premier à avoir découvert ce liquide profitable est Abu Bakr al-Razi, admiré comme un génie de grand renom par les chimistes de son temps. Ainsi, lorsque la chimie s'est hissée au rang qu'on lui reconnaît aujourd'hui, cet étonnant liquide, à la base de nombre d'industries, est devenu un facteur essentiel de notre vie.

On s'est si bien efforcé de le mettre à la portée de tous que le prix du kilo est tombé, grâce aux Allemands, à deux millièmes (soit moins d'une demi-piastre) alors qu'il coûtait naguère encore une livre et demie. Et la méthode allemande nous permettra d'arriver bientôt à un prix encore plus bas. Que dire de plus du progrès de ce peuple ?

Quant à la deuxième branche, elle comprend les produits chimiques où, du témoignage de l'ensemble des nations, les Allemands sont passés maîtres tant pour les élémentaires que pour les plus complexes : des alcalis à l'antipyrine, la saccharine, et jusqu'à cet admirable sérum* attribué à Behring et à Koch (deux des plus grands savants d'Allemagne et du monde, actuellement), à quoi s'ajoutent ces étranges matières employées dans les rayons X pour photographier l'intérieur des corps et percer les voiles du visible.

Dans la troisième branche sont exposés les produits des industries chimiques mineures : échantillons des accessoires pour la photographie et poussières rares servant à l'obtention de températures extrêmes.

La quatrième branche comprend les colorants, les pigments minéraux et les gels extraits des os comme la gélatine et la glu.

Que dire de ces Allemands qui sont parvenus à inventer de l'indigo artificiel et ont créé, avec l'aide de leurs riches industriels, une grande compagnie spécialisée dans son commerce ? Il en est résulté, pour les marchés de l'indigo naturel, venu d'Inde, une tension, puis des incertitudes qui ont fait chuter les prix et qui, très vite, ont entraîné un marasme tel que cette plante a disparu, tout comme la garance, avant elle, avait été réduite à néant.

Il est bon de rappeler ici que les Français et les Anglais ont été des précurseurs dans l'art d'extraire des couleurs et des teintures de la houille, mais cette industrie, chez eux, a périclité, voire disparu pour s'implanter en Allemagne où, installée sur des bases solides, elle s'est enracinée, ne tardant pas à fleurir, à fructifier et à rapporter aux habitants de gros bénéfices, en contrepartie des efforts inlassables qu'ils déploient en vue de la prospérité et du bonheur de leur pays. C'est ainsi que se sont multipliées chez eux les usines d'aniline, dont la plus importante est l'usine d'aniline et de soda de Baden : pas moins de 6 500 ouvriers y travaillent sous la direction de 150 chimistes, tous détenteurs d'un doctorat. Voyez donc un peu !

Il nous est impossible d'énumérer ici les résultats obtenus par les Allemands à travers la chimie. Mais il me faut indiquer qu'ils sont parvenus à préparer les parfums et essences par un procédé artificiel qui rend superflues les modestes récoltes de plantes naturelles. Sans rivaux dans ce domaine, ils sont là encore des pionniers, et des échantillons de tout cela sont exposés dans la septième branche.

Quant à la huitième branche, on y trouve une merveille incomparable, qui vous fascine et vous sidère. J'entends par là cette invention du Dr Linde* qui permet la liquéfaction de l'air. Des conséquences énormes en découleront bientôt. Car lorsque des savants réussirent à liquéfier des gaz, les gens crurent d'abord que l'intérêt de la chose se limiterait à la récréation des esprits sur les lieux de travail après les fatigues de la journée. Mais à peine les hommes de science en Europe en eurent-ils connaissance qu'ils purent savoir de quels éléments étaient formés les gaz, ce qui eut des avantages commerciaux importants par la suite, comme nous pouvons le voir maintenant. Nous nous bornerons à ce propos à ce que nous mentionnions sur la liquéfaction du chlore. Quant aux autres gaz liquéfiés, les experts en connaissent suffisamment les bienfaits.

Je pense que mon lecteur, après cet exposé, s'accordera avec moi quant aux progrès réalisés par ces Allemands, à leur habileté dans tous les domaines, au profit qu'ils ont su tirer, bien mieux que les autres, de cette Exposition universelle. Mais je ne peux m'empêcher de signaler, à la fin de ce compte rendu détaillé et bourré de chiffres, un fait digne d'être connu :

Le plus curieux de tout, c'est que lors de ma visite à la section réservée à l'enseignement, je constatais aussi la supériorité de l'Allemagne. Vous ne voulez pas mon avis ? Eh bien, écoutez le jugement porté par les Français eux-mêmes ! Et, comme on sait, « l'hommage des ennemis est irréfutable[157] », surtout quand ils sont à la fois juge et partie, comme c'est le cas. Je ne parlerai que d'un point : l'apprentissage des langues vivantes, autrement dit les langues encore parlées par des peuples et servant de moyen de communication dans leurs échanges, non celles dont les locuteurs ont disparu de la surface de la terre. Sachez donc que le ministère de l'Instruction publique en France avait invité une commission des plus grands instructeurs, travaillant dans le secondaire, à examiner tout ce que les autres nations avaient présenté comme preuves de leur niveau d'enseignement et de culture. Le rapport du professeur français chargé des langues vivantes disait, à la lettre : « L'Allemagne l'emporte de loin sur les autres nations, car l'apprentissage s'y fait de façon concrète et l'élève est amené au but désiré selon le chemin le plus court et le plus facile » !!!!

L'Allemagne s'est illustrée également dans le palais consacré au génie civil et aux moyens de communication, avec tout ce qu'elle a présenté comme ponts, écluses, canaux, baies, navires, etc. J'y ai vu une machine servant à expulser puis à acheminer les eaux usées ou d'égouts, avec une

Charles Crespin,
Le Banquet des maires (graveur :
Fortuné-Louis Méaulle).
Supplément au *Petit Parisien*,
30 septembre 1900.

Paul-Joseph Blanc, *La République française*, reproduction lithographique de la tapisserie exécutée par la Manufacture nationale des Gobelins à l'occasion du Banquet des maires de France. Archives nationales F12/4313.

puissance considérable, vers un endroit éloigné des maisons et des habitants, où elles sont traitées, épurées et réemployées pour l'irrigation des productions agricoles. J'ai vu aussi des navires conçus pour briser les blocs de glace qui entravent leur parcours dans les mers polaires. Et j'ai vu les plantes utilisées pour fixer les grands monticules de sable et les empêcher de se déverser sur les cultures et les cours d'eau. Ainsi que la maquette d'un train destiné à escalader des montagnes presque à pic : ce modèle miniature avance à travers les lacets en zigzags, puis dévale les pentes comme il était monté « en toute sécurité et tranquillité », bien que, dans les deux cas, il y ait de quoi s'ébahir et frémir. Gloire donc à Celui qui a mis la vapeur et l'électricité aux ordres des hommes de notre temps !

Mais il convient maintenant de freiner notre plume qui, entraînée par l'admiration, a vagabondé trop librement parmi les productions allemandes. Qu'il nous suffise de dire que notre compte rendu ne représente qu'un dixième de l'hommage que leur ont rendu les adversaires avant les amis. Espérons que ce discours aura un certain écho chez nous et y sera de quelque utilité, si Dieu veut bien !

LE BANQUET DES MAIRES À PARIS — UN REPAS DE 22.500 COUVERTS

Le Banquet des maires

Il y a deux espèces d'hommes, a déclaré un philosophe grec : la plupart mangent pour vivre, et les autres, une minorité, vivent pour manger. Quoi qu'il en soit, la nourriture étant indispensable à une bonne santé, vous observerez que tous les événements de la vie humaine s'achèvent par des repas de fête.

À l'occasion de l'Exposition, tous les maires des villes et campagnes ont été conviés par le gouvernement français à un grand banquet qui s'est tenu le 22 septembre 1900, date de commémoration de la Première République française, instituée cent quate-vingts ans auparavant. En 1889, à cette même date, l'invitation avait concerné 1 500 de ces notables, mais cette année, c'est pour 22 995 invités qu'ont été dressés, au jardin des Tuileries, tables, buffets et tentes. Et pour que le lecteur puisse se représenter la taille de ces tables, nous lui dirons que placées à la suite, elles atteindraient 7 km de long, soit la distance séparant la gare du Caire de celle de Choubra[158]. Ce qui obligea les organisateurs à employer le téléphone, les bicyclettes et les automobiles pour passer les commandes à un rythme alerte. On y employa 150 serveurs pendant deux jours, uniquement à dresser les tables et à y disposer nappes, serviettes et couverts, pendant que 300 cuisiniers s'activaient dans 12 cuisines. Si l'on y ajoute les marmitons, les maîtres d'hôtels et sommeliers, on obtiendra un personnel dix fois plus nombreux et atteignant les 3 000 personnes.

Hommage aux maires ! Qu'ils soient d'Égypte ou de Paris, ils sont toujours aux premières loges lors des banquets, experts en bonnes tables, habiles à repérer toujours les morceaux de choix, virtuoses dans l'art de s'attirer des invitations pour avoir leur place au festin. En cas d'échec, ils se replient sur les lois de l'hospitalité qui leur garantissent une copieuse collation, ou se consolent avec une visite qui leur vaudra un cadeau. Un homme a-t-il achevé de construire sa maison, et les voilà aussitôt lui demandant d'arroser l'événement par un bon gueuleton ; si d'une maison il devient le propriétaire, ils ne manqueront pas d'être là à l'heure où l'on pend la crémaillère[159] ; si notre homme se marie, les voilà ripaillant au banquet de la noce et faisant chère lie ; lui vient-il un nouveau-né, ils dévoreront à belles dents les mets mitonnés en l'honneur de l'accouchée ; vient-on à raser les cheveux du nourrisson et cherche-t-on à exorciser sa turbulence, et les voilà présents au sacrifice du mouton ; à la circoncision, aucune excuse ils ne toléreront et s'ils n'obtiennent leurs agapes, ils exigeront du juge qu'il vous attrape. Parvient-on à leur échapper et revient-on à son pays natal, point de salut si l'on n'offre à ces messieurs, au retour, un régal ; puis lorsqu'on s'en va au cimetière, les héritiers se devront de les convier au repas funéraire. Enfin le temps viendra où ce sera leur tour[160].

Rien d'étonnant donc à ce qu'ils soient gens d'expérience en matière de dégustation et de bombance, dévorant à belles dents, avalant à petites gorgées, sirotant, lapant et s'adonnant aux franches lippées. Illustres connaisseurs en bonne chère, nul ne les vaut pour ce qui est de savourer, de goûter, de se lécher les babines avec délectation, ni pour croquer et grignoter ; nul ne sait comme eux se goberger, se gaver de friandises, élire les morceaux les plus exquis, broyer à pleines mâchoires, sucer jusqu'à la moelle, tout en faisant crisser ses molaires, claquer sa langue, avec force bruits de succion et de déglutition, de gargouillis et autres borborygmes.

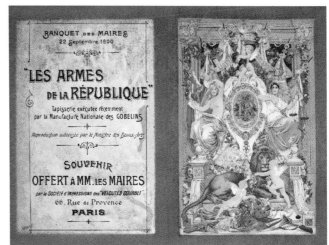

Voici une liste qui vous éclairera sur une partie de ce que consommèrent ces messieurs : 660 000 pains, 22 000 bouteilles de vin ordinaire, 11 000 de vin de qualité supérieure, 7 000 de champagne, 10 000 bouteilles d'eau, 1 500 faisans*, 2 500 oies, 2 500 kg de poisson, 3 000 kg de la meilleure viande de bœuf, 4 000 pièces de volaille, etc. Mais arrêtons-nous là car la seule mention de tout ce qui précède suffit à nous rassasier pour plusieurs mois à venir.

Les Européens et beaucoup de leurs imitateurs parmi nous aiment railler à outrance des paysans et des gens de nos campagnes. Souvenons-nous de toutes les blagues dont les bévues des maires font l'objet dans les pays de la civilisation raffinée et de l'élégance. Mais je me bornerai ici à une seule anecdote : ils étaient donc assis à leurs tables, selon le département et la municipalité dont ils relevaient et, pour éviter qu'ils ne s'égarent en route à l'heure où les ventres affamés n'ont point d'oreilles devant boissons et plats, on avait placé sur les tables de jolis supports en cuivre surmontés d'une carte indiquant le nom de la municipalité et servant donc de repère au milieu de cette cohue immense. Une fois qu'ils eurent mangé et surtout bu en abondance, une fois que le vin vieux eut fait tourner les têtes et le vin frais grisé les esprits, voilà nos maires saisissant support et cartes, les fixant à leur chapeau, et s'élançant pour former un joyeux cortège de par les rues, criant, s'égosillant, chantant, fredonnant, titubant, vacillant et faisant irruption dans l'Exposition au milieu de ce beau vacarme. En tête de chaque groupe se tenaient les préfets et les maires des grandes villes, avec leurs habits de cérémonie, la poitrine arborant médailles et décorations et ceinte de l'écharpe tricolore, leur entrée en cet état provoqua l'ahurissement, puis un grand éclat de rire général.

Conclusion

Dans ces quelques feuillets, j'ai tenté de représenter à mon lecteur des bribes de ce qui s'était gravé en moi, à partir de ce que j'avais pu observer. Quant à une relation exhaustive, elle demeure hors de portée, et cela pour quiconque. Je conserve nombre de notes éparses et d'anecdotes, des bouts de commentaires et de réflexions dont la publication nécessiterait des volumes entiers, sans compter le temps et l'argent qu'il faudrait y dépenser : deux choses qui (Dieu merci !) ne sont pas à ma disposition actuellement. Mais peut-être arriverais-je, avec l'aide des jours, à les mettre en valeur, en les ordonnant et redistribuant, affaire que j'abandonne aux soins de la fortune.

On en aura dit assez en soulignant que cette Exposition pour laquelle ont été consumés des millions de quintaux de pièces d'or a rassemblé les plus récentes inventions des hommes de science et vu la collaboration de tant de gens de savoir et de savoir-faire, de toutes races et de tous rites, qu'elle a dépassé toutes les attentes, impressionnant toutes les imaginations, déroutant les esprits, exténuant des corps, et offrant au XIXe siècle le plus grandiose des dénouements.

J'ai adopté ici un nouveau mode d'expression qui n'est peut-être pas du goût de ceux qui s'entichent de vieilles traditions et qui, obnubilés par leurs procédés désuets, ignorent les énormes progrès réalisés de par le monde. Chacun sait, qu'il soit de l'élite ou du peuple, que l'opinion de ce groupe rétrograde m'indiffère absolument. C'est au public qu'il revient de juger. Qu'il me suffise d'avoir ouvert la voie. À la jeune génération sur laquelle reposent nos espoirs, de poursuivre l'entreprise. Car le temps va de l'avant et toute nation qui ne participe pas à cette avancée dans la course aux idées quitte le chemin de la vie civilisée et n'est plus vouée qu'à la déchéance et à la ruine.

Tel est bien, cher lecteur, le mal dont souffrent l'Orient et les Orientaux. Il est du devoir des plus doués d'entre eux d'en prendre conscience, après leurs longues veilles pour lui trouver enfin un remède efficace, afin de restaurer la gloire de leurs pères, de redonner à leur Orient bien-aimé son ancienne puissance pour que le soleil de la Pensée l'illumine de tout son éclat comme l'astre du jour y brille de tout son lustre.

Mon espoir est que la jeune génération parvienne à combattre cette tradition erronée et vieillotte qui nous entraîne à des fioritures et enjolivures, où la signification est asservie aux vocables clinquants et condamnée à les suivre, en esclave humiliée, au gré de leur caprice et de leur pédantisme. Si nos amis, hommes de lettres et de talent, réussissent à faire de l'écriture une forme de discours naturel et accessible, où les vocables viennent habiller les significations sans surenchère, ni longues queues traînant à l'arrière sans nécessité, s'ils parviennent à choisir les tournures les plus adéquates, les plus proches du goût commun, les plus intelligibles (comme c'est le cas dans les langues vivantes qui contribuent au progrès de leurs peuples et comme le requièrent nos besoins à l'époque actuelle), nous pourrons, en pleine confiance, sourire à l'avenir. Voilà en quoi réside, je vous l'assure, la véritable éloquence.

Quant à en rester aux règles que se sont tracées les Anciens pour répondre aux besoins de leur époque, ou vouloir à toute force (et vainement!) imiter leur style dont le rôle est passé avec le passage du temps, c'est manquer à ce que nous nous devons à nous-mêmes, à notre langue et à notre avenir. Plus encore : c'est signer de notre main la condamnation de notre pays et de notre savoir à la déchéance et au néant.

Dieu nous protège des issues funestes et du retour désastreux à la condition primitive !

Maintenant, place à un profond soupir, pour clore ces lignes et inviter les grands cœurs à la méditation :

– (…)

Pour ces lettres, elles se refusent, on l'aura constaté, au plagiat ou à la traduction vers l'arabe, sauf dans certains cas inévitables, comme pour les statistiques qu'il faut bien citer d'après les sources. À cette exception près, ma plume n'a puisé que dans mon expérience et mes observations. Dans chaque ligne que j'ai tracée, dans chaque pensée que m'a inspirée ma fantaisie, ma vision a été égyptienne, arabe et orientale. Je pense avoir traité chaque sujet avec toute l'attention et la recherche qu'il méritait, associant le lecteur tantôt à mes émotions et à mon admiration, tantôt à mon aversion et à ma stupéfaction. C'est un style d'écriture, à mon sens, plein de vie, et qui traduit au plus près la vérité d'un sentiment, la justesse d'une sensibilité. Et c'est une démarche à laquelle je convie les meilleurs écrivains – surtout s'ils se rendent en Europe et contemplent la grandeur de la civilisation moderne –, de telle sorte que nous puissions influer sur la masse des lecteurs et des auditeurs et que s'amorce, dans notre nation, un renouveau d'idées qui entraînera les plus grandes actions et nous permettra d'accéder à une gloire authentique.

C'est alors que nos fils seront fiers de nous à juste droit, comme nous l'avons été de nos aïeux, dont nous ne faisons jusqu'à présent que chanter les hauts faits et la renommée : comble de mépris à l'égard de nous-mêmes ! Ah ! si seulement ces mots pouvaient avoir une résonance dans les esprits et un effet sur les cœurs ! Si nous pouvions renoncer aux futilités et à l'hébétude pour nous embarquer sur les nefs du travail et de l'effort ! C'est alors, et seulement alors, que les autres auront foi en notre sincérité ! Dieu le veuille !

Ahmad Zaki

FÊTE
DU
3·NOVEMBRE·1900

EXPOSITION UNIVERSELLE DE 1900

CATALOGUE·OFFICIEL DE·LA SECTION·ALLEMANDE

Ahmad Zaki
et la culture orientale allemande

Sabine Mangold-Will

«L'étude de l'histoire, de la culture et des langues orientales a connu un essor incontestable en Allemagne. Il faudrait sans doute procéder à des statistiques comparées pour montrer que cet essor a été, sinon aussi important, du moins plus fort encore qu'en Angleterre ou en France où l'on a depuis toujours montré un vif intérêt pour ce type d'études […].» C'est sur cette note de satisfaction et de confiance que l'*Orientalistische Literatur-Zeitung* (OLZ) [*Journal de littérature orientaliste*], fondé en 1898, introduisait dans son premier volume le bilan de la situation des études orientales en Allemagne[1]. Cette année-là, qui fut celle du fameux voyage en Orient de l'empereur allemand Guillaume II, l'*OLZ* n'était nullement seul à défendre ce constat. Dès 1883, l'orientaliste français James Darmesteter reconnaissait que, «si l'on rangeait d'un côté tous les orientalistes de l'Allemagne moderne et de l'autre tous ceux du reste de l'Europe, […] c'est encore du côté des Allemands que seraient les gros bataillons[2]».

Comme tous les commentaires de ce genre sur la supériorité de la science allemande après 1871, ce jugement émis par «l'ennemi juré» de la France s'inscrivait, on le sait, dans le contexte de la défaite dramatique de la grande nation française dans la guerre franco-allemande de 1870-1871. Ce n'était pas tant la supériorité des canons de Krupp ou de l'appareil militaire allemand, ainsi que l'affirmait une analyse très répandue en Allemagne comme en France, qui aurait permis la victoire en France, mais le «maître d'école allemand[3]» et la science allemande. Ou encore, comme le formulait Darmesteter: «L'Allemagne se couronnait d'avance dans ses savants, avant de saisir la couronne impériale par le fer et le feu[4].»

Au moment de la fondation de l'Empire, bien que cela n'eût absolument aucun caractère d'évidence, les orientalistes allemands pressentaient déjà de manière tangible ce qui allait se passer environ un quart de siècle plus tard, à savoir que les études orientalistes feraient partie des disciplines qui allaient fonder la réputation de l'Allemagne comme la plus grande nation scientifique du monde. En 1871, c'est sur le ton de la mise en garde que la Société orientale allemande [Deutsche Morgenländische Gesellschaft] (DMG), fondée en 1845 sur le modèle de la Société asiatique, faisait savoir que les Français, «jusqu'à une époque très récente, avaient mis énormément d'énergie et de diligence à cultiver toutes les branches des sciences orientales […] et qu'à l'avenir encore, la France allait tout faire pour maintenir l'activité de ses sciences orientales aux sommets qu'elle avait atteints jusque-là[5]». Pourtant, après 1900, il ne restait plus guère de trace de ce complexe vis-à-vis de la «science française». Les orientalistes allemands étaient désormais certains qu'il «fallait étudier […] les langues orientales en Allemagne[6]».

Le compte rendu que rédigea le haut fonctionnaire, voyageur et écrivain égyptien Ahmad Zaki sur l'Exposition universelle de 1900 à Paris démontre nettement à quel point cette image, à la fois

Catalogue officiel de la section allemande, page de couverture. Berlin, Imprimerie impériale, 1900.

Exposition de livres dans
la section allemande, 1900.
Paris, BNF.

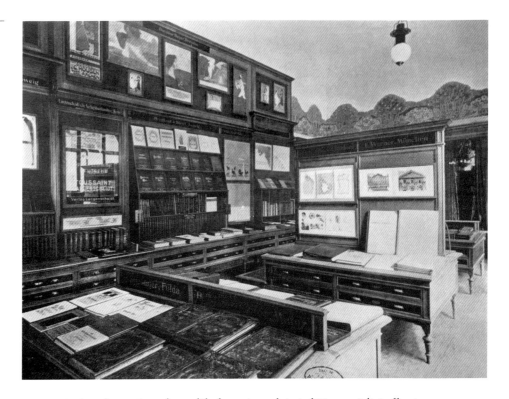

auto-instituée et façonnée sur le modèle français, traduisait déjà une réalité effective au tournant du siècle. Ahmad Zaki utilisa l'Exposition universelle aux fins pour lesquelles elle avait été pensée : il s'y informa abondamment sur l'Allemagne où il n'avait encore jamais été – c'est du moins l'impression que donne son compte rendu. La dernière partie de son récit de voyage est en effet largement consacrée à l'Empire allemand et tente de faire connaître à ses lecteurs égyptiens les conquêtes techniques et intellectuelles des Allemands. Pourtant, qui donc pouvait soupçonner que, derrière le surtitre « Particularités des productions allemandes » précisément, ne se cachait pas seulement un éloge confondant de la science orientaliste allemande, mais aussi une lamentation empreinte d'un profond pessimisme culturel ? « Le commerce des livres. Le monopole allemand sur l'impression des livres arabes. Certains ouvrages arabes rares et précieux ont été imprimés en Allemagne. Première impression du Coran en Europe puis dans les pays musulmans. Lamentations et regrets. » Cette entrée, figurant au sommaire de son compte rendu sur l'Exposition universelle parisienne, soulève une question : quelle fonction avait, pour Ahmad Zaki, ce chant de louange à la gloire de la science orientaliste contemporaine allemande ?

Savoir que leur supériorité nationale et culturelle était aussi reconnue par ceux dont les langues et la culture – historiques et contemporaines – représentaient le centre de leur intérêt scientifique aurait sans aucun doute comblé de satisfaction les orientalistes allemands, eux qui, il est vrai, avaient toujours exprimé l'espoir de contribuer à « l'éveil » de l'Orient et à la réunion des cultures européennes et orientales[7]. C'est empli d'admiration mais aussi lourd d'un sentiment d'humiliation que l'auteur du livre *L'Univers à Paris* notait : « *Ce qui distingue l'édition en Allemagne, c'est qu'elle s'est acquis un quasi-monopole sur les livres orientaux.* » (p. 228) Dans ce constat, Ahmad Zaki faisait allusion à l'une des résultantes des études orientales en Allemagne qui, aujourd'hui, reste bien trop souvent négligée par les histoires de la discipline : c'est grâce à la matérialité de ses travaux d'édition que l'Égyptien put avoir accès à la science orientale. En effet, les éditions scientifiques allemandes, à bien des égards, ne se contentaient pas d'assurer la seule transmission des textes en favorisant le recueil de manuscrits oubliés – « vestiges dont nous ignorons presque tout et jusqu'à l'existence », comme l'écrivait Ahmad Zaki, sur un ton accusateur. Certaines de ces éditions représentaient aussi par la seule qualité de leur impression et de leur reliure des artefacts artistiques. Ainsi, en tant que science éditoriale, la philologie était-elle aussi créatrice d'objets culturels qui, à leur tour, formaient les supports et les édifices d'une circulation globale du savoir.

Or l'inquiétude d'Ahmad Zaki provenait précisément de cette confrontation avec les résultats matériels de la science orientale pratiquée en Occident (et non de sa confrontation avec les chercheurs occidentaux ou leurs institutions). Car il se demandait ce que le monde non arabisant et non musulman pouvait bien faire au juste de ces « lieux de mémoire » de l'histoire culturelle arabo-musulmane, en quoi il pouvait en avoir usage et besoin. « Eux [...] les impriment, en tirent profit sur le plan financier, scientifique et moral. [...] Certes, nous pouvons comprendre le souci qu'ont les Allemands et autres peuples d'Europe à imprimer ces ouvrages utiles, pour le motif qu'ils traitent d'histoire, de géographie, de divers arts, voire de notre langue et de notre littérature. Nous pouvons nous dire aussi que c'est leur avancée dans la voie du progrès qui les y pousse. Et nous voilà consolés de notre retard dans ce domaine. » (p. 229) Encore très loin de reprocher à la science orientale de contribuer à orientaliser l'Orient, Ahmad Zaki, à cet endroit de son texte, entérinait l'(auto-)évaluation de cette science allemande qui se considérait partie prenante du mouvement et du développement d'une culture et d'un progrès dirigés vers le profit et l'utilité. Il n'oubliait certes pas de faire remarquer à ses lecteurs de façon tout à fait pragmatique que la production de livres scientifiques représentait une branche de la production industrielle et la promesse d'un bénéfice financier dont l'imprimerie égyptienne du khédive à Bulaq pourrait également jouir, si elle se décidait, elle aussi, à cultiver cette activité commerciale. Mais, dans sa manière de formuler les choses, résonnait avant tout l'écho du discours encore en vigueur autour de 1900 sur l'« utilité » non matérielle d'une science dont la tâche consisterait à générer, dans un même temps, un « profit sur le plan [...] moral » (p. 228), c'est-à-dire à créer de la valeur. Par-delà cette vision fonctionnaliste, Ahmad Zaki confirmait en outre la prétention revendiquée par la science européenne et allemande d'incarner une valeur culturelle propre : seule une société qui, sur un plan scientifique, se confrontait vigoureusement aux textes et aux objets de savoir passés était, à ses yeux, une société moderne, parce que progressiste.

Si remarquable que paraisse autour de 1900 cette vision de la science orientale allemande de la part d'un Égyptien cultivé, la chute vers laquelle tendait tout son texte de présentation est, quant à elle, à proprement parler stupéfiante : tout au long de son récit, Ahmad Zaki ne cesse d'alerter ses lecteurs égyptiens et ses compatriotes en leur présentant sous les yeux le miroir de la civilisation européenne. Pourtant ce qui, en premier lieu, l'ébranla le plus intimement dans son identité fut, on l'a dit, la découverte de la production matérielle de livres arabes en Allemagne qui dépassait en nombre et en beauté tout ce que ce spécialiste de la littérature arabe connaissait déjà : « Mon Dieu, quel chagrin j'éprouve en comparant la beauté de leurs publications à ce qui se fait chez nous ! » (p. 230) Il reçut littéralement un choc lorsqu'il dut constater que, dans sa progression, l'intérêt des Européens et en particulier des Allemands pour l'Orient avait fini par englober aussi la religion de l'islam. Du point de vue d'Ahmad Zaki, la science allemande s'emparait là non plus seulement d'un bien public appartenant à l'humanité tout entière, tel que l'histoire, la géographie, l'art ou la langue arabe, mais elle touchait à ce qui appartenait éminemment en propre aux Arabes, à ce qui était spécifiquement arabe, à ce qui leur était proprement sacré : « Mais quelle excuse nous inventer à la supériorité qu'ils se sont acquise dans ce qui compte parmi les fondements même de notre religion ? [...] Mais, mais, mais, que diront les grands savants de l'Orient, les plus éminents ulémas, qui n'ont d'autres fonctions dans la vie que le service de la religion musulmane et la défense de la noble foi, ne rougiront-ils pas de honte (face à eux-mêmes, à leur profession – source de leur prestige –, à leur Prophète et à leur Dieu) [...] ? [...] Quelle débâcle, mon Dieu, mais quelle débâcle ! » (p. 229-230)

Or ici se fait jour enfin le rôle qu'Ahmad Zaki entendait assigner à cet hymne à la gloire des sciences orientales allemandes. Il ne lui donnait pas d'autre fonction que celle-ci : porter plainte contre l'élite traditionnelle de son pays. L'apogée de la science orientaliste en Allemagne représentait pour lui un mauvais présage et annonçait l'échec de sa propre société. Il s'agissait, pour lui, de sortir de sa léthargie la société égyptienne – ou plus exactement sa couche culturelle, il s'agissait de l'enjoindre à se réformer en lui mettant sous les yeux, de façon extrêmement provocante et avec un cynisme à peine contenu, ses propres manquements. Si bien que, comme un moulin à prières, il reposait sans cesse cette même question rhétorique du devoir et du travail des savants égyptiens, spécialistes du droit et de la religion à l'université d'al-Azhar.

Afin que tous ses lecteurs jusqu'au dernier puissent percevoir sans équivoque cette dénonciation de l'échec de l'élite intellectuelle égyptienne et expliquer avec quelle profondeur les Allemands s'étaient déjà approprié l'islam, Ahmad Zaki présenta, au titre de pièces à conviction, trois livres allemands dont les premières éditions remontaient à 1846 déjà. Les ouvrages étaient les suivants : l'exégèse coranique d'al-Baydawi, l'édition des hadiths par al-Bukhari et... le Coran. Du point de vue d'un musulman sunnite, cette liste correspond aujourd'hui encore au canon minimal de l'islam : les écritures saintes du Coran, un commentaire du Coran et une collection des traditions du prophète Muhammad. Du point de vue de l'historiographie des études orientales en Allemagne, elle apparaît en revanche déconcertante. Car elle contredit l'image communément admise selon laquelle, en Allemagne, l'islam n'aurait été qu'un objet subalterne au sein des sciences orientalistes. Dans *L'Univers à Paris*, un musulman, qui était aussi un réformateur politique, traçait un tableau de la science orientaliste allemande et mettait l'accent sur son intérêt pour la religion de l'islam justement. Sans omettre la fonction de provocation qui, en toute fin, déterminait la description de Zaki, ce regard contemporain devrait toutefois requérir un déplacement de notre perception : aux yeux des contemporains, la philologie orientaliste allemande passait assurément aussi pour une science de l'islam et cela, bien avant qu'Ignaz Goldziher, Carl Heinrich Becker et Martin Hartmann n'en aient forgé le concept. Ce regard extérieur, regard d'un homme qui faisait lui-même partie du milieu culturel que les orientalistes étudiaient, rappelle une idée que Robert Irwin fut le premier à émettre[8] : dans le choix de leurs thèmes, les orientalistes occidentaux furent, en effet, bien plus influencés par le canon textuel et thématique des peuples orientaux eux-mêmes qu'ils n'ont bien voulu ou ne veulent encore le reconnaître.

Mais quelles étaient ces trois éditions allemandes qu'Ahmad Zaki érigeait sous les yeux de ses lecteurs compatriotes comme des mémoriaux de leur honte et comme des monuments à la gloire de la science orientale allemande ?

Le Commentaire du juge al-Baydawi

« *Le Commentaire* du juge al-Baydawi, à Leipzig en 1847, y ajoutant un index des mots étrangers, des termes, des noms propres d'hommes et de femmes, des toponymes et une notice sur les doctrines religieuses, les sectes et les passages de référence. »

L'édition du célèbre commentaire du Coran d'al-Baydawi, spécialiste du droit shafiite et juge dans le Chiraz perse au XIIIᵉ siècle, bien qu'elle ne soit plus guère prise en considération par l'histoire des sciences aujourd'hui (et reste, de ce fait, à peine étudiée), était une œuvre d'une extrême importance de l'un des plus célèbres orientalistes du XIXᵉ siècle, Heinrich Leberecht Fleischer (1801-1888)[9]. Lorsque Fleischer commença son travail sur al-Baydawi, il n'était encore qu'un obscur étudiant de l'École des langues orientales vivantes à Paris et suivait l'enseignement de celui qui, par la suite, allait devenir un très célèbre orientaliste, Antoine-Isaac Silvestre de Sacy. Sacy avait attiré l'attention de son étudiant allemand sur le manuscrit d'al-Baydawi, conservé dans la Bibliothèque de Paris redevenue royale à l'époque. Fleischer commença à recopier ce texte entre avril 1826 et octobre 1827. Il travaillait avec la minutie du philologue. Dans les lettres qu'il écrivait de Paris, il notait à ce sujet : « Désormais, j'ai le Baydawi au corps et, inversement, lui m'a au corps. Le vieux [il s'agit de Silvestre de Sacy] nous a indiqué la semaine dernière comment recopier des scolies et j'y ai déjà passé une quantité considérable de papier[10]. » Revenu en Allemagne, Fleischer compara ses copies françaises avec les textes d'al-Baydawi conservés à Leipzig et Dresde, il les collationna et édita finalement *Le Commentaire* chez F. C. W. Vogel, éditeur à Leipzig. Il ne publia son édition finalement qu'en 1846-1848, alors qu'il était depuis dix ans déjà professeur en philologie orientaliste à l'université de Leipzig. Tout ce temps passé permet de mesurer l'ampleur

Exposition de livres dans la
section allemande, 1900. Paris,
BNF.

et la rigueur de son travail. Fleischer, qui jusqu'alors n'avait publié que des ouvrages d'histoire littéraire et de philologie arabe, s'imposa alors aussi comme un connaisseur de l'islam. À l'issue de son travail sur al-Baydawi, il incita ses étudiants – notamment Ignaz Goldziher, juif originaire de Budapest, à s'initier à « l'histoire et aux institutions de l'islam », en particulier au « droit mahométan[11] ».

Si, au cours de sa visite de l'Exposition universelle, Ahmad Zaki avait réellement vu l'édition de Fleischer sur une table de présentation de livres allemands, il aurait eu alors sous les yeux un épais livre en arabe et en latin, sobrement présenté[12]. Il se peut fort cependant qu'il ne l'ait pas vu[13] et qu'une autre hypothèse s'avère bien plus probable : comme Zaki l'écrivit lui-même, *Le Commentaire* d'al-Baydawi transcrit par Fleischer fut réimprimé au Caire autour de 1870 dans une édition de morceaux choisis. Cette édition, comparée à celle de Leipzig, n'était donc pas seulement incomplète, elle était aussi visiblement imprimée avec négligence. Contre un tel « laisser-aller », quelle meilleure stratégie se présentait à Zaki que de mettre sous les yeux des éditeurs égyptiens l'édition complète, pourvue en outre d'explications : « utile, facile à manier » – et ainsi plus apte à susciter, aussi bien en Égypte qu'en Europe, une compréhension véritablement éclairée de la religion de l'islam et de « la noble foi ».

« *Discours exact* de Bukhari en 1862 »

La seconde édition qu'il convoqua pour attester de l'expertise éclairée des orientalistes allemands en matière de connaissance de l'islam révèle à quel point les choix de Zaki se fondaient non pas seulement sur les textes canoniques islamiques eux-mêmes, mais aussi sur la forme sous laquelle ces textes existaient également en tant que produits de l'imprimerie khédiviale à Bulaq. Cette fois encore, l'édition qu'il retint n'était pas récente ; en revanche, elle se distinguait par sa beauté. Il s'agissait de l'œuvre majeure de Bukhari intitulée *al-Dashami as-Sahih* éditée par le professeur Ludolf Krehl qui, lui aussi, résidait à Leipzig[14]. L'édition de ce recueil canonique de hadiths réalisée par Krehl – aujourd'hui pour ainsi dire totalement tombée dans l'oubli – fait partie de ce que les études orientalistes allemandes du XIXe siècle ont produit de plus séduisant d'un point de vue

Camille Piton, *Intérieur du pavillon de l'Allemagne*, aquarelle, 1900. Paris, BNF.

esthétique. Car Krehl n'avait pas conçu une édition scientifique avec des commentaires, des explications et des appendices, il avait imité un manuscrit arabe. La première page du premier chapitre est bordée d'un discret mais ravissant cadre de couleur, fait de motifs de tulipes stylisées tandis qu'une autre bordure luxuriante vient encadrer et orner la *basmala*. Ludolf Krehl (1825-1901)[15], qui depuis 1861 était professeur extraordinaire de langues orientales à Leipzig et membre du présidium de la DMG, fait partie des représentants d'une science de l'islam avant la lettre, aujourd'hui parfaitement oubliés, bien que cet élève de Heinrich Leberecht Fleischer ait consacré une grande partie de sa vie à l'enseignement de l'islam, à ses représentations de la prédestination et de la foi ainsi qu'à la vie de Muhammad. Mais parce qu'il est resté largement prisonnier d'une représentation positiviste dans le sillage à la fois de l'herméneutique philologique et de l'autoreprésentation des musulmans, il est aujourd'hui le plus souvent ignoré de l'historiographie de la discipline qui préfère se concentrer sur les innovations et les changements de paradigmes. Cette omission est d'autant plus regrettable que Krehl a tenté des interprétations de l'islam « qui ne visaient plus l'approche polémique suscitée par le jugement négatif encore en vigueur de l'Église, mais s'efforçait à une reconnaissance dépourvue de préjugés de cette grande religion étrangère et de ses fondateurs[16] ». Ahmad Zaki compara l'édition de Krehl – laquelle, au demeurant, ne parut pas en Allemagne mais à Leyde dans la maison d'édition Brill – avec une édition imprimée à Bulaq apparemment en 1280, c'est-à-dire autour de 1863. Mais Ahmad Zaki passe sous silence l'édition, qui pourtant fait autorité aujourd'hui, de son compatriote égyptien Ali ibn Muhammad al-Yunini, imprimée en 1893-1894 à Bulaq. Était-ce là une vengeance tacite ? Une manière de critique ? Ou simple ignorance ? Des recherches plus poussées devraient pouvoir faire la lumière sur ce point.

« Le glorieux Livre de Dieu dans une édition très soignée et très belle »

L'argumentation d'Ahmad Zaki atteignit son sommet lorsqu'il constata dans un sentiment de fascination effarée – où étaient encore perceptibles l'admiration et la stupéfaction – qu'une édition du Coran paraissait depuis le tout début du XIXe siècle en Allemagne justement, et que cette édition faisait toujours l'objet de nouveaux tirages. Pour élucider l'identité de cette édition, nous sommes réduits à des hypothèses car, cette fois encore, Ahmad Zaki non seulement passe sous silence le nom de l'éditeur mais, en l'occurrence, ne livre aucun indice sur le lieu ou la date de la publication.

Il y avait, en effet, en Allemagne une très vieille tradition d'édition du Coran. Toutefois il n'y eut qu'une seule édition qui, tout au long du XIXe siècle, fut sans cesse réimprimée au même endroit, chez le même imprimeur et par le même éditeur. Il est fortement vraisemblable qu'Ahmad Zaki ait pensé au « Coran ailé[17] » tout en méditant sur les voies insolites choisies par Dieu pour répandre la nouvelle de la révélation. Cette édition du Coran du XIXe siècle, extrêmement célèbre et longtemps sans concurrence, devait son nom à son éditeur Gustav Leberecht Flügel (1802-1870)[18]. Gustav Flügel ne partageait pas seulement avec Heinrich Leberecht Fleischer, incomparablement plus célèbre aujourd'hui, le même second prénom, les mêmes dates et lieu de naissance en Saxe. Tous deux étaient en outre des amis proches depuis leur plus tendre enfance où ils s'étaient rencontrés sur les bancs de l'école à Bautzen. Comme Fleischer, Flügel s'était également rendu à Paris dans les années 1820 pour y étudier l'arabe auprès de Silvestre de Sacy. Mais à la différence de Fleischer, lumineux et pétillant, Flügel, atteint d'une affection pulmonaire, ne réussit jamais à prendre pied dans une université. Il fut nommé par voie hiérarchique enseignant à l'école princière de Saint Afra à Meissen et le resta. Toutefois, sa réputation auprès de ses collègues orientalistes de sa génération n'eut pas à en pâtir. Ceux-ci étaient parfaitement conscients que Flügel, qui entretenait de bonnes relations avec la presse et le monde de l'édition de Saxe, avait le pouvoir d'infléchir l'opinion publique en faveur de leurs travaux et de défendre leurs points de vue. On doit aussi à Flügel d'avoir rédigée la première entrée dans une grande encyclopédie de l'époque consacrée à la promotion d'une nouvelle science orientaliste ainsi que des notions-clés de sa construction discursive : loin de sa subordination à la recherche en théologie – ainsi que l'écrit Flügel dans l'*Allgemeine Encyklopädie der Wissenschaften und Künsten* [*L'Encyclopédie universelle des sciences et des arts*] –, la nouvelle science orientaliste se distinguait par de nouveaux contenus – établis à partir d'une combinaison de l'arabe, du persan, du turc et du sanskrit –, par de nouvelles méthodes – celles de la philologie – et par de nouveaux ambassadeurs : les savants ayant étudié à Paris auprès Silvestre de Sacy ou, à défaut, au moins auprès de l'un de ses élèves[19]. Est-il nécessaire de préciser ici que Gustav Flügel lui-même remplissait tous ces critères ?

À son retour de Paris, il publia en 1834 son édition du Coran sous le titre *Corani textus arabicus* chez un imprimeur et éditeur de Leipzig, Tauchnitz. Dans les années qui suivirent, en 1841, 1858, 1869 et 1883, celle-ci fit l'objet de nouvelles réimpressions[20]. Ce qui expliquait son succès était que Flügel avait conçu une édition scientifique dans laquelle, pour la première fois, étaient intégrées les premières connaissances sur l'histoire du texte. Dans les années suivantes, les orientalistes venus de toute l'Europe se référaient à l'édition de Flügel ce seul fait pourtant n'explique pas qu'il y ait eu autant de retirages de cette édition. Flügel était un philologue minutieux, mais il avait aussi un éditeur très compétent. Carl Christoph Traugott Tauchnitz était l'un des rares libraires de Leipzig à posséder ses propres lettres arabes et celles-ci étaient d'une beauté très convoitée. Or, comment cet éditeur, qui s'était engagé dans un commerce aussi hasardeux, fit-il pour tenter de réduire ses risques et les compenser par des bénéfices ? Tauchnitz trouva pour ce faire une interprétation ingénieuse de son troisième prénom[21] : « Aide-toi et Dieu t'aidera », et il fit en sorte qu'à côté de la première édition commentée par Flügel, fût aussi imprimée une petite édition en arabe seulement. Ainsi que Heinrich Leberecht Fleischer le constatait et le reconnaissait à juste titre, l'édition du Coran de Flügel « tenta sa chance » à Paris et « rien ne pourrait arriver de mieux à Tauchnitz si, à présent, elle se frayait aussi un chemin en Orient. C'est à cette dernière fin qu'ont été imprimés ces exemplaires en arabe seul, sans les appendices en latin[22]. » On ne sait malheureusement rien d'un succès concret de l'édition de Flügel en Orient. Mais la remarque d'Ahmad Zaki fournit au moins l'indice que l'entreprise du vaillant Tauchnitz fut couronnée de succès. Tous les exemplaires de l'édition du Coran de Flügel ne furent donc pas « vite épuisés – sur leur marché intérieur », comme le supposait Ahmad Zaki. Il en restait aussi un bon nombre à Paris et dans le reste de l'Europe tandis que d'autres encore tentaient leur chance en Orient. De cette manière – cependant très différente de celle qu'Ahmad Zaki suggérait à ses lecteurs arabes, dans son irritation et sa volonté de provoquer –, les éditions allemandes du Coran de Gustav Flügel contribuèrent secrètement à faire « que Son illustration et la glorification de Sa parole s'accomplissent à notre époque grâce à des non-Arabes d'Occident, comme elles se sont accomplies à l'apogée de l'islam grâce à des non-Arabes d'Orient ».

Lorsqu'en 1912 les orientalistes se rencontrèrent à Athènes pour le XVIe Congrès international des orientalistes, Ahmad Zaki était aussi présent parmi ces visiteurs ou intervenants savants. Dans

Camille Piton, *Pavillon de l'Allemagne, phare de Rothensand*, aquarelle, 1900. Paris, BNF.

son compte rendu du Congrès, Carl Heinrich Becker, chercheur orientaliste devenu par la suite ministre de la Culture de Prusse, se souvenait de « Ahmad Zaki à qui revenait le mérite d'avoir découvert des manuscrits de grande valeur à Constantinople » ; mais il se souvenait aussi que l'Égyptien, « à chaque séance de la section – et pas seulement la nôtre – [s'arrogeait] à peu près la moitié du temps disponible pour discuter dans ses moindres détails chaque découverte[23] ». Ainsi, douze ans après l'Exposition universelle de Paris, au bout de douze années passées à méditer sur les répercussions des résultats de la recherche orientale allemande et européenne dans le monde arabo-musulman, Ahmad Zaki exigeait désormais d'être lui-même considéré comme un membre de cette communauté savante. Le commentaire de Becker laisse clairement entendre qu'il n'y parvint que de manière relative. Dans notre contexte, un autre élément cependant est d'une certaine importance : douze ans après avoir massivement critiqué l'échec de l'élite éclairée de son pays, il la représentait au Congrès athénien des orientalistes, aux côtés du « prince Fouad, de Artin Jacoub, […], du cheikh Ahmad El-Iskenderi et d'autres » Égyptiens. Ahmad Zaki avait donc atteint son but personnel : il était définitivement reconnu comme un membre non plus seulement de l'élite politique mais aussi de l'élite savante de son pays natal, et paraissait aux côtés des ulémas traditionnels, lesquels, représentés à Athènes par le cheikh Ahmad El-Iskenderi, ne pouvaient plus se défiler devant le prestige de la science de l'Orient et de l'Islam.

L'admiration pour la science orientaliste allemande qu'Ahmad Zaki exprimait dans sa présentation de l'Exposition universelle à Paris ne portait nullement sur un détail isolé. Elle s'inscrivait bien plutôt dans un sentiment général d'admiration pour l'Allemagne wilhelmienne dans son ensemble – même si ce sentiment n'était dépourvu ni d'une certaine crainte ni d'un certain sarcasme. Car, au fond, l'expression de cette admiration n'avait en dernière instance qu'une seule fonction : mettre au défi ses lecteurs égyptiens. Ahmad Zaki entendait les enjoindre à se rallier eux aussi à une semblable activité, conscience de soi et pouvoir, et de cesser de persister, figés dans leur léthargie, dans leur endettement et leur infantilisme dont eux-mêmes étaient responsables. N'est pas moins remarquable l'insistance avec laquelle il met en scène l'Allemagne comme pays de la technique et de l'électrification, de la médecine et des sciences de la nature, du bien-être et de la culture ; mais il est bien plus remarquable encore qu'il brandisse en quelque sorte les éditions arabes et l'intérêt académique pour l'islam en Allemagne comme son ultime atout pour formuler ses doléances. Le véritable défi – qu'il adressait dans un cri à ses lecteurs égyptiens – ne résidait pas dans la réponse à la supériorité mondiale de la puissance politique et matérielle de l'Allemagne ou des Européens en général, le véritable défi adressé au monde arabo-musulman était bien plutôt dans la réponse à l'appropriation intellectuelle et culturelle de la culture et de la religion arabo-musulmane. L'Allemagne n'était pas dangereuse parce qu'elle vendait des machines, des canons Krupp, des hôpitaux militaires, des produits chimiques et toutes sortes d'autres biens dans le monde entier, mais parce qu'elle ingurgitait apparemment l'ensemble du patrimoine spirituel des Arabes. Mais, en cette affaire, l'important n'était nullement les résultats concrets de la recherche de la science orientale allemande. Au demeurant, il est impossible de savoir ce qu'Ahmad Zaki avait réellement perçu de cette dernière. Comme il ne maîtrisait pas l'allemand, ainsi qu'il écrit, l'accès qu'il en avait ne pouvait être qu'extrêmement limité et restreint. Il ne fait état nulle part de résultats de la recherche ou de thèses d'orientalistes allemands, il n'en nomme même jamais aucun par son nom. Il y avait, en effet, autre chose de bien plus important à ses yeux.

Pour Ahmad Zaki, l'évolution de l'humanité se présentait comme une histoire mondiale dont le déroulement se déployait en trois temps : « Dans l'Antiquité, ce sont les Grecs qui se sont illustrés dans la philosophie, au Moyen Âge les Arabes, à l'époque actuelle les Allemands. » D'un côté, sa représentation de la science orientaliste allemande comme usurpatrice de l'érudition arabe était censée expliquer cette évolution, mais, d'un autre côté, en enjoignant les Arabes à imiter la science allemande, il suggérait aussi que la philosophie – en tant qu'essence de la création intellectuelle et de la supériorité d'un peuple – allait bientôt revenir au monde arabo-musulman.

Notes

Mercedes Volait (pages 20-27)

1 Bachir Farès, « Ahmad Zaki », *Revue d'études islamiques*, VIII, cahier 3, 1934, p. 383-392. *2* Anwar al-Guindi, *Ahmad Zaki al-mulaqqab chaykh al-uruba: hayatuhu, arauhu, atharuhu* [Ahmad Zaki, cheikh de l'arabité: sa vie, sa pensée, ses œuvres], Le Caire, Al-muassasa al-misriyya al-amma li-l-talif wa-al-targama, 1963, p. 11. *3* *Ibid.* [ma traduction]. *4* Anouar Louca, *Voyageurs et Écrivains égyptiens en France au XIX*^e^ *siècle*, Paris, Didier, 1970, p. 209-217. *5* Ahmed Issa bey, « Ahmad Zaki », *Bulletin de l'Institut d'Égypte*, XVII, 1935, p. VII-XIX. *6* Arthur Goldschmidt, *Biographical Dictionary of Modern Egypt*, Le Caire, The American University of Cairo Press, 2000, p. 236. *7* James Jankowski, « The Eastern Idea and the Eastern Union in Interwar Egypt », *The International Journal of African Historical Studies*, vol. 14, n° 4, 1981, p. 643- 666. *8* Éric Anduze, « La franc-maçonnerie égyptienne (1882-1908) », *Cahiers de l'Orient*, n° 69, 2003, p. 93-108. *9* Nieves Paradela Alonso, *El otro laberinto español : viajeros árabes a España entre el siglo XVII y 1936*, Madrid, Siglo XXI, 2005, p. 112-125. *10* Fedwa Malti-Douglas, *Blindness and Autobiography : Al-Ayyam of Taha Husayn*, Princeton, N. J., Princeton University Press, 1988, p. 62, 72. *11* Le mot est de Nasser Rabbat, « The Medieval Link: Maqrizi's Khitat and Modern Narratives of Cairo », dans Nezar AlSayyad, Irene Bierman, Nasser Rabbat (dir.), *Making Cairo Medieval*, Lanham, Lexington Books, 2005, p. 29-47. *12* Jean-Loup Amselle, « L'ethnicité comme volonté et comme représentation : à propos des Peuls du Wasolon », *Annales ESC*, mars-avril 1987, p. 465-489. *13* Bachir Farès, *op. cit.* *14* « Aujourd'hui, je puis annoncer que j'ai eu la rare fortune d'acheter un fort beau manuscrit que j'ai payé son pesant d'or: trente petites feuilles pour trente livres sterling », cité dans Mehmed Simsar, « Hishâm ibn al-Kalbi, *The Book of Idols* », *Speculum*, vol. 28, n° 1, janvier 1953, p. 166-169. *15* Irfan Cakin, « Turkish libraries: Historical context », *International Library Review*, vol. 16, 1984, p. 71-77. *16* Anwar al-Guindi, *op. cit.*, p. 109-121. *17* Comité de conservation des monuments de l'art arabe, *Exercice 1920-1924*, Le Caire, Imprimerie nationale, p. 131, 169. *18* Gamal Ghitany, « La traduction arabe d'*À la recherche du temps perdu* est achevée », *Le Monde des livres*, 24 février 2006, p. 2. *19* *Ibid.* *20* Jeune société savante créée en 1909 au Caire à l'initiative d'un groupe de juristes francophones, dont le chartiste et futur ministre Germain Martin (1872-1948). *21* Le texte de la conférence a été publié dans *Égypte contemporaine*, vol. IV, 1913, p. 1-32. *22* Le Caire, Roditi et Cie, 1910. *23* Ahmed Issa bey, *op. cit.* *24* Ahmad Zaki, « Note en réponse aux observations de Herz bey », *Égypte contemporaine*, IV, 1913, p. 398-402. *25* *Id.*, « Le passé et l'avenir… », *op. cit.*, p. 13. *26* *Ibid.*, p. 13. On notera au passage la valeur positive accordée à l'expansion coloniale de l'Égypte. *27* Auteur d'une histoire de l'Égypte sous les derniers mamelouks et les premiers Ottomans, Ibn Iyas est l'un des grands historiens égyptiens, après Ibn Taghri Bardi. Son récit a été traduit par Gaston Wiet sous le titre de *Journal d'un bourgeois du Caire*. Il y raconte avec beaucoup de verve, au jour le jour, les événements petits ou grands qu'un Cairote moyen pouvait apprendre ou observer. *28* Ahmad Zaki, « Le passé et l'avenir… », *op. cit.*, p. 18. *29* *Ibidem*, p. 21. *30* Max Herz, « Quelques observations sur la communication de S. E. Ahmed Zéki pacha, "Le passé et l'avenir de l'art musulman en Égypte" », *Égypte contemporaine*, IV, fasc. 15, 1913, p. 387-398. *31* Ahmed Issa bey, *op. cit.*

Randa Sabry (pages 32-41)

1 Anouar Louca, *Voyageurs et Écrivains en France au XIX*^e^ *siècle*, Paris, Didier, 1970, p. 171. *2* Rifaa al-Tahtawi, *L'Or de Paris*, relation de voyage, 1826-1831 ; trad. de l'arabe, présenté et annoté par Anouar Louca, Paris, Sindbad, 1988. *3* Hasan Tawfiq al-Adl, *Voyage à Berlin* [*Rihla ila Birlin*] et *Lettres de bon présage d'un voyage en Allemagne et en Suisse* [*Rassail al-buchra fi al-siyaha bi Almania wa Swisra*], publiés entre 1887 et 1892. *4* Anouar Louca, *op. cit.*, p. 197-209. *5* Voir notre traduction de sa *Seconde Relation de voyage* [*Al-Rihla al-thaniya*] parue sous le titre *Trois Égyptiens à Paris*, préface de Richard Jacquemond, Clichy, Éditions du Jasmin, 2008. *6* Ahmad Zaki, *Le Départ pour le Congrès* (*Al-Safar ila al-Mutamar*, que l'on peut traduire aussi par *Le Voyage au Congrès*), rééd. et introd. Ayman Fouad Sayed, Le Caire, Éditions égypto-libanaises, 2000. *7* C'est ainsi que Muhammad Abduh leur réserve une place prééminente dans son *Voyage en Sicile*, publié dans la revue *Al-Manar* en 1902. *8* Ahmad Zaki, *Le Départ pour le Congrès*, *op. cit.*, p. 324. *9* *Ibid.*, p. 375-376. *10* Voir notamment Linda Aimone et Carlo Olmo, *Les Expositions universelles. 1851-1900*, Paris, Belin, 1993 ; Christiane Demeulenaere-Douyère, « Images d'expositions : la photographie et l'innovation technique dans les fonds des expositions des Archives nationales », dans Marie-Sophie Corcy, Christiane Demeulenaere-Douyère et Liliane Hilaire-Pérez (dir.), *Les Archives de l'invention. Écrits, objets et images de l'activité inventive*, Toulouse, CNRS-université de Toulouse Le Mirail, 2007, p. 585-594; Jean-Christophe Mabire (dir.), *L'Exposition universelle de 1900*, Paris, L'Harmattan, 2000; Pascal Ory, *Les Expositions universelles de Paris : panorama raisonné*, Paris, Éditions Ramsay, 1982 ; Sylvain Georges, *Sur les traces des Expositions universelles, Paris 1855-1937*, Paris, Parigramme, 2006. *11* Pour un parallèle entre les deux récits, voir notre étude « L'Exposition universelle de 1900 au regard de deux écrivains égyptiens : Muwaylihi et Ahmad Zaki », *Cahiers d'histoire des littératures romanes*, n° 3/4, 2012, p. 285-300. *12* P. 138. *13* P. 236. *14* Autre cible possible : Abou Naddara qui dans son guide *Les Admirables Qualités des Français et la description de Paris* [*Mahamid al-Faransis wa Wasf Baris*] reprend *La France et Paris* de E. M. Felumb, 1891. Voir Anouar Louca, *op. cit.*, p. 322. *15* Anouar Louca, *op. cit.*, p. 221. *16* P. 236. *17* Bibliothèque électronique Al-Mostafa: http://al-mostafa.info/data/arabic/depot3/gap.php?file=1002182pdf. *18* Le Caire, Ein For Human and Social Studies, 2007.

Ahmad Zaki (pages 42-237)

NdÉ : toutes les notes sont de la traductrice, sauf celles précédées de [NA], qui sont d'Ahmad Zaki. Pour des raisons d'état de conservation du document, la photographie à laquelle fait allusion l'auteur p. 86 n'a pas pu être reproduite dans cet ouvrage.

1 Équivalent évident du proverbe français « Qui se ressemble s'assemble ». *2* Premier récit de voyage d'Ahmad Zaki, publié en 1893. Invité au Congrès des orientalistes qui se tient à Londres en 1892, notre auteur en profite pour accomplir un tour d'Europe qui le mène d'Italie en France, puis en Angleterre, au pays de Galles, ainsi qu'en Espagne, au Portugal et à Monaco. D'une durée de six mois, ce périple donne lieu à une relation très circonstanciée à laquelle Zaki préfère nous renvoyer plutôt que de reprendre remarques et descriptions. Pour des détails complémentaires, voir notre introduction. *3* Expression proverbiale employée pour marquer qu'on a raté le moment propice et qu'un retour en arrière est devenu impossible. *4* Le « seigneur des poules » : le soleil. *5* Simples d'esprit considérés par le petit peuple comme investis d'une sagesse naïve. *6* Allusion au *fesikh*, poisson cru à la saumure, consommé notamment lors de la fête du Printemps. *7* Allusion à Mina el-basal (= le « port aux oignons »), secteur du port d'Alexandrie réservé à l'origine à l'exportation de cette production vivrière. *8* Autocommentaire ironique où Ahmad Zaki se montre conscient d'avoir repris à son tour nombre de clichés de la rhétorique arabe, quasi obligés dans les descriptions du ciel. *9* Imruu al-Qays : prince poète de l'époque préislamique, auteur de l'une des sept grandes odes (les *muallaqat*) qui avaient été choisies pour être suspendues sur les murs de la Kaba et que l'on considère comme les chefs-d'œuvre poétiques les plus achevés de l'époque. Mutanabbi (915-956) : l'un des génies les plus illustres de la poésie arabe. Vivant à l'époque abbasside, il pratiqua le genre de l'éloge avec divers protecteurs, mais ses vers les plus sublimes sont ceux où il vante la puissance de sa poésie et se livre à l'auto-éloge. *10* Nasif Hifni (1856-1919) : auteur égyptien de pièces de théâtre et de mélodrames. Ahmad Chawqi (1868-1932) : surnommé le « prince des poètes », il est l'un des représentants les plus en vue de la poésie néoclassique en Égypte. Pratiquant d'abord les longs poèmes de circonstance, il se tourne ensuite vers des sujets exprimant les aspirations des peuples arabes. *11* *Le Souffle parfumé du rameau de la fraîche Andalousie* est l'un des plus anciens ouvrages de la littérature andalouse rédigé en 1628 par Ahmad ibn Muhammad al-Maqqari de Tlemcen (1578-1631). Il se présente comme une sorte d'encyclopédie sur l'Andalousie, surtout dans sa première partie dont les livres I à III traitent de la géographie, de l'histoire, de la richesse architecturale de l'Espagne musulmane, le livre IV de la vie intellectuelle et littéraire de Cordoue, tandis que le livre V informe le lecteur sur plus de 300 voyageurs originaires d'Andalousie et accomplissant un périple vers l'Orient, et que le livre VI, symétriquement, est consacré aux « Orientaux » venus visiter l'Andalousie; les derniers chapitres étant réservés aux qualités morales des Andalous et à leur expulsion d'Espagne par les chrétiens. Quant à la seconde partie de l'ouvrage, elle se présente comme une biographie du vizir et historien Lisan al-Din ibn al-Khatib. Une édition critique de ce texte a été fournie en 1855 à Leyden sous la direction de R. Dozy, sous le titre : *Analectes sur l'histoire et la littérature des Arabes d'Espagne*. *12* Chef militaire à la tête des troupes arabes qui, parties du nord de l'Afrique, traversèrent l'isthme de Gibraltar (toponyme formé à partir de son nom : la montagne de Tariq). *13* Vers en forme d'apophtegme d'origine incertaine, attribué parfois à l'imam Ali ibn Abi Talib. *14* L'influence néfaste du mauvais œil est une de ces croyances ou superstitions dont les adeptes se targuent de trouver une caution dans les hadiths ou le Coran. Mais ce dit repris ici par Zaki est classé parmi les hadiths dont la chaîne des témoins ne remonte pas au Prophète. Il est donc considéré comme non fiable, même si le *Commentaire* d'al-Qurtubi le cite, par exemple à l'appui de ses gloses sur le verset 67 de la sourate de *Joseph*. *15* Citation coranique, tirée de la sourate 80, *Il s'est rembruni*, verset 17. Ce verset prononce une malédiction contre celui qui, à la morgue, joint l'ingratitude à l'égard des bienfaits divins. *16* Équivalent du mont Ararat dans la tradition biblique. *17* *Molokheyya* : herbe connue sous le nom commun de corette potagère, dont on fait une sorte de soupe assaisonnée d'ail et de coriandre, souvent accompagnée de riz et de la viande ou de la volaille qui a servi pour le bouillon. *Kobeyba* : boulettes de viande hachée et de blé finement concassé, fourrées d'oignon, de raisins secs et de pignons. *18* Expression proverbiale. *19* Citation coranique, tirée de la sourate 89, *L'Aube*, verset 9. *20* Ce canal, reliant Alexandrie à une des branches du delta du Nil, fut construit au temps de Muhammad Ali et achevé en 1830. Il eut un effet considérable sur l'essor commercial d'Alexandrie. *21* Premier professeur d'arabe à l'École des langues orientales en 1796 et père fondateur de l'orientalisme français. Il est l'auteur, entre autres, d'une *Chrestomathie arabe* en trois volumes, d'une anthologie de textes grammaticaux arabes et de nombreuses traductions. *22* Ahmad Zaki intègre ici sous forme de proverbe un hémistiche tiré d'un poème de Safi al-Din al-Hilli où ce dernier implore – en un tour rhétorique difficile à traduire – sa bien-aimée (aux paupières délicates) de ne pas tourner vers lui ses yeux langoureux, lui l'amoureux transi au cœur autrefois vaillant, car « deux faibles (les deux yeux de l'aimée) l'emportent sur un fort ». *23* Confrérie soufie fondée par Ahmad al-Rifai (en 512 de l'hégire). On relève à leur propos plusieurs usages étranges dont le dressage des serpents. *24* Mollusque bivalve de la famille des *arcidae*. La dénomination arabe renvoie au coquillage appelé « arche de Noé ». *25* Voir *supra*, note 6. *26* Il s'agirait du bousier. *27* Proverbe reformulé par Ahmad Zaki qui lui donne une tournure plus littéraire et modifie sa signification. En effet le proverbe populaire dit : « Qui refuse les mûres, aura à se contenter de leur jus. » Il est rapporté par Ahmad Taymur (dans *al-Amthal al-ammiyya*, rééd. Dar al-Maarif, 2010, n° 372) et Cérès Wissa Wassef (*Pratiques rituelles et alimentaires des Coptes*, IFAO, 1971, n° 738). *28* Poète soufi, né au Caire en 1181. S'adonnant d'abord à l'exégèse du Livre sacré selon la doctrine shafiite, il se tourna vers le mysticisme et la vie ascétique. Il passa près de quinze ans à côté de La Mecque et c'est dans cette solitude qu'il composa la plupart de ses poèmes, consacrés en majorité à l'amour divin. *29* *L'Histoire de Sayf ibn dhi Yazan* : cette épopée (ou *sira*), une des plus longues de la littérature populaire arabe, date du XVe siècle et conjugue des influences mythologiques et religieuses. Elle raconte les exploits du roi yéménite éponyme qui chassa les Éthiopiens du Yémen, puis détourna les eaux du Nil vers l'Égypte où il installa son pouvoir avant de se consacrer à la diffusion de l'islam. **30** Fête du Printemps qui tombe le lundi de Pâques, mais qui est célébrée par tous les Égyptiens, qu'ils soient coptes ou musulmans. Ses origines remonteraient à l'Égypte pharaonique et à l'idée du renouveau annuel. **31** Ville du delta du Nil, située à une cinquantaine de kilomètres du Caire environ. **32** Commune du département des Yvelines. **33** On assiste dans la seconde moitié du XIXe siècle en Égypte à l'introduction de nombreux termes venus du français ou de l'italien. On remarque ici l'intérêt d'Ahmad Zaki pour les déformations de prononciation qui affectent les emprunts. **34** Le premier jour du mois de muharram qui ouvre le calendrier musulman. **35** Grand marché aux environs de La Mecque, où se tenait durant la période préislamique une foire qui conjuguait à la fois des activités commerciales et des joutes poétiques. Cette foire disparut à l'avènement de l'islam. **36** Ancien marché près de Bassora et qu'on surnomma l'Ukaz des musulmans. Il attirait beaucoup de poètes comme les deux célèbres rivaux, Jarir et Farazdaq, qui y faisaient assaut d'éloquence. **37** [NA] Afin que le lecteur se fasse une meilleure idée du gigantisme de l'Exposition actuelle, je lui rappelle à titre de comparaison les superficies des précédentes Expositions de Paris : – 1855 : 168 000 m² dont 120 000 pour les bâtiments ; – 1876 : 687 000 m² dont 166 000 pour les bâtiments ; – 1878 : 750 000 m² dont 380 000 pour les bâtiments ; – 1889 : 960 000 m² dont 390 000 pour les bâtiments. **38** Ce mot emprunté à l'italien s'est imposé dans le parler égyptien de la seconde moitié du XIXe siècle pour désigner un hôtel ou un restaurant. **39** Abd al-Rahman le Grand d'Andalousie : il s'agit du premier calife de Cordoue Abd al-Rahman III qui, décidé à s'affranchir définitivement de la tutelle politique du califat abbasside, se proclama commandant des croyants (*amir al-muminin*) et champion de la religion de Dieu (*nasir li-din Allah*). Ayant réussi à imposer une politique de pacification et à se soumettre les chefs rebelles souvent sans avoir à combattre, il contribua, au cours des cinquante ans que dura son règne, à faire de l'Andalousie un pays prospère où le commerce, l'agriculture, les sciences et les arts étaient florissants. **40** [NA] Citation tirée de l'introduction du *Départ pour le Congrès*. **41** Expression quasi proverbiale, les Pléiades représentant le symbole de l'inaccessible. **42** Citation coranique légèrement modifiée, tirée de la sourate 40, *Le Pardonneur*. Elle correspond à la dernière partie du verset 16 : mais au lieu de *mulk* (l'exercice du pouvoir), Zaki pacha introduit son synonyme *hukm*, dont il fait jouer une autre de ses significations : le jugement. **43** Citation coranique tirée de la sourate 23, *Les Croyants*, verset 14. **44** [NA] *Fasqiyya* (fontaine), mot introduit récemment dans la langue arabe, est un emprunt au français « vasque » et je crois que le père jésuite Lamennais, dans son ouvrage *Les Différences*, dérive ce terme de *piscina*, autrement dit un bassin destiné aux poissons, d'après l'étymologie. Erreur évidente, car il y a là, clairement, une dérivation trop éloignée. **45** Vers du poète irakien Safi al-Din al-Hilli (1276-1349). Né près de Bagdad, il vécut en Syrie et en Égypte où il se rapprocha d'al-Malik al-Nasir avant de retourner en Irak. Il composa aussi bien en langue littéraire, en employant les ornements d'une rhétorique savante comme ici, qu'en langue vernaculaire. **46** Grand prosateur de l'époque abbasside, auteur notamment du *Livre des Avares*. Ahmad Zaki joue ici sur le nom de cet auteur (*al-jahiz* : celui qui a les yeux exorbités). **47** Il s'agit d'Abbas Hilmi II (né en 1874 à Alexandrie, mort en 1944 à Genève). Accédant au pouvoir à la mort de son père Tawfiq, fils aîné du khédive Ismaïl, il régna de 1892 à 1914, date de sa destitution par les Anglais désireux d'avoir sur le trône d'Égypte un souverain plus docile. Il adopta une politique réformiste, se rapprocha des nationalistes égyptiens et résista autant que sa position le permettait aux pressions obtuses et autoritaires exercées par Lord Cromer. Abbas Hilmi II a laissé des *Mémoires* rédigés en français qui apportent un témoignage très éclairant sur la complexité de la situation en Égypte sous l'occupation britannique. Contrairement à Ismaïl pacha qui veilla en personne à tous les détails du pavillon de l'Égypte lors de l'Exposition de 1867, y dépensant des sommes pharamineuses, Abbas Hilmi renonça à une participation officielle du gouvernement égyptien pour ne pas grever davantage le budget du pays, lourdement endetté. Ce furent donc des particuliers, comme Philippe Fadl Allah Boulad, d'origine levantine, qui fondèrent une association chargée de financer la construction du pavillon de l'Égypte, ce qui explique l'absence du khédive à l'inauguration. **48** *Khawaga* : titre honorifique dont on fait précéder en Égypte le nom des étrangers ou des non-musulmans. **49** [NA] La princesse Wizinoska, d'un rang reconnu dans toute l'Europe, a œuvré pour la fondation d'une association féminine en vue de la paix, laquelle association compte, parmi ses adhérents, 5,5 millions de femmes influentes et d'un grand crédit. **50** Okel (de l'arabe *wakala*) : caravansérail, ou grande hôtellerie pour les commerçants et les voyageurs, servant également de dépôt à leurs marchandises. Les bâtiments y étaient construits autour d'une vaste cour intérieure. **51** Composée en grande partie des décors de la superbe demeure que Gaston de Saint-Maurice s'était fait construire en remployant « des matériaux provenant des plus belles habitations des XIVe, XVe et XVIe siècles » (« plafonds sculptés peints et dorés, mosaïques de marbre et de nacre, portes de bronze et d'ivoire, faïences de Perse et du Caire, moucharabiehs, inscriptions »), la chancellerie de France a été admirée comme « une pure habitation arabe » et a inspiré un grand nombre de peintres, de photographes, d'ébénistes, séduits par son aspect féerique (Mercedes Volait, *Maisons de France au Caire*, IFAO, 2012, p. 36-39 et 112-113). **52** Antar ou Antara ibn Chaddad, poète arabe de l'époque préislamique, auteur de l'une des sept *muallaqat* ou odes suspendues sur les murs de la Kaba et admirées comme des chefs-d'œuvre poétiques incontestés. Transfiguré en héros légendaire grâce au *Roman d'Antar*, qui célèbre ses exploits, il est devenu dans la tradition littéraire arabe le symbole de toutes les vertus chevaleresques. Ses aventures ont inspiré de nombreuses œuvres (une symphonie de Rimski-Korsakov en 1868, un opéra de Gabriel Dupont en 1912 et un ballet en 1900, lors de l'Exposition universelle). **53** *Mahmal* : convoi qui durant des siècles fut chargé de transporter, chaque année, à dos de dromadaires, du Caire à La Mecque, l'étoffe noire qui devait recouvrir la Kaba. Ses broderies en fil d'or étaient traditionnellement exécutées en Égypte. **54** Amr ibn al-As : commandant des armées du calife Umar ibn al-Khattab. Il entreprit en 642 la conquête de l'Égypte et fonda la cité de Fustat. C'est là qu'il édifia la mosquée qui porte son nom. **55** Ouns al-Wojoud : ce nom – venu d'une légende reprise dans *Les Mille et Une Nuits* – désigne le temple de Philae. Bilaq, ou Bilakh, est le nom copte (dérivé de l'ancien égyptien) de ce temple. Il signifie étymologiquement : l'île des Limites. **56** Sabil : fontaine publique souvent construite par des particuliers qui la considéraient comme une œuvre pie. Elle se présente en général comme un élégant édifice rattaché à une mosquée ou à une *madrasa*. **57** Abd al-Rahman katkhuda, ou Ibn Husayn Jawish al-Qazdughli, chef des janissaires : il a la renommée d'un grand bâtisseur. Le *sabil* qui porte son nom est considéré comme l'un des chefs-d'œuvre de l'architecture mamelouke et ottomane. Situé sur la rue al-Muizz li-din Allah au Caire et contigu à un *kuttab* ou école coranique, il date de 1744. **58** Ancien quartier du Caire qui constitue un des plus grands marchés de la ville. Dans son labyrinthe de ruelles se succèdent d'innombrables échoppes d'orfèvrerie, de dinanderie, de verrerie, d'épices, d'étoffes, de tapis, etc. **59** Qaytbay, ou al-Achraf Sayf al-Din (né vers 1416, mort en 1496) : son règne marque l'apogée de la dynastie des sultans mamelouks burjites tant pour les succès militaires qu'il remporta que pour la prospérité et la stabilité économique qu'il sut faire régner. Il doit également sa célébrité à son œuvre de grand bâtisseur, car plus de 230 monuments sont associés à son nom (à La Mecque, à Médine, à Jérusalem, à Damas, à Alep, à Alexandrie et dans plusieurs quartiers du Caire). Sa mosquée, englobant également une *madrasa*, un *sabil-kuttab* et un mausolée, forme le centre d'un complexe architectural d'une remarquable harmonie. **60** Un autre témoignage sur cet imposteur se trouve chez al-Muwaylihi, dans *Trois Égyptiens à Paris*, chap. 6, « La patrie diffamée », p. 82. Il est à noter que l'imposture de ce calligraphe détestable réside en partie dans le titre qu'il usurpe, « cheikh » renvoyant ici à un étudiant d'une école religieuse dont on a reconnu la capacité à réciter le Coran dans son entier. **61** Le temple de Médinet Habou (du nom d'un petit village situé sur la rive occidentale du Nil, face à Louxor) est un complexe architectural dont l'édifice majeur est un temple de Ramsès III qui, de tous les temples thébains, est le mieux conservé malgré ses 7 000 m² de surfaces décorées. Les murs latéraux externes sont couverts de bas-reliefs célèbres illustrant les batailles entreprises par Ramsès III contre les peuples de la mer, ainsi que diverses cérémonies liturgiques. Les motifs de décoration dans les cours intérieures reprennent également ces thèmes militaires et religieux : le pharaon triomphant de ses ennemis et la célébration de grandes fêtes en l'honneur d'Osiris et de Min. **62** Chosroès ou Khosro Anocharwan : roi sassanide de Perse (531-579) dont le règne correspond à l'apogée de l'empire perse. Il se taille une place de choix dans la littérature arabe où sont souvent évoqués son palais de Ctésiphon (*iwan Kisra*) et la magnificence de sa cour. On le représente comme un monarque éclairé et fastueux, protégeant les philosophes grecs, les lettrés et les savants. Il y est demeuré célèbre également pour ses conquêtes en Syrie, en Mésopotamie, durant la guerre lazique et enfin au Yémen, qui restera sous domination perse jusqu'à l'arrivée des armées arabes, nouvellement converties à l'islam. **63** La danse orientale fait débat au temps de la nahda : elle s'attire de vives critiques de la part des intellectuels qui la regardent comme l'exemple même du dévergondage et de ce qui peut dégrader l'image de l'Égypte. **64** [NA] Nous avons retardé la publication de ce chapitre bien qu'il nous soit parvenu avant la lettre consacrée à l'inauguration du pavillon de l'Égypte, par égard pour l'importance que revêt ce dernier aux yeux du lecteur. **65** Vers d'Ahmad Zaki. N'ayant pas retrouvé la caricature originale où apparaissent ces vers, nous les avons traduits de l'arabe en tentant de créer un système de rimes et de mètres. **66** Source inconnue. **67** Les Champs-Élysées : il ne s'agit pas de l'avenue actuellement connue sous ce nom mais d'un espace boisé qui, une fois passée la Porte monumentale, permettait d'accéder au rond-point situé devant le pont Alexandre-III. **68** Vers du poète Achga ibn Amru al-Salmi. Né à Yamama, il grandit à Bassora, puis se rendit à Bagdad où il écrivit de nombreux dithyrambes en l'honneur des Barmakides dont il fut le protégé. **69** On notera que cet ordre permet à Ahmad Zaki de dresser une liste sans faire entrer en ligne en compte une valorisation personnelle ou due à l'importance géopolitique des pays cités. **70** [NA] République d'Amérique latine. **71** Voir *supra* note 9. **72** L'histoire de cette pendule au prix faramineux ayant défrayé la chronique, al-Muwaylihi y fait également allusion dans *Trois Égyptiens à Paris*, chap. 2, « L'exposition », p. 53. **73** L'auteur de ces vers est inconnu. **74** Adversaire des regroupements : périphrase désignant le temps. Bien qu'hostile à la rhétorique, Zaki ne peut s'empêcher d'y avoir recours de temps à autre, notamment pour des effets de clausules. **75** [NA] Le poids de l'acier employé pour ce pont atteint à lui seul 2 400 t. **76** *Mouled* : fête populaire en l'honneur du prophète ou d'un homme pieux respecté comme un saint. **77** Le dixième d'une piastre et le millième d'une livre égyptienne. **78** Selon les légendes persane et arabe, le roi Salomon était en possession d'un tapis volant que lui avait offert la reine de Saba, célèbre pour ses talents de magicienne. **79** Selon le Coran (sourate 34, *Saba*, versets 12-13), le roi Salomon avait à ses ordres les vents et faisait exécuter aux djinns toutes sortes de travaux d'édification : temples, statues, bassins, etc. **80** [NA] Sauf que dans ces deux cas, la marche en avant prend fin et vous oblige à revenir sur vos pas, alors que celui qui marche sur le tapis roulant peut continuer à avancer autant qu'il plaît à Dieu. **81** Selon les légendes et croyances arabes, certains hommes pieux, favorisés par Dieu, avaient la capacité merveilleuse de traverser des distances énormes en un seul pas ou le temps d'un éclair sans être arrêtés ni par les montagnes ni par les mers. Cette capacité s'étendait aussi au don d'ubiquité. **82** Le vers en lui-même est très connu, mais le nom de son auteur reste sujet à controverse. **83** Citation coranique, sourate 2, *La Vache*, verset 24. **84** Ces conséquences perturbantes pour la vie des habitants du premier étage tout au long du parcours du trottoir roulant ont inspiré à Courteline en 1904 sa comédie *L'Article 330*. **85** Le tramway du Caire entra en fonction en 1896. Il comprenait d'abord deux lignes, l'une reliant Bulaq au pont Abu el-Ila et l'autre la place el-Ataba el-khadra au quartier de Bab el-Luq. L'année suivante une troisième ligne fut mise en activité sur la voie menant de Gizeh aux Pyramides. Mais il est à noter qu'Alexandrie bénéficia bien avant Le Caire de ce moyen de locomotion électrique puisque son réseau, le premier en Afrique, fut créé en 1860. **86** On sait que la philosophie grecque et les concepts qu'elle a développés (comme le microcosme chez Démocrite) ont eu une influence durable sur les philosophes et mystiques musulmans, qui cependant les remodèlent pour les adapter à leurs propres représentations. Pour les mystiques comme Hallaj, l'homme participe à un ensemble de correspondances, son être étant le reflet de l'Être divin, dans une vision que ses ennemis accusaient de friser le panthéisme. **87** Citation coranique, sourate 11, *Hud*, verset 114. **88** Place du Caire qui doit son nom à un officier au service des derniers souverains mamelouks qui gouvernèrent l'Égypte dans la seconde moitié du XVe siècle. Ismaïl pacha la fit aménager par des paysagistes français comme un parc planté d'une végétation semi-tropicale et d'arbres aux essences rares. On y trouvait une grotte agrémentée d'une cascade, un théâtre et un restaurant. **89** Abu Abd Allah Muhammad XII (1460-1533), trente-deuxième et dernier roi nasride à avoir régné sur Grenade. Défait à la bataille de Lucena, il est fait prisonnier et accepte des conditions humiliantes pour obtenir sa libération. Revenu au pouvoir, il ordonne le massacre de la famille rivale des Abencérages. Il est définitivement vaincu par Ferdinand de Castille en 1492 et meurt en exil à Fès. **90** Ismaïl pacha (1830-1895), petit-fils de Muhammad Ali et second fils d'Ibrahim pacha, accéda au trône après son oncle Saïd en 1863 et, trois ans plus tard, obtint du sultan ottoman le droit de porter le titre de khédive (au lieu de celui de *wali*) en contrepartie de l'augmentation du tribut annuel versé par l'Égypte à la Sublime Porte. Il eut à cœur de moderniser le pays dans tous les domaines et à un rythme accéléré: l'enseignement (avec une multiplication des écoles), l'administration, le réseau ferroviaire et postal, la vie intellectuelle et culturelle (avec la fondation d'académies savantes et l'encouragement donné à plusieurs troupes théâtrales). Mais son œuvre la plus spectaculaire réside sans doute dans les grands travaux d'embellissement de la capitale qu'il rêva de transformer en ville à l'européenne en y créant des quartiers modernes, de grands parcs (le jardin zoologique), des palais, des musées, des places ornées de statues, de grandes avenues éclairées au gaz… Il se distingua par un amour du faste et un penchant manifeste à la prodigalité. Ses projets d'urbanisation grandioses, les dépenses entraînées par l'inauguration du canal de Suez firent monter la dette de l'Égypte à plus de 2 milliards de francs. La France et l'Angleterre, jugeant que leurs intérêts financiers étaient menacés si Ismaïl restait au pouvoir, poussèrent le sultan à le faire destituer (1879). **91** Lettre arabe incurvée en un demi-cercle surmonté d'un point. **92** Harun al-Rachid, né en 763, mort en 809, est le cinquième calife de la dynastie abbasside. Son règne (786-809) voit prospérer l'économie de l'empire; les villes se développent, le commerce, l'industrie, mais également les arts et les lettres connaissent un essor sans précédent, tout comme les métiers liés à la production des livres (reliure, copie et vente de manuscrits). La vie culturelle s'enrichit des raffinements de la culture persane et des influences grecques grâce à un important mouvement de traduction des textes de l'Antiquité classique, mouvement stimulé par la création de la fameuse « Maison de la sagesse » (*Bayt al-hikma*) qui réunit des ouvrages de toutes provenances. Élevé lui-même par des savants comme Aly ibn Hamza et Ibn Abd Allah al-Asadi, Harun al-Rachid gardera toute sa vie le goût de la poésie, du savoir et de la conversation choisie. À son époque, qui marque sans conteste l'âge d'or de l'ère abbasside, Bagdad devient une capitale qui attire des hommes de sciences de toutes disciplines (médecine, géométrie, astronomie, mécanique…). Lui-même s'entoure de poètes, de musiciens, de juristes, de lettrés et pratique un mécénat à vaste échelle. **93** Ahmad Zaki intègre à sa description, sous forme d'allusion, un fragment célèbre du verset 35 de la sourate 24, *La Lumière*. **94** Al-Khansa est la plus célèbre des poétesses arabes. Née d'une riche famille de Najd, elle est contemporaine du prophète Muhammad. Elle se fit une réputation dans les joutes poétiques par les élégies qu'elle composa en l'honneur de ses deux frères Sakhr et Mu'awiya, morts au combat. Convertie à l'islam, elle renonça à la poésie. **95** [NA] Traduit en arabe par Yusuf bey Asaf. **96** Ibn Muqla al-Baghdadi (885-940) : proche du pouvoir abbasside, il accède au vizirat entre 928 et 936, période qui constitue l'apogée de sa carrière. Mais incapable de s'opposer à Ibn Raiq, gouverneur local qui défie le pouvoir abbasside, il se voit confisquer ses biens et meurt en prison. Tout comme ses frères, il est resté célèbre comme calligraphe et serait avec eux à l'origine des règles et proportions appliquées aux lettres à l'aide de points. Les témoignages sont multiples sur la beauté saisissante de son écriture. **97** Ce style de calligraphie qui a pris son essor dans la ville irakienne de Coufa, ou Kufa, représente la forme calligraphique la plus ancienne de l'arabe. C'est dans ce caractère, né d'une modification du syriaque ancien, que furent calligraphiés les premiers exemplaires du Coran. **98** Les Roums ou Roumis: c'est ainsi que les Arabes désignent les chrétiens orthodoxes de l'Europe orientale, notamment les Byzantins et leurs descendants. **99** Citation coranique, sourate 2, *La Vache*, verset 14. **100** Voir *supra* note 48. Vu les préjugés qui pesaient à l'origine sur les activités liées aux spectacles dramatiques, les premiers directeurs de théâtre étaient souvent des Levantins, ou des Égyptiens de confession chrétienne ou juive, ce qui ressort de la liste des patronymes mentionnés. **101** Fils du célèbre ministre d'origine arménienne, Nubar pacha, qui entra au service de Muhammad Ali et poursuivit une brillante carrière diplomatique auprès des vice-rois d'Égypte jusqu'au khédive Abbas Hilmi II. **102** Unité de mesure agraire correspondant à 4 200 m^2 environ. **103** Au Livre II, 35 de *L'Enquête*, Hérodote écrit: « Je vais maintenant parler longuement de l'Égypte, car nul autre pays au monde ne contient autant de merveilles et nul autre pays ne présente autant d'ouvrages qui défient toute description », *L'Enquête*, traduction d'A. Barguet, Paris, Gallimard, « La Pléiade », p. 155. **104** Voir *supra* note 59. **105** Devenu en 1952 le musée de l'Art islamique, le musée des Antiquités arabes avait ouvert ses portes en 1881 sous le règne du khédive Tawfiq. Formé à l'origine d'une collection regroupant une centaine d'objets venus des mosquées et mausolées d'Égypte, il était situé dans la mosquée du calife fatimide al-Hakim bi-amr Allah. Puis, en raison du nombre croissant de pièces à exposer, un nouvel édifice avait été construit dans la cour de cette mosquée avant que l'actuel bâtiment ne voie le jour en 1899. **106** Né en Lombardie en 1832, Giuseppe Parvis fit de brillantes études à l'Académie royale Albertine de Turin d'où il obtint plusieurs diplômes. Attiré par l'Égypte, il débarque au Caire en 1859 et prend des croquis de tous les détails architecturaux qui le séduisent. Achetant auprès des brocanteurs des panneaux de moucharabieh qu'il intègre à des meubles d'art, il invente un nouveau style: l'arabesque et, voyant grandir son succès, il s'installe définitivement dans la capitale égyptienne où il ne tarde pas à devenir le fournisseur attitré du khédive Ismaïl et de ses successeurs. Hatun, Muluk, Nahuha: ébénistes d'un renom éphémère et dont la notoriété n'a jamais atteint celle de Parvis. **107** Ce titre alambiqué tout en paronomases, selon les usages de titres pleins de maniérisme encore en vigueur dans les lettres arabes jusqu'au début du XXe siècle, pourrait se traduire par : *Commentaire du ciseleur des pointes effilées sur le miroir de l'union parfaite, glose de la montée graduelle vers la fusion*. **108** Au XVIe siècle, le gouvernement hongrois avait ordonné la levée d'un homme sur vingt pour former le corps de la cavalerie légère. Le mot *huszar* (« vingtième ») prit le sens de « cavalier » et fut introduit en France au moment de la guerre de Trente ans quand ces soldats vinrent servir comme auxiliaires dans l'armée française. **109** Khédive, du mot persan *khediw* signifiant seigneur ou vice-roi, est un titre héréditaire qui avait été accordé en 1867 par le gouvernement ottoman à Ismaïl pacha. *Nizam* (de l'arabe *nizam*, « ordre ») : titre princier de l'Hyderabad, province du sud de l'Inde qui avait à sa tête un *nizam* héréditaire depuis 1724. En 1900, ce prince se nommait non pas Haydar Abad (qui est en fait le nom de la province), mais Fatah Jang Nawab Mir Mahboub Ali Khan Asaf Jah VI (1869-1911). **110** [NA] Les gouvernorats les moins peuplés d'Égypte sont ceux de Beni Suef (314 454 habitants), du Fayoum (371 006) et de Qalyubeyya (371 465), région fertile située aux portes du Caire et dont le nombre d'habitants équivaut à plus du double de ceux qui peuplent l'ouest de l'Australie, et cependant ses revenus n'excèdent pas 368 000 livres égyptiennes (budget de 1900), alors que ceux de l'Australie occidentale sont d'au moins 2 millions de livres sterling. Méditez ! **111** Il s'agit d'Ibn Nubata (environ 1288-1366), panégyriste favori du souverain ayyubide al-Malik al-Muayyad Abul-Fida, lui-même géographe célèbre. Il vécut à une période où la poésie arabe était soucieuse avant tout de jeux formalistes subtils proches de ceux des grands rhétoriqueurs en France. Mais ces vers relèvent plutôt de la poésie gnomique. L'épithète « plaintif » ne concerne pas l'ensemble de son œuvre, mais le contexte de ces vers où il regrette que la jouissance ne succède pas à ce qui a séduit le regard. **112** Personnage mentionné dans le Coran en sa qualité de ministre et de conseiller de Pharaon au temps de Moïse. Dans les sourates du *Récit* (verset 38) et du *Pardonneur* (versets 36-37), Pharaon lui demande de lui construire une tour « pour monter jusqu'au Dieu de Moïse ». **113** Voir *supra* note 52. **114** Expression proverbiale équivalant au français « tomber de Charybde en Scylla ». Il est à noter que le proverbe, employé au féminin, devient ironique dans ce contexte, puisqu'il s'agit de découvertes de plus en plus extraordinaires. **115** [NA] Ou *coutchoug* comme l'appellent les musulmans du Sénégal d'après ce qu'ils m'ont appris dans leur exposition. **116** Expression proverbiale employée lorsqu'on mentionne la plus belle pièce d'un butin. **117** [NA] Ne pas prononcer Brukselles bien qu'on l'orthographie « Bruxelles », car ses habitants passent le k sous silence. Souvenez-vous de ce point. **118** Hémistiche d'un vers de Qays ibn al-Mulawwah, surnommé Majnun Layla ou le Fou de Layla, et de fait, tous ses poèmes ne font que développer le grand thème de sa passion pour cette bien-aimée dont on lui refusa la main. Refus qui ne fit qu'enflammer davantage son amour, l'interdit étant le plus souvent, proclame-t-il, un aiguillon puissant à la passion. **119** [NA] Nous vous enverrons cette horrifique et magnifique image dans notre prochaine livraison. [NdÉ : En réalité il s'agit d'un morse, comme le montre clairement l'illustration.] **120** Voir *supra*, note 35. **121** Citation coranique, sourate 8, *Le Butin*, verset 60. **122** [NA] J'ai vu parmi les productions finlandaises des ceintures en laine que j'ai cru provenir d'al-Mahalla al-Kubra, mais s'étant égarées dans l'Exposition, semble-t-il, elles se sont retrouvées dans le pavillon de ces contrées proches du pôle ; sans doute pour fuir la chaleur et s'aérer. **123** Ahmad Zaki transforme ici un proverbe très commun (« La cause une fois révélée, la surprise est annulée ») et en inverse la signification. **124** [NA] Le renne est un animal qui vit dans les régions du grand Nord. Il y est utilisé dans la neige et les températures glaciales, comme le dromadaire chez les Arabes dans la canicule et l'air le plus torride. **125** [NA] Soit trois jours après le solstice d'été, le 21 juin étant le jour le plus long de l'année. **126** « La fortune et la progéniture » sont souvent associées dans la tradition coranique comme les deux bienfaits qui « ornent » la vie d'ici-bas. Voir notamment le verset « L'argent et les enfants sont les ornements de la vie en ce bas monde », sourate 18, *La Caverne*, verset 46. **127** De son vrai nom Daniel Iffla (1825-1907), Osiris est issu d'une famille juive marocaine. Né à Bordeaux, il s'installe à Paris où il fait fortune dans la banque. Devenu veuf et ayant perdu ses deux enfants en bas âge, il se consacre à la philanthropie et au mécénat. Il lègue une trentaine de millions à l'Institut Pasteur, contribue au développement de la Salpêtrière, favorise la recherche et sauve de la destruction le château de Malmaison en l'achetant aux enchères et en le restaurant avant de l'offrir à l'État. **128** Damanhour est situé à 60 km d'Alexandrie et à 130 km environ du Caire. **129** [NA] Dont 200 personnes dans le seul théâtre de l'Indochine. **130** Ces deux gares correspondent respectivement aux actuelles gares de l'Est et de Lyon. **131** [NA] Le mot arabe *kub* est bien connu. Il est étrange qu'en l'inversant on obtienne bock*, terme français qui désigne le pot où l'on boit la bière. **132** Mesure de poids qui équivaut environ à une livre. **133** Voir *supra* p. 159 et 162. **134** Quotidien de langue arabe fondé par les frères Bichara et Sélim Takla à Alexandrie pour servir de complément à *Al-Ahram*, journal hebdomadaire dont le premier numéro fut lancé le 1er août 1876. *Sada al-Ahram*, premier quotidien créé en Égypte, commença à paraître le 10 octobre 1876, mais perdit progressivement du terrain par rapport à son rival. **135** *L'Egyptian Gazette*, fondé en 1880 à Alexandrie, est l'un des plus anciens journaux de langue anglaise du Moyen-Orient. Ce fut d'abord un hebdomadaire composé de quatre pages à la rédaction desquelles participaient des journalistes anglais. **136** Voir *supra* p. 143. **137** Nous n'avons pas trouvé trace de ce vers. Il pourrait être de la composition de l'auteur lui-même. **138** Le poète oriental en question est Abu Nuwas (env. 762-815) : célèbre pour ses poèmes bachiques et la veine licencieuse de ses poèmes d'amour, il s'est illustré également dans les panégyriques, notamment adressés aux vizirs barmakides, puis à al-Amin, fils de Harun al-Rachid, qui succéda pendant quelques années à son père avant que son frère al-Mamun ne s'empare du pouvoir et ne jette Abu Nuwas en prison. **139** Harun al-Rachid : voir *supra* note 92. Al-Mamun (786-833) : septième calife abbasside, fils de Harun al-Rachid. Son règne qui dura vingt ans représente l'apogée de la civilisation arabe sur le plan culturel. S'entourant de savants de toutes confessions et de diverses disciplines (algèbre, géométrie, philosophie, géographie, médecine…), il pratique lui-même l'astronomie et crée l'Observatoire de Bagdad où il poursuit des travaux sur la latitude terrestre. Quant à la « Maison de la sagesse », bibliothèque fondée par son père, il l'agrandit et l'ouvre à l'élite des hommes de toutes sciences de son époque, qu'il rétribue avec générosité. **140** Ces vers sont de Samawal ibn Adiya, poète arabe juif de l'ère préislamique. D'une tribu du Yémen qui se convertit au judaïsme puis s'installa en Arabie du Nord, il est resté célèbre dans la tradition arabe comme modèle de la fidélité sans faille (d'où la formule proverbiale : « plus fidèle que Samawal »). Habité par une haute idée du code de l'honneur, il a écrit des vers à la louange de l'idéal chevaleresque et de l'orgueil tribal dans des odes appelées *mufakharat* (genre poétique où le poète se vante avec fierté de ses qualités). **141** À partir du moment où Abd al-Rahman Ier fait de Cordoue sa capitale en 756, un nouvel âge d'or commence pour la ville qui devient une des principales métropoles de la péninsule Ibérique et rivalise avec Bagdad par la taille, le chiffre de la population et l'éclat de la vie culturelle. Le calife Al-Hakam II notamment travaille avec détermination à constituer une bibliothèque contenant tous les textes anciens et récents, et qui puisse se comparer à celles des califes abbassides. **142** Image fréquente dans la littérature arabe et qui renvoie à l'immobilité la plus totale et à d'infimes précautions comme si le moindre geste pouvait faire s'envoler l'oiseau. **143** Maxime que l'on attribue parfois, mais à tort, au Prophète. **144** [NA] Dont les 9/10e appartiennent au gouvernement. Le coût des travaux a atteint 20 280 par mile et le total des frais (en 1889) 47 582 000 de livres. On y a employé 168 000 âmes. **145** [NA] Dont la majeure partie appartient à des compagnies financières et un nombre infime au gouvernement. Le nombre des passagers s'est élevé (en 1898) à 410 millions. **146** [NA] Aucun pays n'égale la France pour la quantité astronomique de ses dettes. **147** [NA] Le mark vaut 5 piastres environ. **148** [NA] Ce livre a été imprimé aux Presses de la vallée du Nil et de la Patrie il y a dix-huit ans, puis à Leyde, il y a onze ans, mais la différence est évidente. Telle est la situation même pour les livres qu'ils ont imprimés avant nous et dont nous avons profité en parasites. **149** On appelle *addad* une catégorie lexicologique arabe englobant des mots qui admettent deux significations antithétiques. **150** Périphrase qui, on l'aura compris, désigne l'institution d'al-Azhar. **151** Bulaq : autrefois faubourg du Caire, situé sur la rive droite du Nil. C'est là que furent installées, sous le règne de Muhammad Ali, les presses nationales où allaient être imprimés les principaux ouvrages parus en Égypte. **152** [NA] Il n'est pas inutile de rappeler à ce propos que les Allemands ont imprimé le Glorieux Coran à Leipzig en 1694, en 1834, en 1841, en 1853. Quelques savants en Europe les avaient précédés en l'imprimant ailleurs qu'en Allemagne en 1530, en 1543, en 1698. Autrement dit, la première édition en Europe date de trois cent soixante-dix années solaires. Quant aux pays d'Orient, les premiers à avoir imprimé le Coran y furent les gens de Chiraz, mais en 1270 de l'hégire, puis les Indiens en 1283 ; quant à l'imprimerie de Bulaq, elle leur succéda en 1298, soit il y a de cela dix-neuf années lunaires. En Orient donc, la première édition a paru il y a quarante-huit ans, soit près d'un demi-siècle, alors qu'en Europe, on a commencé à l'imprimer il y a près de quatre siècles. De quoi méditer et se désoler ! **153** Hadith très célèbre, authentifié par plus d'un exégète (al-Tabarani, Ibn Adi, al-Bayhaqi). **154** [NA] La mousse qui flotte sur ce breuvage est séchée, puis vendue aux boulangers qui l'utilisent comme levure. **155** [NA] Si bien que Wurtz s'est contenté, dans son dictionnaire, de définir la chimie comme science française, distinction on ne peut plus éloignée de la vérité. **156** Citation coranique, sourate 57, *Le Fer*, verset 25. **157** Maxime de sagesse connue mais dont la source reste obscure. **158** Faubourg du Caire, situé sur la rive droite du Nil au nord du Bulaq. Une rue carrossable (la promenade de Choubra) la reliait au Caire depuis le début du XIXe siècle. Muhammad Ali y avait fait construire un élégant palais avec comme pièce maîtresse un nymphée à double colonnade. **159** [NA] Les députés français vont plus loin dans l'inventivité, car ils exigent qu'on arrose, ou sable, de champagne* sa maison, tout en arrosant leur gosier, puis, de la construction, le rite est passé à toutes les occasions. Ah !… si seulement ce n'était pas interdit ! **160** Contrairement à son refus affiché des fioritures stylistiques, Ahmad Zaki fait montre ici d'une grande virtuosité, accumulant effets de prose rimée, synonymes rares et pointes ironiques. Nous avons tenté, autant que possible, de reproduire certains jeux de rimes intérieures.

Sabine Mangold-Will (pages 238-247)

1 « Orientalistische Seminare » [« Séminaire orientaliste »], *OLZ*, n° 1, 1898, notamment, p. 193-195, la citation : p. 193. **2** James Darmesteter, « De la part de la France dans les grandes découverts de l'orientalisme moderne », dans James Darmesteter, *Essais orientaux*, Paris, 1883, p. 1-103, la citation : p. 3. Sur les études orientales comme science entre la France et l'Allemagne, voir Sabine Mangold, « France, Allemagne et retour : une discipline née dans l'émulation », dans Pascale Rabault-Feuerhahn et Céline Trautmann-Waller (dir.), *Revue germanique internationale* 7/2008 (nouvelle série) – *Itinéraires orientalistes entre France et Allemagne*, p. 109-124, ainsi que tous les autres articles du cahier thématique de ce même numéro. **3** Voir Werner K. Blessing, *Staat und Kirche in der Gesellschaft* [*État et Église dans la société*], Göttingen, Vandenhoeck & Ruprecht 1982, p. 170. **4** Darmesteter, *De la part de la France*, *op. cit.*, p. 1. **5** Brouillon de la lettre de la DMG au conseiller de l'université allemande de Strasbourg, le baron von Roggenbach, en complément d'une lettre du président de la DMG, Ludolf Krehl, au comité directorial de la Société, du 7 octobre 1871. Bibliothèque de la DMG, Halle, dossiers de la DMG, 1871. **6** Wilhelm Spiegelberg, « Die orientalischen Studien an der deutschen Universität Straßburg » [« Les études orientales à l'université allemande de Strasbourg »], dans *Elsaß-Lothringen*. Sonderheft der Zeitschrift *Deutsches Vaterland* [*Alsace-Lorraine*. Cahier spécial de la revue *Patrie allemande*], Vienne, 1922, p. 47-49, la citation : p. 49. Dans ce propos rétrospectif, Spiegelberg se référait expressément à la période des années 1871-1914 et explicitement à Theodor Nöldeke qui, à cette époque, enseignait à l'université allemande de Strasbourg. **7** Sabine Mangold, *Eine "weltbürgerliche Wissenschaft". Die deutsche Orientalistik im 19. Jahrhundert* [*Une science de la « citoyenneté du monde ». Les Études orientales en Allemagne au* XIXe *siècle*], Stuttgart, Franz Steiner, 2004, p. 111-115. **8** Voir Robert Irwin, « Oriental Discourses in Orientalism », dans *Middle Eastern Lectures*, n° 3, 1999, p. 87-110 et Sabine Mangold, « Anmerkungen zur Geschichte deutschen Orientalistik im frühen 19. Jahrhundert und ihrem Orientbild » [« Remarques sur l'histoire des études orientales en Allemagne au début du XIXe siècle et sur leurs images de l'Orient »], dans Charis Goer et Michael Hofmann (dir.), *Der Deutschen Morgenland. Bilder des Orients in der deutschen Literatur* [*L'Orient allemand. Images de l'Orient dans la littérature allemande*], Munich, Fink Wilhelm Gmbh & Co, 2008, p. 223-241, en particulier p. 232 *sq.* **9** Sur Fleischer, voir récemment paru : Hans-Georg Ebert et Thoralf Hanstein (dir.), *Heinrich Leberecht Fleischer – Leben und Wirkung. Ein Leipziger Orientalist des 19. Jahrhunderts mit internationaler Ausstrahlung* [*Heinrich Leberecht Fleischer – Vie et action. Un orientaliste de Leipzig de rayonnement international au* XIXe *siècle*], Francfort, Peter Lang, 2013. Sur l'importance de Fleischer au sein des études orientales, voir Sabine Mangold, *Eine "weltbürgerliche Wissenschaft"*, *op. cit.*, en particulier p. 79-82 et p. 91-100, et Ismar Schorsch, « Converging Cognates. The Intersection of Jewish and Islamic Studies in Nineteenth Century Germany », dans *Leo Baeck Institute Year Book*, n° 55, 2010, p. 3-36. **10** Lettre du 30 avril 1826 de Paris, dans Christian Friedrich Seybold (dir.), *Fleischers Briefe an Hassler aus den Jahren 1823 bis 1870* [*Lettres de Fleischer à Hassler. 1823-1870*]. D'après les originaux d'Ulm et annoté, Tübingen, 1914, p. 30-34, la citation : p. 32. Lorsque, le 31 décembre 1826, il put enfin emprunter le manuscrit conservé à Paris, il poursuivit son recopiage. Voir lettre du 31 décembre 1826, dans *ibid.*, p. 38-40, en particulier p. 40. Dans la lettre du 10 octobre 1827 (*ibid.*, p. 44 *sq.*, en particulier p. 45), il écrivait enfin : « J'en ai presque fini avec Baydawi. Il me reste à peu près 15 pages à recopier. Ensuite : tam, tam, tam, tam, tam, tam et hourra ! inscrit en allemand dessous. Le bonhomme m'aura donné bien du mal ! J'ai commencé le premier janvier. Mais désormais je vais te faire passer sous presse, toi aussi, et te presser juste assez pour extraire de toi toute ton huile, comme il se doit ! » « Tam » – en arabe : « fini/fin » – est écrit sur l'original en lettres arabes et le mot répété est disposé sur la page comme en un triangle renversé. **11** Voir Ignaz Golziher, *Tagebuch*, Alexander Scheiber (dir.), Leyde, E. J. Brill, 1978, p. 41. **12** Heinrich Leberecht Fleischer, *Beidhawii Commentarius in Coranum*. Ex codd. Parisiensibus, Dresdensibus et Lipsiensibus, Leipzig, Sumtibus F. C. G. Vogelii, 1846-1848. **13** Il y a une très grande probabilité qu'à Paris, à l'Exposition universelle, Ahmad Zaki n'ait en effet vu aucun ou, au mieux, seulement quelques-uns des livres arabes qu'il évoque dans son texte. Dans le catalogue officiel de l'Exposition de l'Empire allemand à Paris, il n'est fait mention que d'une « publication orientaliste ». Voir *Weltausstellung in Paris 1900* [*Exposition universelle à Paris*]. *Catalogue officiel de la section allemande*, p. 78, n° 20, G. Kreysing Verlag. Ceci souligne nettement le caractère fonctionnel du passage sur l'industrie du livre allemande, étudié ici plus précisément, et sa relation avec la science orientaliste allemande établie par Ahmad Zaki. **14** *Le Recueil des traditions mahométanes* par Abu Abd Allah Muhammad ibn Ismail el-Bokhari. Publié par M. Ludolf Krehl, vol. I, Leyde, E. J. Brill, 1862. Deux volumes supplémentaires parurent encore jusqu'en 1868. **15** Voir Rudolf Selheim, « Ludolf Krehl », *Neue Deutsche Biographie*, n° 12, 1980, p. 732 *sq.* et Holger Preißler, « Arabistik in Leipzig vom 18. Jahrhundert bis zur Mitte des 20. Jahrhunderts » [« Études orientales à Leipzig du XVIIIe siècle à la moitié du XXe siècle »], dans Karl-Marx-Universität, Leipzig, *Wissenschaftliche Zeitschrift. Gesellschafts- und Sprachwissenschaftliche Reihe*, n° 28, 1979, cahier 1 : « Progressive Traditionen der Orientalistik an der Universität Leipzig » [« Traditions progressistes des études orientales à l'université de Leipzig »], p. 87-105, à propos de Krehl, voir p. 97 *sq.* ; chacun de ces articles comporte des renvois bibliographiques. **16** Voir Rudolf Selheim, « Ludolf Krehl », *op. cit.*, p. 733. **17** C'est-à-dire : « le Coran de Flügel » (NdT : jeu de mot avec *Flügel* qui signifie « aile »). **18** Les présentations biographiques de Flügel sont rares. Voir par exemple Gustav Dugat, *Histoire des orientalistes de l'Europe du* XIIe *au* XIXe *siècle* précédée d'une esquisse historique des études orientales, vol. 2, Paris, Maisonneuve et Cie, 1870, p. 91-100. Voir aussi Johann Fück, « Gustav Leberecht Flügel », *Neue Deutsche Biographie*, n° 5, 1961, p. 260 *sq.* **19** Voir Gustav Flügel, « Orientalische Studien, Literatur, Hilfsmittel » [« Études orientales, littérature, outils de travail »], dans Johann Samuel Ersch et Johann Gottfried Gruber (dir.), *Allgemeine Encyklopädie der Wissenschaften und Künsten in alphabetischer Reihenfolge*, section 3, 5e partie, Leipzig, Gleditsch, 1834, p. 194-245. **20** *Corani textus arabicus. Ad fidem librorum manuscriptorum et impressorum et ad praecipuorum interpretum lectiones et auctoritatem recensuit indicesque triginta sectionum et suratarum addidit Gustav Fluegel*, Leipzig, Tauchnitz, 1834. **21** « Traugott » signifie littéralement : « aie foi en Dieu » [NdT]. **22** Lettre du 14 mai 1835, dans Seybold, *Fleischers Briefe an Hassler*, *op. cit.*, p. 64 *sq.*, la citation : p. 64. **23** Carl Heinrich Becker, « Der 16. internationale Orientalisten-Kongreß zu Athen » (7-14 avril 2012), *Der Islam*, n° 3, 1912, p. 292-294, la citation : p. 294.

Le système de translittération simplifiée pour lequel nous avons opté ne tient compte ni des consonnes emphatiques ni des voyelles longues.
Les translittérations des noms de personnes sont données en arabe littéraire. Celles qui concernent des lieux ou des plats particuliers à l'Égypte sont indiquées selon la prononciation du dialecte égyptien.
Remarque sur la prononciation : le s est un s dur (comme dans Seine [s]). Le u se prononce ou [u].
Les chiffres composés en gras renvoient aux légendes des illustrations.

Index des noms

Index des lieux et des monuments

Double page suivante.
Louis Bombled, *Le Palais du Génie civil et des moyens de transport, pose des décorations en staff,* lithographie, 1900. Paris, BNF.

Légende des pages de garde
Principaux palais et pavillons français et étrangers de l'Exposition universelle, affiche, lithographie, 1900. *Le Petit Journal*, juin 1900.

Légendes du portfolio

P. 2-3 Lucien Baylac, *Vue panoramique de l'Exposition universelle de 1900* (détail), lithographie, 72 x 93 cm, 1900. Washington, Library of Congress.

P. 4-5 René Binet, étude pour la Porte monumentale, dessin rehaussé de blanc, 1895-1898. Musées de Sens.

P. 6-7 Le pont Alexandre-III illuminé, diapositive colorisée, 8,2 x 10 cm, 1900. Brooklyn Museum, collection Goodyear.

P. 8-9 Les pavillons étrangers de la Rue des Nations (détail), lithographie, 1900. Supplément de *L'Illustration*, 1900.

P. 10-11 Exposition universelle de 1900, plan d'ensemble, lithographie. Paris, BNF.

P. 12-15 René Binet, dessins préparatoires pour des théâtres à l'Exposition universelle, encre et aquarelle, 1895-1898. Paris, BNF.

P. 18 Menu du Banquet des maires de France, page de verso, lithographie. Archives nationales F12/4313.

Crédits photographiques

Archives départementales de la Vendée
P. 161-162

Archives nationales
P. 182-183

Bibliothèque nationale de France, département des cartes et plans
P. 10-11

Bibliothèque nationale de France, département des estampes et de la photographie
P. 4-5, 8-9, 12-15, 42-43, 46, 51, 52, 61, 62-63, 64, 77, 93, 94-95, 103, 113, 133, 137, 138, 141, 149, 150 b, 151, 153 h, 171, 172, 176, 181, 198, 202, 216-217, 219, 220

Bibliothèque nationale de France
P. 10-11, 32, 35, 44, 56, 57, 58, 59 h et b, 60, 66-67, 70 h et b, 72, 75, 86 g, 87 g, 88, 96, 97, 101, 104, 123, 152, 157, 158, 174-175, 177, 179, 180, 185, 189 hd, 197

Brooklyn Museum
P. 6-7, 73, 78-79, 83, 112, 120-121, 126-127, 134-135, 145, 154-155, 156, 163, 166, 191, 207, 211, 213

Brown University Library
P. 82, 205, 210

Cité internationale, Maison des étudiants arméniens
P. 38

Courtesy Famille Leblond-Zola / Coll. du Château d'eau, Toulouse
P. 36

Donation René-Jacques, ministère de la Culture (Médiathèque de l'architecture et du patrimoine) diffusion RMN
P. 146-147

DR
P. 20, 33

Éditions C.N. et Cie
P. 168-169

French Line
P. 49

Getty Research Institute
P. 55

Heidelberg, bibliothèque universitaire
P. 28, 71, 98-99, 131, 199

Ministère de la Culture (France) – Médiathèque de l'architecture et du patrimoine – diffusion RMN
P. 54, 86 d, 195, 206

Musée des Traditions et Arts normands, Martainville-Épreville, cliché Yohann Deslandes – Département de Seine-Maritime
P. 144

RMN-Grand Palais / Agence Bulloz
P. 81

RMN-Grand Palais / Gérard Blot
P. 40, 125, 234

RMN-Grand Palais (musée d'Orsay) / Hervé Lewandowski
P. 114-115

RMN-Grand Palais (musée du Louvre) / DR
P. 117

RMN-Grand Palais / René-Gabriel Ojéda
P. 204

Roger-Viollet
P. 168-169, 174-175

Mercedes Volait – 2011
P. 21, 27

Ville de Breuillet
P. 90-91

Washington, Library of Congress
P. 2-3

Achevé d'imprimer en mai deux mille quinze par Beta, Barcelone, Espagne
Photogravure Les artisans du Regard, Paris

Porte monumentale.
(Champs-Élysées.)

Grand Palais.
Façade principale (avenue Nicolas II).

Petit Palais.
Façade principale (avenue Nicolas II).

Petit Palais.
Façade postérieure.

Petit Palais.
Vue de côté.

Salle des Fêtes.
(Champ-de-Mars.)

Palais des Mines et Métallurgie
(Champ-de-Mars.)

Pont Alexandre III.
Pylônes du côté des Champs-Élysées.

Palais de l'Optique.
(Champ-de-Mars.)

Plate-forme mobile.
Vue d'une gare.

Le Maréorama (Hugo d'Alési.)
(Champ-de-Mars.)

Grande Serre.
(Rue de Paris.)

Globe céleste.
(Champ-de-Mars.)

Palais de la Navigation de commerce.
(Pont d'Iéna.)

Palais des Armées de terre et de mer.
(Rive gauche de la Seine.)

Le Vieux Paris.
Église Saint-Julien-des-Ménétriers.

Le Vieux Paris.
Porte Saint-Michel.

Palais de la Ville de Paris.
(Rive droite de la Seine.)

Palais des Mines et de la Métallurgie.
Pavillon d'angle (Champ-de-Mars.)

Pavillon des Colonies portugaises.
(Trocadéro.)

Le Palais de l'Italie.
(Rue des Nations.)

Le Pavillon ottoman.
(Rue des Nations.)

Palais des États-Unis.
(Rue des Nations.)

Palais de l'Autriche.
(Rue des Nations.)

Pavillon de la Bosnie.
(Rue des Nations.)

Les Colonies anglaises.
(Trocadéro.)

Palais de la Navigation.
(Berge de la Seine, rive gauche.)

Pavillon de la Serbie.
(Rue des Nations.)

Pavillon de la Bulgarie.
(Rue des Nations.)

Pavillon de Luxembourg.
(Rue des Nations.)

Pavillon du Transvaal.
(Trocadéro.)

La Ferme boër.
(Trocadéro.)

Palais de l'Espagne.
(Rue des Nations.)

Pavillon de la Grèce.
(Rue des Nations.)

Salle des Chevaliers. Palais de la Hongrie.
(Rue des Nations.)

Indes anglaises.
Vue d'ensemble. (Trocadéro.)

Indes anglaises.
Cour intérieure. (Trocadéro.)

Cambodge.
Le pied du Bouddha. (Trocadéro.)

L'Asie russe.
La Sibérie. (Trocadéro.)

L'Asie russe.
Vue d'ensemble. (Trocadéro.)

Palais chinois.
(Trocadéro.)

République de Saint-Marin.
(Champ-de-Mars.)

Le Cambodge.
Vue d'ensemble. (Trocadéro.)

République de l'Équateur.
(Champ-de-Mars.)

Exposition tunisienne.
(Trocadéro.)